契 約 法

◇新民法基本講義◇

契約法

藤村和夫

信山社

は し が き

　2017（平成29）年5月26日，民法（債権法）の改正法が成立し，6月2日に公布された。本改正法は，基本的には（一部の規定を除いて），公布の日から起算して3年を超えない範囲内において政令で定める日から施行することとされていたが，その施行日は2020（平成32）年4月1日と決定された。

　改正の対象は，その名のとおり，債権法が中心であるが，総則の部分もかなりの内容が改められている。

　本書は，従前，「契約法講義」として第2版まで公にしていたものであるが，今次の民法改正を機に，その改正の内容も含めることとし，装いも新たにして供することとした。

　この度の民法（債権法）改正においては，①従来，明文規定は存しないものの，判例・学説によって解釈が固まっているところを明文化した部分，②解釈・見解に対立が存したところに一定の結論を見出した部分，③同じく見解に対立があったところにつき引き続き解釈に委ねることとした部分，④新しい発想に基づいて規定を新設した部分，他方，⑤規定を大胆に削除した部分等がある。

　本書については，この改正法が施行されるまでの間は，当然のことながら現行法が妥当するわけであるから，その現行法に係る従来の記述をそのまま残しておく必要があるが，そこに改正法に係る記述を加えるという手法を採ることとした。

　そこで，先の①については，学説・判例を巡るこれまでの議論を下敷きにして，単に明文化したという事実を述べれば足りると思われるので，そのように記述し，②についても，対立していた見解のうち，どれを採ったかということを明らかにし，③，④については，現段階でなし得る簡略な解説を施すこととした。

　形式的には，改正法に係る記述部分を□で示して見やすくなるようにしてみた。

　本書では，教科書という性格から，学説における理論的な対立について詳細に検討することは避け，判例を中心としたスタンダードな解釈姿勢を示すことに努めている。その際，判例については，どのような事実関係（法的紛争）か

はしがき

らどのような法的判断が下されることになったのかを，なるべく分かりやすくするために事実関係を一覧する図を多用することにした。

　本書は，もともと大学で初めて民法の契約法を学ぶ人を主な対象とするテキストとして書いたものである。

　契約社会の動きは非常に激しく，従来は予想もされていなかったものが次々と登場してくる状況が眼前にある。インターネットの展開・普及によって，その動きにさらに拍車がかかっていくのではないかとも思われる。その動きがどのように推移するかはさておいても，契約法のテキストである以上，それらの新たな状況にも対応しなければならないのは当然であろう。しかしながら，それらすべてをカヴァーするのは容易ではなく，また同時に，それらの状況を理解するためには，やはり民法契約法の基礎的理解が不可欠であることが改めて痛感されるのである。それゆえ，本書においても，そのカヴァーすべき対象を徒に広げることなく，主として，民法に規定が置かれているものに絞ることとした。そして，解釈上の問題が存する部分についても，学説・判例を踏まえてなるべく客観的な叙述をするよう努めた。

　また，民法そのものについての基礎的な知識・理解を備えることなく契約法を学ぼうとする場合も少なくないと思われるが，そうした場合のために，そもそも民法とはどのような法（律）であるのか，これを貫く原則，思想的背景として如何なるものがあるのかということにも触れておくこととした。同時に，近年，消費者保護の要請が高まってきたことから制定された消費者契約法の概要も紹介しておいた。

　本書により，契約法の基礎的内容についての理解は得られるものと考えるが，その目的が達成されていれば幸いである。

　本書が成るにあたっては，信山社の今井貴氏および稲葉文子氏から終始温かい御心遣いを頂いた。厚く感謝する次第である。

　2018 年 2 月

藤　村　和　夫

目　次

はしがき

凡　例

序　論 ————————————————————————— 3

Ⅰ　民法とは …………………………………………… 3

Ⅱ　民法典の沿革 ……………………………………… 3

Ⅲ　民法の構造 ………………………………………… 4

　　　1　民法典の構成（4）／2　民法典以外の民法（5）／
　　　3　民法における規制方法（5）／4　権利義務に係る問題（5）／
　　　5　法律行為の成立要件および有効要件（7）

Ⅳ　近代市民法の基本原則とその修正 ………………… 8

　　　1　所有権絶対の原則（8）／2　契約自由の原則（9）／
　　　3　過失責任主義（11）

Ⅴ　民法における契約（法）の位置付け ……………… 12

第1部　契約法総論

第1章　契約法の原理 —————————————————— 17

第1節　契約の意義 …………………………………… 17

Ⅰ　総　説 ……………………………………………… 17

Ⅱ　契約自由の原則 …………………………………… 18

　　1　契約締結の自由（締約の自由）（18）／2　相手方選択の自由（18）
　　／3　内容決定の自由（19）／4　方式決定の自由（19）

Ⅲ　契約と信義誠実の原則 …………………………… 19

　　1　契約の成立と信義誠実の原則（20）／2　契約の存続と信義誠実
　　の原則（20）／3　契約の終了と信義誠実の原則（21）

第2節　契約の種類 …………………………………… 21

Ⅰ　総　説 ……………………………………………… 21

vii

目　次

Ⅱ　典型契約・非典型契約・混合契約 ················· *21*

Ⅲ　双務契約・片務契約 ································· *22*

Ⅳ　有償契約・無償契約 ································· *22*

Ⅴ　諾成契約・要物契約 ································· *23*

Ⅵ　本契約・予約 ····································· *23*

Ⅶ　継続的契約・非継続的契約 ························· *24*

第3節　契約の拘束力 ···································· *24*

第2章　契約の成立 ———————————————— *25*

第1節　契約の成立要件 ·································· *25*

Ⅰ　申込と承諾 ······································· *25*

Ⅱ　交叉申込 ··· *26*

Ⅲ　意思の実現 ······································· *26*

Ⅳ　事実的契約 ······································· *27*

第2節　契約締結上の過失 ································ *28*

Ⅰ　意　　義 ··· *28*

Ⅱ　要　　件 ··· *29*

Ⅲ　効　　果 ··· *29*

第3節　申込と承諾による契約の成立 ···················· *30*

Ⅰ　申込と承諾の意義 ································· *30*

Ⅱ　隔地者間の契約の成立 ····························· *31*

　1　申込をめぐるいくつかの問題（*31*）／2　承諾をめぐるいくつか
の問題（*35*）／3　契約成立の時期（*36*）

第4節　申込と承諾による契約成立の例外 ················· *37*

Ⅰ　競　　売 ··· *38*

Ⅱ　入　　札 ··· *38*

第5節　懸賞広告 ······································ *39*

Ⅰ　意　　義 ··· *39*

Ⅱ　法的性質 ··· *39*

Ⅲ　撤　　回 ··· *40*

Ⅳ　効　　果 ··· *42*

目　次

　　Ⅴ　優等懸賞広告 ………………………………………………………… 42
　　　　1　意　義 (42) ／ 2　法的性質 (42) ／ 3　撤　回 (43) ／
　　　　4　優等者の判定 (43)

第3章　契約の効力 ——————————————————————— 45

第1節　契約の一般的有効要件 ………………………………………… 45

Ⅰ　確定 (特定) 可能性 ………………………………………………… 45

Ⅱ　実現可能性 …………………………………………………………… 45

Ⅲ　適　法　性 …………………………………………………………… 46
　　　　1　強行法規に反するものは無効 (46) ／ 2　社会的妥当性を否定
　　　　されるものは無効 (46)

第2節　双務契約の特殊な効力 ………………………………………… 46

Ⅰ　成立上の牽連関係 …………………………………………………… 47

Ⅱ　履行上の牽連関係 …………………………………………………… 47

Ⅲ　存続 (消滅) 上の牽連関係 ………………………………………… 47

第3節　同時履行の抗弁権 ……………………………………………… 48

Ⅰ　意　義 ………………………………………………………………… 48

Ⅱ　要　件 ………………………………………………………………… 49
　　　　1　一個の双務契約から生じた両債権 (債務) が存すること (49) ／
　　　　2　相手方の債務が履行期にあること (51) ／ 3　相手方が自己の
　　　　債務の履行またその提供をしないで履行を請求すること (52)

Ⅲ　行　使　方　法 ……………………………………………………… 55

Ⅳ　効　果 ………………………………………………………………… 55

Ⅴ　同時履行の抗弁権の拡張 …………………………………………… 57
　　　　1　法律の規定により準用される場合 (57) ／ 2　解釈により同時履
　　　　行の抗弁権が認められている場合 (57)

第4節　危険負担 ………………………………………………………… 58

Ⅰ　意　義 ………………………………………………………………… 58

Ⅱ　債権者主義 …………………………………………………………… 59
　　　　1　意　義 (59) ／ 2　根　拠 (60) ／ 3　要　件 (61) ／
　　　　4　効　果 (63) ／ 5　不特定物売買の場合 (64)

ix

目　次

　　　Ⅲ　停止条件付双務契約の場合･･････････････････････････････････64

　　　Ⅳ　債務者主義･･65

　　　　1　原　則（65）／2　債権者の責に帰すべき事由による履行（給付）
　　　不能の場合（67）／3　債務者の利益償還義務（67）

　　　Ⅴ　代償請求権･･70

　第5節　第三者のためにする契約････････････････････････････････････70

　　　Ⅰ　意　義･･･70

　　　Ⅱ　具体例･･72

　　　　1　法律の規定により第三者のためにする契約となるもの（72）／
　　　　2　第三者のためにする契約かどうかが個別的に判断されるもの（72）

　　　Ⅲ　成立要件･･76

　　　Ⅳ　効　果･･･78

　　　　1　第三者の権利（78）／2　第三者の地位（80）／3　諾約者の
　　　権利（81）／4　要約者の権利（81）

　第6節　契約上の地位の移転･･82

第4章　契約の解除 ――――――――――――― 85

　第1節　総　説･･85

　　　Ⅰ　解除の意義と機能･･･85

　　　Ⅱ　各種の解除･･86

　　　　1　法定解除（86）／2　約定解除（86）／3　解除契約（合意
　　　解除）（86）

　　　Ⅲ　解除と区別すべきもの･････････････････････････････････････86

　　　　1　解除条件（86）／2　取消・撤回（87）／3　解約告知（87）／
　　　　4　期限の利益喪失約款（87）／5　クーリングオフ（88）

　　　Ⅳ　解除の適用範囲･･･88

　　　　1　片務契約の解除（88）／2　物権行為・準物権行為の解除（89）／
　　　　3　債権の消滅を目的とする契約の解除（89）／4　遺産分割協議（90）

　第2節　法定解除･･90

　　　Ⅰ　履行遅滞による解除権の発生････････････････････････････････90

　　　　1　債務者が履行遅滞にあること（90）／2　債権者が相当の期間を

定めて催告をすること（*93*）／3　催告期間内に債務者が履行をしないこと（*96*）／4　履行しないことが違法なこと（*96*）

Ⅱ　定期行為の履行遅滞による解除権の発生………………………… *98*

Ⅲ　履行不能による解除権の発生………………………………………… *99*

　1　履行の全部または一部が不能となったこと（*99*）／2　履行不能が債務者の責に帰すべき事由に基づくものであること（*100*）

Ⅳ　不完全履行による解除権の発生…………………………………… *102*

　1　不完全な履行がなされたこと（*102*）／2　追完の催告をしたこと（追完可能な場合）（*103*）

Ⅴ　事情変更の原則による解除権の発生……………………………… *104*

　1　事情変更の原則とは（*104*）／2　事情変更による解除の要件（*104*）／3　解除以外の効果（*105*）

Ⅵ　債権者遅滞（受領遅滞）**による解除権の発生** ………………… *106*

Ⅶ　法定解除権の行使…………………………………………………… *107*

　1　解除の意思表示が必要（*107*）／2　解除権の不可分性（*108*）

Ⅷ　法定解除の効果……………………………………………………… *110*

　1　効果の基本的内容（*110*）／2　効果の法的性質に関する学説（*111*）／3　解除の遡及効（*112*）／4　解除による原状回復義務（*113*）／5　解除と損害賠償（*115*）／6　解除と同時履行（*117*）

Ⅸ　法定解除権の消滅…………………………………………………… *117*

　1　一般的消滅事由（*117*）／2　催告による消滅（*119*）／3　目的物の損傷等による消滅（*119*）

第3節　約 定 解 除………………………………………………………… *120*

Ⅰ　約定解除権の発生…………………………………………………… *120*

Ⅱ　約定解除権の行使方法……………………………………………… *121*

Ⅲ　約定解除の効果……………………………………………………… *121*

Ⅳ　約定解除権の消滅…………………………………………………… *121*

第4節　解除契約（合意解除）…………………………………………… *122*

Ⅰ　意　　義……………………………………………………………… *122*

Ⅱ　要　　件……………………………………………………………… *122*

Ⅲ　効　　果……………………………………………………………… *122*

目　次

　　1　基本的な効果（*122*）／2　第三者との関係（*123*）

第5章　定型約款 ——————————————————— *125*

第2部　契約法各論

第1章　贈　　与 ——————————————————— *135*

Ⅰ　意　　義 ·· *135*
Ⅱ　贈与の効力 ·· *135*
　　1　一般的効力（*135*）／2　書面によらない贈与（*136*）／3　贈与
者の担保責任（*138*）
Ⅲ　特殊の贈与 ·· *139*
　　1　定期贈与（*139*）／2　負担付贈与（*139*）／3　死因贈与（*140*）

第2章　売　　買 ——————————————————— *141*

第1節　意　　義 ·· *141*
第2節　売買の成立 ·· *142*
Ⅰ　成 立 要 件 ·· *142*
　　1　移転すべき財産権（目的物）について（*142*）／2　反対給付
（代金）について（*142*）
Ⅱ　売買の予約 ·· *143*
　　1　予約の形態（*143*）／2　売買の一方の予約（*143*）
Ⅲ　手　　付 ·· *144*
　　1　意　義（*144*）／2　種　類（*144*）／3　手付交付の効果（*144*）
Ⅳ　売買の費用 ·· *146*
第3節　売買の効力 ·· *146*
Ⅰ　売主の義務 ·· *146*
　　1　財産権移転義務（*146*）
Ⅱ　売主の担保責任 ·· *147*
　　1　権利に瑕疵がある場合の担保責任（*147*）／2　物に瑕疵がある
場合の担保責任（瑕疵担保責任）（*159*）／3　強制競売における

xii

担保責任（*164*）／4　債権の売主の担保責任（*165*）

Ⅱ′　売主の責任 ·· *165*

　5　担保責任に関する特約の効力（*166*）／6　担保責任と同時履行（*166*）

Ⅲ　買主の義務 ·· *167*

　1　代金支払義務（*167*）／2　目的物受領（引取）義務（*169*）

第4節　特殊の売買 ··· *169*

Ⅰ　割賦払約款付売買 ·· *169*

　1　意　義（*169*）／2　割賦販売法（*169*）

Ⅱ　見 本 売 買 ··· *171*

Ⅲ　試 味 売 買 ··· *171*

Ⅳ　継続的供給契約 ·· *171*

Ⅴ　そ の 他 ·· *171*

第5節　買　　戻 ·· *172*

Ⅰ　意　　義 ·· *172*

Ⅱ　要　　件 ·· *172*

Ⅲ　効　　力 ·· *173*

Ⅳ　実　　行 ·· *174*

Ⅴ　買戻権の代位行使 ·· *174*

Ⅵ　共有不動産の持分の買戻 ··· *175*

Ⅶ　買戻権の消滅 ·· *176*

第3章　交　　換 ——————————————————— *177*

Ⅰ　意　　義 ·· *177*

Ⅱ　交換についての規制 ··· *177*

第4章　消 費 貸 借 ————————————————— *179*

Ⅰ　意　　義 ·· *179*

Ⅱ　消費貸借の成立 ·· *180*

　1　要物性（*181*）／2　要物性の緩和（諾成的消費貸借）（*180*）／

　3　準消費貸借（*183*）／4　消費貸借の予約（*185*）

Ⅲ　消費貸借の効力 ·· *186*

xiii

目　次

　　　1　貸主の義務（*186*）／2　貸主の担保責任（*186*）／3　借主の
　　　義務（*187*）

　　Ⅳ　**消費貸借の終了**………………………………………………………… *189*

　　　1　返還時期の定めがある場合（*189*）／2　返還時期の定めがない
　　　場合（*189*）

第5章　使 用 貸 借 ——————————————— *191*

　Ⅰ　**意　　義**……………………………………………………………………… *191*

　Ⅱ　**使用貸借の効力**……………………………………………………………… *192*

　　　1　使用貸主の義務（*192*）／2　使用借主の権利・義務（*193*）

　Ⅲ　**使用貸借の終了**……………………………………………………………… *196*

　　　1　契約で返還の時期を定めたとき（*196*）／2　契約で返還の時期
　　　を定めなかったとき（*196*）／3　借主死亡のとき（*196*）／
　　　4　当事者の告知によるとき（*196*）

第6章　賃 　 貸 　 借 ——————————————— *199*

　第1節　意　　義 …………………………………………………………………… *199*

　第2節　賃貸借の成立 ……………………………………………………………… *200*

　　Ⅰ　**要　　件**…………………………………………………………………… *200*

　　Ⅱ　**成立の方法**………………………………………………………………… *200*

　第3節　賃貸借の存続期間 ………………………………………………………… *201*

　　Ⅰ　**総　　説**…………………………………………………………………… *201*

　　Ⅱ　**民法上の存続期間**………………………………………………………… *202*

　　　1　契約で期間を定める場合（*202*）／2　契約で期間を定めない
　　　場合（*203*）／3　短期賃貸借（*204*）

　　Ⅲ　**借地借家法上の存続期間**………………………………………………… *205*

　　　1　借地権（*205*）／2　借家権（*206*）

　第4節　賃貸借の効力 ……………………………………………………………… *207*

　　Ⅰ　**賃貸人の義務**……………………………………………………………… *207*

　　　1　使用・収益の許容（*207*）／2　修繕義務（*207*）／3　費用償還
　　　義務（*209*）／4　担保責任（*210*）

　　Ⅱ　**賃借人の権利**……………………………………………………………… *211*

xiv

目　次

　　　1　賃借権の取得（*211*）／2　賃借権の対抗（*212*）

　　Ⅲ　賃借人の義務……………………………………………………………… *218*

　　　1　賃料支払義務（*218*）／2　目的物保管・返還義務（*222*）

第5節　賃借権の譲渡・転貸……………………………………………… *222*

　　Ⅰ　総　　説……………………………………………………………………… *222*

　　Ⅱ　無断譲渡・転貸……………………………………………………………… *223*

　　Ⅲ　承諾を得た譲渡・転貸の効果…………………………………………… *224*

　　Ⅳ　借地借家法上の規制………………………………………………………… *225*

　　　1　建物買取請求権（*225*）／2　賃貸人の承諾に代わる裁判所の
　　　許可（*226*）

第6節　賃貸借の終了……………………………………………………… *226*

　　Ⅰ　合意による終了……………………………………………………………… *226*

　　Ⅱ　民法の定める終了事由……………………………………………………… *227*

　　　1　存続期間の定めがある場合（*227*）／2　存続期間の定めがない
　　　場合（*227*）／3　一定の事由がある場合の告知（*228*）／
　　　4　その他（*228*）

　　Ⅲ　借地借家法上の規制………………………………………………………… *229*

　　　1　借地契約の更新請求等（*229*）／2　建物買取請求権（*229*）／
　　　3　借家契約の更新（*229*）／4　造作買取請求権（*230*）

　　Ⅳ　終了の効果…………………………………………………………………… *230*

第7章　雇　　傭　——————————————————— *235*

第1節　意　　義………………………………………………………………… *235*

第2節　雇傭の成立……………………………………………………………… *236*

第3節　雇傭の効力……………………………………………………………… *236*

　　Ⅰ　使用者の義務………………………………………………………………… *236*

　　　1　報酬支払義務（*236*）／2　保護義務（*238*）

　　Ⅱ　労働者の義務………………………………………………………………… *238*

第4節　雇傭の期間……………………………………………………………… *239*

　　　1　最長期間について（*239*）／2　最短期間について（*239*）

第5節　雇傭の終了……………………………………………………………… *239*

xv

目　次

　　　　1　期間の定めがあるとき（*239*）／2　期間の定めがないとき（*241*）／
　　　　3　一定の事由があるとき（*243*）

　　第6節　身 元 保 証 ……………………………………………………… *243*

　　　　I　意　　義 ………………………………………………………… *243*

　　　　II　身元保証契約 …………………………………………………… *244*

第8章　請　　負 ——————————————————— *245*

　　第1節　意　　義 ………………………………………………………… *245*

　　第2節　請負の効力 ……………………………………………………… *245*

　　　　I　請負人の義務 …………………………………………………… *245*

　　　　　1　仕事完成義務（*245*）／2　目的物引渡義務（*246*）／3　請負人
　　　　　の担保責任（*248*）

　　　　II　注文者の義務 …………………………………………………… *252*

　　　　　1　報酬支払義務（*252*）／2　目的物受領義務（*253*）

　　第3節　請負の終了 ……………………………………………………… *253*

　　　　I　仕事の完成 ……………………………………………………… *253*

　　　　II　注文者の解除 …………………………………………………… *253*

　　　　III　注文者の破産 …………………………………………………… *253*

第9章　委　　任 ——————————————————— *255*

　　第1節　意　　義 ………………………………………………………… *255*

　　第2節　委任の効力 ……………………………………………………… *255*

　　　　I　受任者の義務 …………………………………………………… *255*

　　　　　1　事務処理義務（*255*）／2　事務処理義務に付随する義務（*255*）

　　　　II　自ら処理する義務 ……………………………………………… *256*

　　　　III　委任者の義務 …………………………………………………… *257*

　　　　　1　費用支払義務（*257*）／2　報酬支払義務（*258*）

　　第3節　委任の終了 ……………………………………………………… *260*

　　　　I　当事者の告知による場合 ……………………………………… *260*

　　　　II　告知によらない場合 …………………………………………… *262*

　　　　III　委任終了の通知 ………………………………………………… *263*

目　次

　　　Ⅳ　委任終了後の特別処理 ……………………………………………… 263

第10章　寄　　託 ——————————————————————— 265

第1節　意　　義 ……………………………………………………………… 265

第2節　寄託の効力 ………………………………………………………… 267

　　　Ⅰ　**受寄者の義務** ……………………………………………………… 267

　　　　　1　受寄物の保管義務（267）／2　受寄物の返還義務（270）

　　　Ⅱ　**寄託者の義務** ……………………………………………………… 270

　　　　　1　費用支払義務（270）／2　報酬支払義務（272）

第3節　寄託の終了 ………………………………………………………… 272

　　　Ⅰ　**告知による終了** ………………………………………………… 273

　　　　　1　寄託物返還時期の定めがあるとき（273）／2　寄託物返還時期
　　　　　の定めがないとき（273）

　　　Ⅱ　**告知以外による終了** …………………………………………… 273

第4節　特殊な寄託 ………………………………………………………… 273

　　　Ⅰ　**消 費 寄 託** ……………………………………………………… 273

　　　　　1　意義（273）／2　成立と効果（274）

　　　Ⅱ　**混 合 寄 託** ……………………………………………………… 275

第11章　組　　合 ——————————————————————— 277

第1節　意　　義 ……………………………………………………………… 277

第2節　組合の性質 ………………………………………………………… 277

第3節　団体としての組合の規制 ……………………………………… 280

　　　Ⅰ　**組合の業務執行** ………………………………………………… 280

　　　　　1　対内関係（281）／2　対外関係（組合代理）（284）／3　組合と
　　　　　訴訟行為（285）

　　　Ⅱ　**組合の財産関係** ………………………………………………… 286

　　　　　1　積極財産（287）／2　消極財産（288）／3　損益分配（290）

　　　Ⅲ　**脱退，加入** ……………………………………………………… 290

　　　　　1　脱　退（290）／2　加　入（293）／3　組合員たる地位の譲渡（294）

xvii

目　次

　　　Ⅳ　組合の解散・清算……………………………………………………… *294*
　　　　1　解　散（*294*）／2　清　算（*295*）

第12章　終身定期金 ——————————————————— *297*

　　Ⅰ　意　　義……………………………………………………………………… *297*
　　Ⅱ　効　　力……………………………………………………………………… *297*
　　　　1　基本権たる債権と支分権たる債権（*297*）／2　日割計算（*298*）
　　Ⅲ　終　　了……………………………………………………………………… *298*
　　　　1　指定された特定人の死亡（*298*）／2　解　除（*298*）

第13章　和　　解 ——————————————————— *299*

　　Ⅰ　意　　義……………………………………………………………………… *299*
　　Ⅱ　効　　力……………………………………………………………………… *299*

第3部　消費者契約法

　　Ⅰ　消費者契約法の趣旨…………………………………………………… *303*
　　　　1　法の目的（*303*）／2　定　義（*303*）
　　Ⅱ　当事者の義務……………………………………………………………… *304*
　　　　1　事業者の義務（*304*）／2　消費者の義務（*305*）
　　Ⅲ　消費者契約の取消……………………………………………………… *305*
　　　　1　消費者の誤認による場合（*305*）／2　勧誘時の態様により消費
　　　　者が困惑した場合（*306*）／3　取消の対抗（*307*）／4　事業者の受託
　　　　者，代理人の行為による場合（*307*）／5　取消権の消滅時効（*307*）
　　Ⅳ　消費者契約の無効……………………………………………………… *307*
　　　　1　事業者の免責に関する条項（*307*）／2　予定された損害賠償額
　　　　等が不相当な場合（*308*）／3　消費者の利益を一方的に害する条
　　　　項（*309*）
　　Ⅴ　消費者団体訴訟制度…………………………………………………… *309*

　事 項 索 引（*311*）

　判 例 索 引（*316*）

凡　例

▽法令名

　本書においては，カッコ内注記における法令名は原則として以下のように略記した。

〔法令の略語〕

医師	医師法
貸金	貸金業法
ガス	ガス事業法
割賦	割賦販売法
仮登記担保	仮登記担保契約に関する法律
簡保	簡易生命保険法
供託	供託法
建設	建設業法
憲	憲法
小	小切手法
公証	公証人法
借地借家	借地借家法
借家	借家法
出資取締	出資の受入れ，預かり金及び金利等の取締まりに関する法律
商	商法
信託	信託法
水道	水道法
宅建業	宅地建物取引業法
手	手形法
鉄道	鉄道営業法
電気	電気事業法
道運	道路運送法
特定商取引	特定商取引に関する法律
土改	土地改良法
土区	土地区画整理法
農地	農地法
非訟	非訟事件手続法
放送	放送法
保険	保険法
身元保証	身元保証ニ関スル法律
民執	民事執行法
民	民法
薬剤師	薬剤師法
利息	利息制限法
労基	労働基準法
労組	労働組合法

xix

凡　例

〔判例・判例集の略語〕

大(連)判	大審院民事(連合)部判決
大決	大審院民事部決定
最(大)判	最高裁判所(大法廷)判決
高判	高等裁判所判決
地判	地方裁判所判決
＊	
民録	大審院民事判決録
民集	大審院民事判例集
	最高裁判所民事判例集
集民	最高裁判所裁判集民事
判時	判例時報
判タ	判例タイムズ
新聞	法律新聞
金法	金融法務事情
金商	金融・商事判例

契約法

序　論

I　民法とは

　私たち一般市民の社会生活を法的側面から規制する私法の一般法を民法という。

　私たちの日常生活においては，売買契約の締結やその履行，金銭の貸借，土地や建物の貸借，職場での勤務内容と報酬，交通事故等による損害賠償の請求，結婚・離婚や縁組，相続等の問題をめぐって様々なもめごと（紛争）を生ずることが少なくなく，そのもめ方も様々だといえる。そうしたもめごとが生じた場合，これを，もめたままの状態で放置しておくと社会生活が円満に推移していかない可能性が非常に大きくなろう。そこですなわち，もめごとの解決が図られなければならないのであるが，その解決方法にも多様なものが考えられる。

　最も基本的な解決方法として挙げられるべきは，そのもめごとの当事者による話合い（協議）である。この当事者同士の話合いによる段階で解決をみることができればそれにこしたことはないのであるが，問題は，この話合いの段階で解決することができなかった場合にどうするかである。話合いをしても解決できないというのであるから，最終的には，当事者間の話合いに基づかない解決への途が用意されなければならない。それが裁判という制度である。そして，裁判において，いわば強制的な解決を図ることになるのであるが，そこでの解決を導く指針，基準ないしは物差しともいうべきものが，実は，民法と呼ばれるものなのである。

II　民法典の沿革

　徳川時代から明治時代への移行期において，近代市民社会の形成が目論まれ，そのための種々の努力がなされた。法制度の面においても，近代市民社会に相応しく，かつ，先進諸外国と対等な外交交渉を可能にする近代的立法が要請され（たとえば，安政期に徳川幕府が諸外国と締結した通商条約は不平等条約とも呼ばれているが，その主たる点は，治外法権の存在と関税自主権の欠如であった），フランスからボアソナードを招請し，彼を中心に主としてフランス民法を範とする民法典草案が起草された。

序　論

　これは，人事・財産・財産取得・債権担保・証拠の五編から成り（このような編別体系を Institutionensystem という），1890（明治 23）年に公布され，1893（明治 26）年より施行される予定であった。しかし，この施行をめぐって，断行派と延期派との間で激しい論争が繰り広げられ（いわゆる民法典論争），とりわけ，身分法はわが国の淳風美俗である家族制度を無視しているとの非難（穂積八束の「民法出デテ忠孝亡ブ」に代表される）を加えた延期派が勝利を収めて施行が延期された。結局，この民法典草案は施行されることがなかったところから，旧民法（ボアソナード民法）と呼ばれる。

　その後，改めて梅謙次郎・富井政章・穂積陳重が総則・物権・債権・親族・相続の五編から成る民法典草案を起草し，前三編が 1896（明治 29）年 4 月，後二編が 1898（明治 31）年 6 月に公布され，併せて 1898 年 7 月 16 日から施行された。ただ，後二編は，当時の身分制度・家族制度（家・戸主・家督相続）を基調とする内容であったので，個人の尊厳と両性の本質的平等を基本原理とする日本国憲法と相容れないこととなり，1947（昭和 22）年に全面的に改められ，1948（昭和 23）年 1 月 1 日から施行されたものが現行法となっている。

　そして，このほど 2017（平成 29）年 5 月 26 日にいわゆる民法（債権法）改正が成り，6 月 2 日に公布され，2020（平成 32）年 4 月 1 日から施行されることになった。

　その改正の対象は債権法（債権総則，契約総論，契約各論，不法行為法）にとどまらず，総則にも及んでいる。

　今般の改正は，後述の Pandektensystem を維持しつつ，今日の経済社会状況，とりわけ国際的な取引社会のルールにも適合するように整備することが目論まれ，従来全く存しなかった規定が新たに設けられてもいるが，他方で，判例法として確立されたところが明文化された部分も少なくない。

　今回の改正については，そもそも今，民法を改正する要をみないとする主張も少なからずあり，前述の民法典論争とは様相を異にするものの，かなり激しい議論が展開された。

Ⅲ　民法の構造
1　民法典の構成

　前述のように，民法典は，総則・物権・債権・親族・相続の全五編から成る。このような編別体系を Pandektensystem という。前三編を併せて財産法，後

4

二編を併せて家族法（ないし身分法）と呼ぶことがある。

2　民法典以外の民法

民法という言葉には広狭二義がある。

狭い意味での民法は形式的意味での民法ともいい，これは民法典を指す。これに対し，広い意味での民法は実質的意味での民法ともいうが，これは民法典にとどまるものではない。

民法典における規制だけで市民相互の社会生活関係をすべて規律することは，およそ不可能である。そこで，民法典以外の成文法（特別法）あるいは慣習法，裁判例の集積（判例法），さらには学説による解釈の必要性と重要性とが強く意識され，これらすべてのものを活用して初めて市民相互の社会生活関係というものを適正に律していくことができると考えられているのである。これらをすべて併せて実質的意味での民法と呼んでいる（ただし，今日において，学説の法源性は一般に否定されている）。

3　民法における規制方法

民法は，市民社会における市民の生活関係を法律関係として捉え，規制するものであるが，具体的には，権利義務の関係としてこれを捉えるという手法を採っている。

したがって，権利義務の関係において規制することが必ずしも適切ではない生活関係には民法は干渉しないこととしている。これを放任関係ということがある。

4　権利義務に係る問題

(1)　権利義務の帰属主体

権利を有し得る地位にある者，義務を負担し得る地位にある者が，すなわち，権利・義務の帰属主体となり得る地位にある者である。

これが誰であるかについて，民法は，一定の能力の有無により定めることとした。その能力は権利能力と呼ばれる。

民法上，権利能力者とされているのは，自然人（1条の3）と法人（43条）である。

すべて人間は法の下に平等であるとの前提に立って，すべての人間に権利能

序　　論

力が認められている。

(2)　権利義務の発生原因

権利義務の発生原因として民法が定めるものはいくつかあるが，そのうち最も重要なものは法律行為である。

(3)　法律行為の意義

一個または数個の意思表示を不可欠の要素とする法律要件であって，その意思表示の内容に従った法律効果を発生させるものを法律行為という。

このように，法律行為の中心をなすのは意思表示にほかならないが，その意思表示とは，人が一定の効果を欲し，かつ，それを外部に表示する行為をいう。たとえば，売買契約における「売りましょう」，「買いましょう」等がその典型である。

そして，意思表示の内容に従った法律効果の中味が権利・義務の発生ということになるのである。

(4)　法律行為自由の原則

法律行為の相手方，その内容，方式の決定は，原則としてそれぞれの行為者の自由な意思に委ねられる（私的自治意思の原則）。

近代市民社会は，これを構成する市民の自由な意思というものを基礎として組立てられており，なぜ人が権利を取得し，義務を負担することになるかというと，それは，その人自身がそうなることを望んだからに他ならないのであるから，自ら望むところを自由に表明できるということが制度的に要請されるのである。

(5)　法律行為の分類

法律行為は，どのような視点に立つかによっていくつかの分類が可能であるが，ここでは，そのうち，意思表示の単複，結合の態様による分類を挙げる。

① 単　独　行　為

これは，当事者の一個の意思表示で成立する法律行為であるが，相手方のある場合とない場合とがある。

　　　・相手方のある場合…取消（123条），契約解除（540条1項），債務の免除（519条）等。

　　　・相手方のない場合…遺言（960条以下）等。

② 契　　　約

これは，相対立する二個以上の意思表示の合致によって成立する法律行為

6

である。

③　合　同　行　為

　これは，複数の当事者の同方向に向けられた意思表示の合同によって成立する法律行為であり，社団設立行為がこれに当たる。

5　法律行為の成立要件および有効要件
(1)　行為者が行為能力を有していること
(2)　意思表示が有効であること

　意思表示に何らかの欠陥が認められる場合には，その意思表示は有効ではないと考えることができる。それでは，意思表示に欠陥があるかどうか，すなわち，意思表示が有効か有効でないかの判断はどのようにするのか。これについては，意思表示の構成要素（動機，効果意思〔内心的効果意思・表示上の効果意思〕，表示意思，表示行為）に着目して判断することとされている。

　そして，民法は，有効でない意思表示として，無効な意思表示と取消し得る意思表示について定めており，それら以外のものは全て有効な意思表示ということになる。

　民法が定める有効でない意思表示は以下のものである。

①　意思の不存在（意思の欠缺）（意思と表示との不一致）

　　内心的効果意思と表示行為とが一致していない意思表示　→　無効な意思表示

　㈎　心裡留保（93条）

　㈏　虚偽表示（94条）

　㈐　錯誤（95条，ただし，新95条は取消し得るものとする）

②　瑕疵ある意思表示

　　内心的効果意思と表示行為とは一致しているが，内心的効果意思を形成する動機に対して外部から何らかの不法な作用が加わった意思表示　→　取消し得る意思表示

　㈎　詐欺（96条）

　㈏　脅迫（96条）

(3)　法律行為の目的について
①　確定性（特定性）

　　法律行為の目的（物）は特定され得るものでなければならない。必ずし

序　論

も契約時に特定されている必要はなく，契約の履行時までに特定されれば
よいが，特定の方法が予め何ら定められていない場合には，契約は無効と
なる。

② 実現可能性

法律行為の目的は，社会一般の取引観念に照らして達成（実現）可能な
ものでなければならない。

③ 適　法　性

不適法なものはもちろん無効である。強行法規に反するものは無効とな
る（91条の反対解釈）。

④ 社会的妥当性

公序良俗に反するものは無効となる（90条）。反倫理的行為，反正義的
行為，暴利行為，著しく射倖性の強い行為等。

Ⅳ　近代市民法の基本原則とその修正

近代市民社会は，個々の市民がそれ以前の（封建制社会の）社会的・身分的
な諸拘束から脱却し，個々人の創意・工夫等によって自由に活動することがで
きることを保障したところから今日に至るような隆盛をみたものであるが，こ
の近代市民社会（近代資本主義経済社会）の生成・発展に法的側面から大きく
貢献したのが近代市民法の三大原則（所有権絶対の原則，契約自由の原則，過失
責任主義）である。これは，他面において，私法制度一般に通じる根本的思想
とみることもできるものであるが，この三大原則を貫徹することによって近代
市民社会における資本主義経済は飛躍的に発展していった。しかしながら，そ
の資本主義の発展が独占資本の登場を促し，さらにそれが高度独占資本主義の
出現に連なっていくという段階に達すると，そこから様々な社会的弊害が発生
することとなった。そして，その社会的弊害を除去する必要性を契機として基
本原則に対する反省がなされることとなり，原則のそれぞれについて修正が施
されるに至っている。

1　所有権絶対の原則

これは，所有権の行使には絶対的な自由が保障されなければならず，所有権
の行使に対しては国家といえども容喙することができないということを宣明し
たものである。

資本主義経済社会の基盤ともいうべき自由競争の論理は，他の誰に対する関係においても何ら制約されない私人の所有（私有財産制）というものを背景にしてこそ完全な形で貫かれ，展開されるものである。それゆえにこそ，所有権の絶対性ということが強く要請されるのである。民法典も，所有者の権利については，法令の制限内において「自由に」その権利を行使することができると，わざわざ述べている（206条）。

しかしながら，所有権の自由性，絶対性を貫徹すると，今度は，持てる者（社会的経済的強者）と持たざる者（社会的経済的弱者）という新たな階層分化を生み出し，その格差が大きくなりすぎると，近代市民社会の重要な理念である平等を害し，実質的不平等社会を形成することにつながって，社会の安定も害されることとなった。そこで，所有権の自由かつ絶対という性格に対して一定の枠をはめるべきことが要請された。その枠が，「社会」という枠であり，ここから社会的所有権という概念が登場することとなった。

この所有権絶対の原則を修正する法理として重要な役割を果たしてきているのが，公共の福祉概念（憲12条，29条2項，民1条1項）と権利濫用禁止の法理（1条3項）である。

2 契約自由の原則

資本主義経済下における自由競争主義を，法的に表現した原則そのものである。

人間は，もともと合理的な判断力を有しているものであり，その合理的な判断力を有している人間を自由放任し，自由活動を繰返しさせることによって調和のとれた社会が形成されるという考え方が基礎にある。ここでも，国家の干渉を許さないとするのである。

> この契約自由の原則は，近代私法の三大原則の一つとして夙に承認されているものであるが，改正法は，次のように，この原則を明文化した。
>
> 新521条　何人も，法令に特別の定めがある場合を除き，契約をするかどうかを自由に決定することができる。
> 　2　契約の当事者は，法令の制限内において，契約の内容を自由に決定することができる。

これは，契約自由の原則のうち，締結の自由と内容（形成）決定の自由につき定めると共に，その自由が，いずれも法令の制限に服する旨を明らかにしたものである。

　　ここで，相手方選択の自由を敢えて規定しなかったのは，法律上，相手方を選択することが自由であるとされると，何らかの基準（性別，年齢，職業，国籍等）によって相手方が選択（排除）された場合，そこに差別的な意図があるとしても，それが不当であると把握することが困難になるのではないかと考えられたからである。また，その相手方選択の自由は，契約締結の自由に含まれるとみることもできよう。

　しかしながら，この原則を貫くことによっても，やはり社会的経済的強者と同弱者という階層分化を生み出すことになったところ，その弱者を保護して，形式的・法的平等から実質的・社会的平等を確保しなければならないことが志向され，そのような目的をもった特別法（利息制限法，借地法・借家法・建物保護ニ関スル法律〔この三つの法律は，後に借地借家法に統一される〕等）が数多く制定されることになった。

　また，他方で，ほぼ同一内容の契約が大量に行われるという場合を考えると，その一々の契約について，契約自由の原則どおり個別的に契約の中身を話しあって決めるということは，手間と時間・費用等からみて，およそ不可能であるということがある（銀行取引，電気・ガス・水道等の取引，列車やバス・飛行機等による旅客運送契約等，直ちに想起できるものは多い）。こうした場合は，往々にして，一つの企業が多くの顧客（消費者）と取引（契約）をするということになるものであるところ，その企業のほうが予め契約内容を画一的に定めておき，契約の相手方となる消費者の方は，その契約内容に従って契約するか否かという選択をなし得るのみという契約類型が生み出されることともなっている。一般に，これを附合契約という。

　こうした形態の契約も，もちろんその有効性を認められるものではあるが，問題は，契約当事者の一方（専ら企業側）によって定められる契約内容のすべてが，やはりそのまま有効なものと認められるべきかどうかである。企業側と顧客たる消費者との間の力関係からすれば，ここで契約自由の原則を強く働かせることが如何なる結果を生むかは自明ともいえよう。そこで，このように定められる契約内容をどの程度まで合理的かつ公正なものに修正することができ

るかが大きな課題となっている。

> 改正法は，第2章「契約」第1節「総則」に新たに第5款「定型約款」を設け，そこに新548条の2（定型約款の合意），同3（定型約款の内容の表示），同4（定型約款の変更）が設けられた。

3　過失責任主義

　他人との接触を避けることができない社会生活において，或る人の行為が他人に何らかの影響を及ぼすことは当然に考えられる。その影響が損害という形であらわれることも少なくないであろう。そうした場合，自らに何の過失もなく，いわば不可抗力に近い形で他人に損害を与えてしまったという場合にもその賠償をさせられるということになれば，自由な活動というものが十分に保障されないことになるといわざるを得ない。その当事者が企業であれば，企業活動が弱められ，企業の存立自体さえ危ぶまれるということにもなりかねない。

　そこで，自己の行為が原因となって他人に損害を与えた場合に，その損害が如何に大きなものであろうと，自らに故意または過失がない限り，損害賠償責任を負わなくてよいという考え方が生まれてくることとなった。これを過失責任主義という。

　これは，契約自由の原則を側面から保障するものと捉えることもできようし，また，日常生活において契約を介さずに他人と接触する場合にも妥当するものといえる。

　民法典においても，一般的不法行為の成立要件において過失責任主義が謳われている（709条）。

　しかしながら，この領域においても，物の生産・流通が非常に高度化し，日常の社会生活においても人の生命・身体に直接影響を及ぼす機会が増大化してくるのに伴って，過失がなくとも損害賠償をさせるべきではないかという場面が少なからず現れるようになってきている。

　そこで，あらゆる状況において過失責任主義に固執するというのではなく，まずは，立証責任の転換という手法によって損害賠償責任を問うていくことを容易にし，次いで，損害が発生する状況や局面に応じて無過失責任に接近していくという姿勢が見出されるようになってきている。

序　論

V　民法における契約（法）の位置付け

契約（債権契約）が有効に成立すれば，その法律効果として一定の債権・債務が発生する。すなわち，契約は債権発生原因の一つである。それゆえ，契約に関する規制は，民法の債権編でなされている。

債権発生原因に関する民法の規定（521条〜724条）は，契約・事務管理・不当利得・不法行為の四つの章からなるが，債権発生原因はこの四種に限られるわけではなく，単独行為である遺言や法律の直接の規定によっても生ずる。

しかしながら，この四種のものが最も主要なものであることは疑いがなく，中でも，契約が圧倒的に重要な地位を占める。

債権編第二章の「契約」は，総則・贈与・売買・交換・消費貸借・使用貸借・賃貸借・雇傭・請負・委任・寄託・組合・終身定期金・和解の14節に分かれている（521条〜696条）。

総則は，すべての契約に通ずる通則を定め，それに続く13種の契約は一般社会生活において広く行われると考えられた典型的な契約形態を選んだものであり（この13種の契約を一括して典型契約〔有名契約〕という），その内容を定めるについての標準を明らかにしている。

ただ，民法がこれらの契約を列挙して規定したということは，これらの契約しか認めないということを意味するものではなく，契約自由の原則から，契約の一般的有効要件を満たすものであれば，当事者間で自由に締結することができる。

民法の総則，物権法，債権法を併せて財産法と呼ぶことがあるが，そこでの契約法の位置を簡単に示しておこう。

V 民法における契約（法）の位置付け

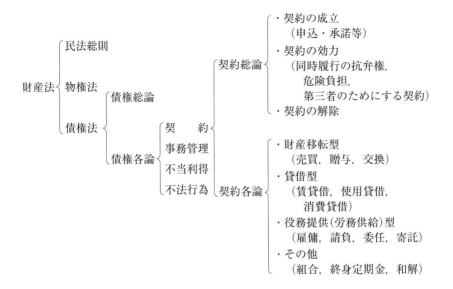

第 1 部　契約法総論

第1章　契約法の原理

第1節　契約の意義

I　総　　説

　売買契約が「売りましょう」という意思表示と「買いましょう」という意思表示とが合致して成立するように，契約とは，相対立する複数の意思表示が合致することによって成立する法律行為であって，債権（債務）の発生を目的とするものである。したがって，契約は，遺言のように一つの意思表示によって成立する単独行為や，会社設立行為のように意思表示が同一の方向（目的）に向けられる合同行為とは区別される。

　契約は，私たちの日常生活においてのみならず，社会全体の経済秩序，法秩序という点からも非常に重要な機能を果たしている。

　まず，私たちの生活に必要な物（生活必需品）の配分・入手はほとんどすべて売買という契約を通じて行われている。素朴な形での交換ではなく，高度に発達した貨幣経済に伴う商品の流通が圧倒的な主流を占めているのであり，そこから，契約の中でも売買契約の果たす役割の大きさが窺われる。

　しかし，契約の重要性は，完成品としての生活必需品の配分・入手についてのみ認められるのではなく，その物の生産自体についてもこれが欠くべからざる制度であるという点にも見出される。すなわち，近代市民社会が登場する以前の段階においては，領主や家長等が，農民や家族等に対して一種の身分的な支配権を有し，その支配権に基づく支配・従属関係によって結合された人々が生産活動に従事していたが，近代市民法がすべての人に平等な権利主体たり得る地位を与えてからは，他人の労働力を利用するという形での人と人との関係も両者の自由意思に基づく合理的な契約（雇傭契約）によって行われることとなった。また，企業規模の拡大化に伴なって欠くことのできないものとなった資金の調達についても，他人の資金を借入れる契約（消費貸借・消費寄託）に頼らなければならない状況となっている。

　さらに，物の所有者が自らそれを利用するというわけではなく，所有と利用とが分離するという現象もみられるところとなり，これを実現・推進する契約

第1部　契約法総論

（賃貸借）も，その重要性が強調されなければならないものである。

なお，所有権の移転や地上権・抵当権等の設定を目的とする物権的な合意も，婚姻や縁組のような身分的な合意も，契約と呼ばれる。しかし，債権編で対象とする契約は，債権の発生を中心的目的とする合意に限る。

II　契約自由の原則

契約自由の原則が近代市民法の三大原則の一つであることは前述したが，その具体的内容は，契約締結の自由，相手方選択の自由，内容決定の自由，方式決定の自由として現れる。

1　契約締結の自由（締約の自由）

これは，契約をするとしないとの自由を意味する。

したがって，申込と承諾によって契約が成立する場合であれば，まずは，申込を受領した者が，それに対して承諾するかどうかについての自由を有する。しかし，これについては，多くの例外（承諾義務）が認められている。

第一に，電気の供給等を業務とする独占的企業においては，利用者から申込があれば，企業側には承諾義務があるとされている（電気 18 条 1 項，水道 15 条，ガス 16 条，鉄道 6 条，道運 15 条等）。

また，医師の診療契約においても，患者の側から診療の申込があったときは，正当な理由がなければこれを拒否することはできず，医師の診療義務が生ずるとされている（医師 19 条，薬剤師については薬剤師 21 条）。なお，公証人についても，その職務の公共的性格から同様の定めがある（公証 3 条）。

他方，申込をすることを義務付ける例は多くない。ラジオやテレビを備え付けた者（より正確には，日本放送協会［NHK］の放送を受信することのできる受信設備をした者）は，日本放送協会と放送の受信についての契約をしなければならないとされていることを挙げることができようか（放送 32 条 1 項）。

2　相手方選択の自由

これについては，相手方を選択する余地がないとされる場合がある。1 で述べた電気やガスの供給については，供給地域からの需要に対して供給を拒絶することはできないし，逆に，供給地域外からの需要に応じて供給することはできない（電気 18 条 1 項・2 項，ガス 16 条 1 項・2 項）。

18

第1章　契約法の原理

また，使用者（雇用主）は，労働者が労働組合員であることを理由として雇傭から排除すること等はできない（労組7条1号）。

3　内容決定の自由

契約自由の原則のうちでも，この内容決定の自由が最も重要な役割を果たす。しかし，今日では，ここにおいても多くの制限が存する。

まず，社会的経済的にみて優越する地位にある者にとってのみ有利な内容の契約条項は，その効力を否認される（片面的強行規定たる借地借家9条・30条，高利を制限する利息1条，出資取締5条参照，解除や損害賠償を制限する割賦5条・6条，特定商取引10条等）。

同様に，附合契約の内容たる約款については，消費者側には，事実上，内容変更の自由はなく，かつ，その内容が消費者にとって不利なものになりがちであるところから，これについても規制が加えられている（電気・ガス・水道・保険事業等に対する行政による規制）。

4　方式決定の自由

契約自由の原則とは，個人の自由な意思に基づいて法律関係を成立させることを認めるものであるから，当然に，その方式についても自由が承認されるのである。もちろん，契約の成否やその内容のついて何らかの争いが生じたときには，それを立証しなければならないこととなるのであるが，その場合でも，何らかの方法で立証できさえすればよいのであって，一定の方式を踏む必要はない。

しかし，ここにおいても多くの制限が存する。ただ，その制限は，専ら取引の安全・確実を図り，契約当事者に熟慮を促す等の目的を有するものであるところに一つの特徴がある。たとえば，手形・小切手には厳格な方式が要求され（手1条，小1条），法律関係を明確にするため，あるいは一定の者の保護を図るために書面が要求されることもある（農地25条…農地の賃貸者契約につき書面を要求する，建設19条…建設工事請負契約につき書面を要求する等）。

Ⅲ　契約と信義誠実の原則

契約法が民法の債権法に属していることは既に述べたが，この領域での支配原則として信義誠実の原則（1条2項）がとりわけ重要である。この信義誠実

19

第1部　契約法総論

の原則は，権利の行使や義務の履行のみならず，契約の趣旨を解釈する際の基
準にもなるとされている（最判昭和32・7・5民集11巻7号1193頁）が，契約へ
の適用については，契約の成立・存続・終了の各段階に分けてみていくのが便
宜である。

1　契約の成立と信義誠実の原則

たとえば，建物売買契約において，実は，その契約締結前に既に当該建物が
焼失していたという場合，存在しない建物を引渡せという債権は不能なことを
目的とするものであるから成立させても意味がなく，したがって，このような
契約は無効となる（これを原始的不能という）。しかしながら，このような不能
な契約を締結したことに当事者の一方（この場合は売主のほうと考えるのが一般
的であろう）に過失があるとするならば，相手方が契約は有効に成立している
と信頼したことによって被った損害を賠償せしむるのが適切ではないかと考え
られる。ここで，信義則に基づき，契約締結上の過失を問題にし，損害賠償義
務を発生させるという考え方が生まれてきたのである。同様の考え方は，契約
の準備段階における過失についてもできる。

2　契約の存続と信義誠実の原則

これは，継続的契約関係を想定すると分かりやすい。たとえば，借地・借家
関係においては，賃料の支払であるとか貸主の側からの権利行使に際して信義
則が問題とされる例が多い。

借主が賃料を延滞したが，それがごく僅かであるような場合には，未だ相互
の信頼関係を破壊する程度の不誠実さは認められず，賃料不払いを理由とする
貸主からの解除は，信義則に反し許されない（最判昭和39・7・28民集18巻6
号1220頁）。

また，契約を締結した当時と経済事情が著しく変わった場合における事情変
更の原則による契約内容の改訂や契約の解除も，この信義則から導かれる。事
情変更の原則を認める意義は，もともと，契約当事者を取り巻く状況（環境）
が契約締結当時のままである限りにおいてその契約の効力は維持されるという
当事者の意思にあるとされるからである。

20

第1章　契約法の原理

3　契約の終了と信義誠実の原則

ここでも継続的契約関係の例が分かりやすいであろう。建物賃貸借契約において，借主の目的物使用方法があまりに乱暴であるようなときは，極端な用法違反による信頼関係の破壊があるとみて契約の解除が比較的容易に認められることがある。たとえば，通常の契約の解除においては催告（541条）が必要とされるのであるが，賃貸借契約の一方当事者が信頼関係を裏切るような行為をして賃貸借の継続を著しく困難にしたときは，催告を要せず，直ちに解除をすることができる（最判昭和27・4・25民集6巻4号451頁）。

さらに，契約の終了後においても信義誠実の原則はある程度存続すると考えられている（654条がその一つの例である）。

第2節　契約の種類

Ⅰ　総　　説

契約は様々な観点から分類することができるが，一般的であって，かつ重要なものは次のとおりである。

Ⅱ　典型契約・非典型契約・混合契約

民法典に規定されている13種の契約が典型契約（有名契約）であって，そのいずれにも属さないものが非典型契約（無名契約）である。

契約自由の原則から，どのような内容の契約を締結するかは私たち（契約当事者）の自由であって，その個々の契約に一々名前を付す必要もない。しかしながら，現実に締結された契約の内容が不完全あるいは不明瞭である場合には，その契約の内容を補充したり，あるいは解釈したりする必要がある。そこで，民法は，私たちの日常社会生活においてごく普通に行われる典型的な契約である13種のものについて規定して，解釈の標準を示しているのである。

他方，非典型契約の種類は枚挙に暇がないといわざるを得ないが，比較的身近なところで接することの多いものとしては，医療契約，出版契約，旅行契約，宿泊契約，出演契約，リース契約等を挙げることができよう。

さらに，典型契約の2種以上のものの性質，あるいは或る典型契約の性質と非典型契約の性質とを備えているもの，たとえば注文に応じて物を作成した上で，それを販売するという製作物供給契約においては，請負契約と売買契約と

第 1 部　契約法総論

が混合していると捉えることができるので，これは混合契約と呼ばれている。
この場合には，民法中のそれぞれの典型契約の規定の趣旨を類推適用して処理
していくことになる。

Ⅲ　双務契約・片務契約

　契約によって当事者双方が債務を負担し，それが互いに対価的な意義を有す
るものが双務契約である。たとえば，売買契約においては，売主は目的物引渡
債務を，買主は代金支払債務をそれぞれ負担することになり，その両債務は対
価的関係に立つ。売買のほか，交換，賃貸借，雇傭，請負，組合，和解が双務
契約である。
　これに対して，契約により一方当事者のみが債務を負担するもの，あるいは
双方の当事者が債務を負担することになるものではあるが，それが互いに対価
的意義を有しないものが片務契約である。贈与契約が典型であるが，使用貸借
（ただし，新593条），消費貸借（ただし，新587条の2），無償の委任や寄託等も
片務契約に分類される。
　この両者を区別する実益は，同時履行の抗弁権（533条）および危険負担
（534条～536条）の法理が専ら双務契約に適用されるところにある。

Ⅳ　有償契約・無償契約

　契約当事者双方が互いに対価的意義を有する給付（出捐）をなす契約を有償
契約という。売買，交換，賃貸借，雇傭，請負，組合，和解は有償契約である。
　これに対して，契約当事者の一方が対価的意義を有する給付（出捐）をなす
義務を負わない契約を無償契約という。贈与，使用貸借が無償契約である。典
型契約の中，これら以外のもの，すなわち，消費貸借，委任，寄託，終身定期
金は，当事者の合意により，有償契約にも無償契約にもなる。
　概して，双務契約が有償契約となり，片務契約が無償契約となることが多い
が，有償契約は双務契約より広い概念である。すなわち，片務契約であっても
有償契約となる例がある。たとえば，利息付消費貸借契約は片務契約であるが
有償契約である。というのは，消費貸借は，貸主が目的物（金銭であることが
圧倒的に多い）を借主に引渡すことによってはじめて効力を生ずる（契約が成立
する）ものであるから（消費貸借は要物契約である〔ただし，新587条の2〕），こ
の契約が成立することによっては借主の目的物返還義務を生ずるだけである。

22

したがって，これは片務契約であるということになる。ところが，利息を支払うべきときは，貸主の元本の貸与と借主の利息の支払とは互いに対価的意義を有することになるから，これは有償契約ということになるのである。簡単に図示しておこう。

有償契約には，原則として，すべて売買の規定が準用されるところにこの区別の意義がある（559条）。

他方，無償契約の特色としては，法的拘束力が弱い，注意義務についての責任が軽減されている，瑕疵担保責任についても軽減されている（551条1項参照）等を挙げることができる。

V 諾成契約・要物契約

当事者の合意だけで成立する契約を諾成契約といい，合意だけでは足りず，物の引渡その他の給付がなければ成立し得ない契約を要物契約という。

近代市民法においては，契約は当事者の自由な意思に基づく合意を最大限に尊重して成立するのが原則であるから，民法典中の典型契約も原則として諾成契約であり，要物契約とされているのは，消費貸借（ただし，新587条の2），使用貸借（ただし，新593条），寄託のみである。

VI 本契約・予約

通常の契約のことを本契約といい，これに対し，将来において一定内容の契約を締結してその効力を発生させようとする合意を予約という。この予約に基づいて締結される契約が本契約であるということもできる。

予約の当事者が予約上の権利を行使すると，相手方は本契約締結の債務を負担することになるのであるが，このような債務を当事者双方が負担する予約を双方予約といい，一方のみが負担するものを一方予約という。

民法は，売買について，「一方予約」を定めている（556条）。そこでは，当事者の一方が売買を完結する意思を表示すると（予約完結権を行使すると）相手

第1部　契約法総論

方の同意（承諾）を要しないで売買（本）契約が成立するとされている（556条1項）。この規定は，有償契約一般にも準用される（559条）ので，重要な機能を営むことになる。

なお，民法は，売買の一方予約しか規定していないが，契約自由の原則により，双方予約が有効なものであることはいうまでもない。

Ⅶ　継続的契約・非継続的契約

賃貸借や雇傭のように，一定期間継続する給付を目的とする契約を継続的契約といい，これに対して，売買や贈与のように，1回限りの給付を目的とし，その給付がなされることにより，原則として，契約関係が終了する契約を非継続的契約あるいは一時的（一回的）契約という。

継続的契約関係においては，相互の信頼関係が重要であり，その存続や終了に際しては信義則が強く働く。また，契約関係の解消については，一時的（一回的）契約の解除（541条以下）の場合には遡及的に契約の効力が解消される（545条）のに対し，継続的契約関係の解消においては遡及効が認められない（620条，630条，652条等）。

第3節　契約の拘束力

私的自治意思の原則の裏返しとして，個人は，自由な意思による同意がなければ法的な拘束を受けないということができるが，これは法的な拘束を受けるのは自ら自由な意思による同意を与えたからだと把握することができる。

第2章　契約の成立

第1節　契約の成立要件

I　申込と承諾

　契約とは，相対立する複数の意思表示が合致することによって成立する法律行為であるが，これは，一般的には，申込と承諾という二つの意思表示の合致によって成立する。申込と承諾の意思表示が合致するとは，双方の意思表示の内容が客観的に合致していることのみならず，その意思表示をなした当事者間でその契約を成立させるという意思が存するという主観的な合致も必要とされる。

　ただ，その申込・承諾の意思表示の内容が如何なるものであるのかについては，意思表示解釈の法理によって定まるとみてよい。

> 　新522条　契約は，契約の内容を示してその締結を申し入れる意思表示（以下「申込み」という。）に対して相手方が承諾をしたときに成立する。
> 　2　契約の成立には，法令に特別の定めがある場合を除き，書面の作成その他の方式を具備することを要しない。

　521条〜528条には契約の成立に関わる申込みと承諾に関する規定が置かれているが，申込みや承諾それ自体に関する定義規定は存せず，解釈に委ねられていた。そして，そのことが紛争を招来する原因の一つともなっていた。

　1項は，「契約の内容を示してその締結を申し入れる意思表示」と申込の定義をした上で，その申込とその申込みに対する承諾が合致することによって契約が成立することを明記したものである。

　申込の定義をしたのは，申込と申込の誘因との明確な区別を図ったからである。

　2項は，契約自由の原則のうちの方式の自由を定め，同時に，それが

25

第1部　契約法総論

> 法令の制限に服することを明らかにするものである。

Ⅱ　交叉申込

　契約の成立には，上記のように意思表示の客観的合致と主観的合致とが必要であるとすることが実益を発揮するのは，いわゆる交叉申込によって契約は成立するのかということを考えるについてである。

　交叉申込とは，たとえば，Aが，自己所有のパソコンを2万円で売るという意思表示（申込）をBに対してなしたが，Bは，そのAの申込を受ける前に，Aに対して，A所有のパソコンを2万円で買いたいという意思表示（申込）をなしたというように，文字通り申込が交叉する場合である。

　承諾というのは，あくまでも特定の申込に対してなされなければならないものであるから，Bの意思表示を，Aの申込に対する承諾とみることはできない。ここでは，二つの申込がなされている，すなわち，申込が交叉している状況である。しかし，その申込の客観的内容は合致しており，かつ，双方とも同一内容の契約を成立させようとしている（主観的合致がある）とみることができるものであるから，これにより契約が成立すると認めて差支えないとされるのである。

　交叉申込は申込と承諾によらない特殊の契約成立の態様であるから，後からなされた申込（Bの申込）についても民法の承諾に関する規定は適用されず，Bの申込がAに到達した時に契約は成立することになる（97条1項，526条1項参照）。

Ⅲ　意思の実現

　契約は，申込と承諾によるもの，交叉申込によるもののほか，意思の実現というものによっても成立する。

　申込者の意思表示または取引上の慣習により，承諾の通知を必要としない場合には，承諾の意思表示と認めることができる事実があった時に契約は成立す

る（526条2項）。これを意思の実現による契約の成立という。承諾の意思表示と認めることができる事実とは，承諾の意思を有することが何らかの形で実現されている場合にこれがあるとみてよい。たとえば，A書店が，Bに対して書物の売却を申込むと同時にその書物を送付した場合に，Bが，受取った書物に署名をしたり，書込みをしたりしながら読み始めたというときには，承諾の意思表示がなされたわけではないが，承諾がなされたと認め得る事実があるといってよいことになる。判例としては，石炭の販売会社が石炭を送付し，相手方が異議を述べることなくこれを受領したときは，相手方は事実上の承諾を与えたことになって売買契約が成立するとしたものがある（大判昭和8・4・12民集12巻1461頁）。ただ，この事案にあっては，黙示の承諾があったものとみることもできよう。

> 新527条　申込者の意思表示又は取引上の慣習により承諾の通知を必要としない場合には，契約は，承諾の意思表示と認めるべき事実があった時に成立する。
>
> 　これは，意思の実現に関する526条2項が，条文の内容を全く異にすることなく，新527条に移行されたものである。
> 　承諾について到達主義を採用した（526条1項削除）以上，意思の実現による契約の成立に関する規律も維持されるべきだと考えられたのである。そして，意思の実現による契約成立の場面では，承諾の意思表示が申込者に到達することに相当する事実を要しないため，到達主義に対する例外が維持されて然るべきと解されたのである。

IV　事実的契約

　契約を成立させる当事者の意思表示の合致は存しないが，契約が有効に成立しているという考え方に基づくものを事実的契約（関係）という。当事者の行為や態様から承諾の意思表示が存在すると認められるような場合に契約が成立するとすることには問題はないが，これは，予め反対の意思表示をしている（契約の成立を望んでいない）ときでも，その者が，契約の成立した場合と同様の利益を得ているときには契約が成立したのと同様の効果を生じさせようというものである。

第1部　契約法総論

たとえば，市が，市道の一部に設置した有料駐車場を利用する者が，その利用当初から，この駐車場は公衆が利用することのできる道路上に設置されたものであって，駐車料金を徴収することは不当な通行税を取ることを意味するとして駐車料金の支払を拒絶する旨を監視人に表明している場合でも，その場所に駐車すること自体，駐車料金相当額の支払を義務付けるものであるとするような場合である。

この考え方はドイツにおいて認められているものであり，日本の民法典に規定は存しないものの，これを導入すべきだとする学説も存する。

第2節　契約締結上の過失

Ｉ　意　義

契約が有効に成立するためには，意思表示が合致するのみならず，契約締結時において目的物が存在していなければならない。契約締結前に目的物が滅失していた等の理由により存在しないときは原始的不能となり，その契約は無効となる。この場合には，契約が成立していないのであるから，契約の成立を前提とする当事者の責任（債務不履行責任）も発生しないということになる。

しかしながら，一般に，契約は，当事者が契約を結ぼうと思い立って直ちにその契約を締結するという場合ばかりでなく，準備や熟慮の過程等を経て最終的に締結されるという経過を辿る場合も少なくないところ，この過程において，当事者の一方が一定の費用をかけていた等の事情があるときは，契約が成立しなかった，あるいは契約締結に至らなかったという場合に，この費用が損害として残ることになり，これをどのように取扱うべきかが問題となる。

ところで，そもそも契約を締結しようとする者は，無効な契約を締結したり契約の成立を不能ならしめることによって相手方に不測の損害を与えたりしないように注意しなければならない信義則上の義務を負っているといわなければならない。それゆえ，自らの過失によって契約を有効に成立させることができなかった者は，相手方がその契約が有効に成立すると信頼したことによって被った損害を賠償する責任があり，このような責任を認めないとすることは，かえって信義則に反するのではないかという理論が導かれる。これを契約締結上の過失 culpa in contrahendo という。信義誠実の原則（1条2項）から導かれるもので，ドイツのイェーリング Jhering が提唱し，ドイツでも日本でも一

28

般に承認されている法理である。

これにより，不能な契約を締結させた者に過失があるときは，その相手方が契約を有効と信じたことによって被った損害（信頼利益）を賠償する義務を負う。契約が不成立となった場合も，契約の準備段階で過失があった場合も，ともに同様の責任を負う。これを不法行為責任とするか，債務不履行責任とするかについては議論が存する。

Ⅱ　要　件

1　締結された契約内容が客観的に不能（原始的不能）であるため，その契約が全部無効であること，

2　給付をなすべき者が，その不能であることを知り，または知ることができたこと，

3　相手方が善意・無過失であること，

4　損害が発生したこと。

以上が，伝統的なこの理論の要件とされてきたものであるが，近時は，とりわけ1について次のように拡張されてきている。

①契約が締結されたが取り消された場合，②契約が締結されず交渉段階にとどまった場合（不当破棄），③契約が成立している（しかし，契約の目的を達することができない）場合。

今日では，実務上の重点は②ないし③に移ってきている。

Ⅲ　効　果

契約締結上の過失ある当事者が負担すべき損害賠償の範囲は，相手方がその契約を有効なものと信じた（にも拘わらず，それが効力を有しなかった）ことによって被った損害，すなわち信頼利益にとどまる。契約締結上の過失が存することによって契約が無効となった場合には，債権が発生したわけではないから，相手方が履行利益（契約が有効に成立し，かつ債務の本旨に従った履行がなされていたとすれば債権者が得ることができたはずの利益）の賠償を請求することができるものではない。信頼利益の例としては，目的物の検分等のために支出した費用，調査費用，公正証書作成のための費用，契約が有効に成立していれば支払うべきであった金銭を他から借入れて負担した利息等が挙げられる。

具体的な例を紹介しよう。

第1部　契約法総論

分譲マンションの売却予定者（X）が買受希望者である歯科医（Y）と交渉に入った後，Yの意向を確かめないまま（Yがそこで歯科医院を開設すると考えて），設計変更，電気容量変更等をしたが，結局，Yの購入資金上の都合で契約成立に至らなかった（Yが断った）。そこで，Xは，Yを相手に，主位的請求として契約解除による損害賠償，予備的請求として契約締結上の過失に基づく損害賠償を請求する訴を提起した。

原審は，「取引を開始し契約準備段階に入ったものは，一般市民間における関係とは異なり，信義則の支配する緊密な関係に立つのであるから，のちに契約が締結されたか否かを問わず，相互に相手方の人格，財産を害しない信義則上の注意義務を負うものというべきで，これに違反して相手方に損害をおよぼしたときは，契約締結に至らない場合でも，当該契約の実現を目的とする右準備行為当事者間にすでに生じている契約類似の信頼関係に基づく信義則上の責任として，相手方が該契約が有効に成立するものと信じたことによって蒙った損害（いわゆる信頼利益）の損害賠償を認めるのが相当である」として，Xの予備的請求を認めた。なお，XがYの意向を確認せず設計変更した点につき50％の過失相殺（418条）をしている。Y上告。

これに対して最高裁は，「……上告人の契約準備段階における信義則上の注意義務違反を理由とする損害賠償責任を肯定した原審の判断は，是認することができ，また，上告人及び被上告人双方の過失割合を5割とした原審の判断に所論の違法があるとはいえない」として，上告を斥けた（最判昭和59・9・18判時1137号51頁）。

なお，東京地判平成18年7月7日（金商1248号6頁）は，損害賠償の範囲は信頼利益に限定されるという見解に立つとしても，契約が履行されると信じたために失った別の取引による得べかりし利益まで信頼利益に含まれると判断している（二審は東京高判平成20・1・31金商1287号28頁）。

第3節　申込と承諾による契約の成立

I　申込と承諾の意義

申込とは，承諾と合して契約を成立させる意思表示である。承諾さえあれば契約が成立するものであるから，申込をする人（顧客）を招き寄せて申込を促すための行為である申込の誘引とは異なる。申込の誘引の場合には，その誘引

に応じて顧客のするものが申込であって，誘引者は，原則として承諾する自由
としない自由とを有する。

なお，承諾があれば契約が成立するという申込の要件を承諾適格という。

承諾とは，申込と合して契約を成立させる意思表示である。この点は，申込
とまったく同じであるが，特定の申込について，その申込の効力が発生した後，
その申込者に対し，申込受領者によってなされるものであるというのが，承諾
の特質といえる。

Ⅱ　隔地者間の契約の成立

現実に会って話をしている者（対話者）同士の場合には，一方が申込をして
他方が直ちに承諾をするという形で契約が成立する場合が少なくない。しかし
ながら，距離を隔てた者同士（隔地者）の間で契約を成立させようとする場合
には，書面を介して契約を締結することが考えられるので，その契約の効力が
何時生ずるのかという問題がある。隔地者間では，書面が行き違いになったり，
申込や承諾が予定通り相手方に到達しないということも十分考えられ，そうし
たときに契約の成立がどうなるのかという問題もある。

521条以下に契約の成立に関する規定が置かれているが，今日では，通信
網・機関が非常に発達しているので，隔地者間の契約であることのみを理由と
するという意味での紛争は少なくなっている。それゆえ，521条以下の規定は，
今日においては，それほど重要な役割を果たしているわけではないといえる。

1　申込をめぐるいくつかの問題

(1)　申込の効力発生時期

特定の人に対する申込は，それが相手方に到達した時に効力を生ずるという
点において一般の意思表示と異なるところはない（97条1項）。ただ，申込者
が申込を発信した後到達するまでの間に死亡したり能力を喪失したりすると，
一般の意思表示であればその効力につき何ら影響を与えないのであるが（97条
2項），申込の意思表示については，申込者が反対の意思表示をしたとき，ま
たはその相手方が死亡もしくは能力喪失の事実を知ったときには，申込は，死
亡者の申込となって効力を生じないとしている（525条）。ただし，この規定は，
申込が発信されてから相手方に到達するまでの間について適用されるに過ぎな
い。申込は，相手方に到達することによって完全に効力を生ずるものであるか

31

第1部　契約法総論

ら，その後（到達後）において申込者が死亡しても，その相続人が申込者の地位を承継するかどうかが問題となるのみである。

> 新526条　申込者が申込の通知を発した後に死亡し，意思能力を有しない常況にある者となり，又は行為能力の制限を受けた場合において，申込者がその事実が生じたとすればその申込は効力を有しない旨の意思を表示していたとき，又はその相手方が承諾の通知を発するまでにその事実が生じたことを知ったときは，その申込は，その効力を有しない。
>
> 　本条は，申込の効力が失われる場合について定める525条に修正を加えるものである。まず，①新97条3項におけると同様，申込者が「意思能力を有しない常況にある者」となった場合を付加し，②525条では，単に「申込者が反対の意思表示をした場合」とされていたところを具体的に表現し，③相手方が申込者の死亡又または行為能力の制限を受けた事実を知った時点につき，「相手方が承諾の通知を発するまでにその事実が生じたことを知ったとき」と明確にすることとしたものである。

(2)　申込の拘束力
①　意　義

申込の拘束力とは，申込の撤回を許さない効力のことをいう。すなわち，申込に対して承諾がなされれば契約が成立するのであるから，契約成立の後に申込を撤回することができないことは当然であるが，それ以前であっても，相手方は，申込を信頼して承諾すべきか否かを考慮し始めるのが普通であるから，申込者の恣意に任せてみだりに撤回を許すべきではないということになる。

②　承諾の期間を定めてなした契約の申込

承諾の期間を定めてなした契約の申込は，その期間中はこれを撤回することができない（521条1項）。

そして，申込者が，その承諾期間内に承諾の通知を受けないときは，申込は，その効力を失う（521条2項）。ただ，一般的な契約の効力発生時期は，承諾の到達した時点ではなく，承諾の発信時である（526条1項）。

第2章　契約の成立

> 新523条　承諾の期間を定めてした申込みは，撤回することができない。ただし，申込者が撤回する権利を留保したときは，この限りでない。
>
> 　2　申込者が前項の申込みに対して同項の期間内に承諾の通知を受けなかったときは，その申込みは，その効力を失う。

　1項は，521条1項にただし書きを加え，承諾期間を定めてした場合であっても，申込者が撤回権を留保したときは，例外的に撤回することができるとするものである。

　契約の申込を受けた者（被申込者）は，申込を受けてから契約を締結するか否かを考慮することになろうから，その段階において申込を撤回されると，被申込者が不測の不利益を受ける可能性があることから，被申込者の契約締結に向けた信頼を保護しようとしたのである。

　ただ，申込者が，あらかじめ申込の撤回権を留保し，その留保の意思表示が遅くとも申込と同時に被申込者に到達しているときは，被申込者においても，それを前提として考慮することができるから，「ただし書き」が置かれることになったものである。

　2項は，521条2項と同一の内容である。

　これに伴い，承諾の通知が延着した場合の効果に関する522条は削除される。

　これは，契約の成立について到達主義を採用することにした（526条1項削除）以上，承諾の通知が延着したことについての不利益は承諾の意思表示をした者が負担すべきであり，承諾期間内に承諾の通知が到達しなかったときに，その通知が延着したことについて何らかの事情があったのか否か等について申込者に調査（確認）させることは適切ではないと考えられたからである。

　また，523条（「申込者は，延着した承諾を新たな申込みとみなすことができる。」）は新524条となって，その内容は維持されている。

③　承諾の期間を定めない隔地者に対する申込

　これに対し，承諾期間を定めない隔地者に対する申込は，申込者が承諾の通知を受けるのに相当な期間は，これを撤回することができない（524条）。承諾

33

第1部　契約法総論

期間を定めない申込は，これを撤回することはできるのであるが，この場合に
おいても，相手方は，相当な期間は承諾をすべきか否か考慮するのが普通であ
るところから，その期間内については撤回を許さないものとしたのである。

　ただ，承諾期間を定めない申込といえども，それが撤回されない限り半永久
的に承諾をなし得るというものではなく，取引慣行等ないし信義則に基づいて
相当期間を経過した後は承諾適格を失うとみるべきである。

　新525条　承諾の期間を定めないでした申込みは，申込者が承諾の通
　　　　　知を受けるのに相当な期間を経過するまでは，撤回することがで
　　　　　きない。ただし，申込者が撤回をする権利を留保したときは，こ
　　　　　の限りでない。
　　2　対話者に対してした前項の申込みは，同項の規定にかかわらず，
　　　その対話が継続している間は，いつでも撤回することができる。
　　3　対話者に対してした第1項の申込みに対して対話が継続してい
　　　る間に申込者が承諾の通知を受けなかったときは，その申込みは，
　　　その効力を失う。ただし，申込者が対話の終了後もその申込みが
　　　効力を失わない旨を表示したときは，この限りでない。

　1項は，承諾期間の定めのない申込の撤回について，申込者が承諾の
通知を受けるのに相当な期間を経過するまでは撤回することができない
としている524条を，隔地者に対する申込に限らず一般的に適用するも
のとした上で，申込者が撤回権を留保したときはこの限りでないとする
「ただし書き」を加えたものである。

　なお，承諾の期間の定めのない申込が撤回されない間は，いつまでも，
その申込に対して承諾することができるというわけではなく，取引慣行
等ないし信義則に基づいて相当期間を経過した後は承諾適格（申込の効
力）が消滅するとされている解釈が改正法の下でも維持される。

　2項は，対話者間で承諾期間の定めのない申込がなされた場合，その
対話が継続している間は，いつでもその申込を撤回することができる旨
を定めたものである。

　対話が継続している間であれば，その対話が継続している間は，被申
込者が特に何らかの（契約締結に向けた）準備をすることはないであろう

と考えられるところから，この規定が置かれたものである。

　3項は，対話者間で承諾期間の定めのない申込がなされた場合，その対話が継続している間に申込者が承諾の通知を受けなかったときは，申込が効力を失うとした上で，例外的に，申込者が，対話の終了後もその申込の効力が失われない旨を表示したときは，その申込が効力を失わないとする「ただし書き」を置いたものである。

　この3項が設けられたことにより，商法507条（「商人である対話者の間において契約の申込みを受けた者が直ちに承諾をしなかったときは，その申込みは，その効力を失う。」）は削除される。

2　承諾をめぐるいくつかの問題

(1)　承諾の効力発生時期

　民法は，隔地者間の契約は承諾を発した時に成立すると定めている（526条1項）。したがって，承諾は発信によって効力を生ずるということになる。申込に承諾期間がある場合については，前述したように，その期間内に承諾の通知が到達しないと申込は効力を失うから，この場合には承諾も効力を生じないことになる。

(2)　承諾が延着した場合

　承諾の通知が521条の期間経過後に到達したが，通常の場合であれば，その期間内に到達するはずであった時に発送されたものであることを知ることができるときは，申込者は，遅滞なく，相手方に対してその延着した旨の通知を発しなければならない（522条1項本文）。もちろん，その到達前に遅延の通知を発したときは，改めて延着の通知をする必要はない（同ただし書）。

　申込者が，この延着の通知を怠ったときは，承諾の通知は，延着しなかったものとみなされ（522条2項），したがって，契約は成立することになる。

　また，延着した承諾は，申込者においてこれを新たな申込とみなすことができる（523条）。承諾が延着すれば，契約は成立しないことになるが，その承諾を新たな申込とみなし，これに対し申込者が改めて承諾をして契約を成立させることができるということである。

(3)　変更を加えた承諾

　承諾者が，申込に条件を付し，その他変更を加えてこれを承諾したときは，

第1部　契約法総論

その申込を拒絶すると共に，新たな申込をしたものとみなす（528条）。たとえ
ば，Aが，Bに対し，自分の時計を1万円で買わないかといったのに対し，B
が，5,000円なら買うといった場合は，改めてAがそれを承諾しないと，
5,000円での時計の売買契約は成立しないことになる。

3　契約成立の時期

　隔地者間の契約は，承諾の通知を発した時に成立する（526条1項）。

　申込は，一般の意思表示の効力発生時期に関する原則にしたがって到達時に
効力を生ずるのであるが（97条1項），承諾による契約の成立については承諾
の発信時とされている。申込者・承諾者ともに契約の成立を望んでいるので
あって，なるべく早い時期に成立させることが当事者の意思にも合致すると考
えられるからである。

　ただ，526条1項は承諾の通知を発信することによって契約が成立するとし
ているものの，それは，承諾の通知が申込者に到達しなくてもよいという趣旨
であるのか否かについて議論が存する。

(1)　承諾が申込者に到達しなければならないとする説

　承諾期間の定めがあるとないとにかかわらず，常に承諾の通知が申込者に到
達しなければならないとする説がある。ここでは，契約の成立あるいは効力の
発生につき，さらに，見解が分かれる。

　一つは，承諾が到達することにより，承諾の発信時に契約の効力が生ずると
いう説であり，他の一つは，発信時に契約が成立するが効力が生ずるのは到達
時であるとするものである。

　さらに前者は，承諾の到達を停止条件として遡及的に発信時に効力が生ずる
という説（停止条件説）と到達までは契約の効力は不確定であって到達によっ
て確定するという説（不確定効力説）とに分かれる。

(2)　承諾期間の定めがないときは承諾の到達は不要であるが，承諾期間の定
　めがあるときは承諾の到達が必要であるとする説

　まず，承諾期間の定めがない場合においては，承諾者自身は承諾を発信する
ことによって契約は成立していると信ずるのであり，申込者にしても，申込を
している以上，契約が有効に成立することを望んでいるとみてよいはずである
から，何らかの偶然の事情によって承諾の通知が到達しないとしても契約の効
力を認めて差支えないと考えるのである。既に申込をしている申込者は，普通

第2章　契約の成立

の場合とは異なり承諾を予想しているものであるから，承諾期間内に承諾が到達しないことによる損失は申込者に負担させることになってもやむを得ない，不合理ではないと解するのである。

　次に，承諾期間の定めがある場合においては，前述したように，その期間内に承諾の意思表示が到達しないときは契約は成立せず（521条2項），到達すれば承諾の発信時に契約は成立するとみてよいことになる。

　ここでは，承諾が承諾期間内に到達しないことを解除条件として承諾の発信時に契約が成立すると考える解除条件説が妥当と考えられよう。

(3)　電子消費者契約及び電子承諾通知に関する民法の特例に関する法律

　隔地者間の「電子承諾通知」に関し526条1項，527条の適用を排除して契約の成立についての発信主義を排し（同法4条），「電子消費者契約」につき，消費者が，当該の事業者と契約するつもりはなかった，あるいは別の内容の契約をするつもりであったのに，誤って送信してしまったというときには，当該契約の相手方である事業者が，電磁的方法によりその映像面を介して消費者の意思を確認する措置を講じていたか，あるいは消費者がそのような措置を不要としたのでない限り，95条ただし書の適用を排除し，95条本文の要件を満たす以上は，原則として，重過失の有無を問わず錯誤無効を認める（同法3条）。

　なお，民法の改正に伴い，同法の法律名も「電子消費者契約に関する民法の特例に関する法律」に改められ，同法3条の柱書の「要素」という表現も，新95条に合わせて「その錯誤が法律行為の目的及び取引上の社会通念に照らして重要なもの」に改められている。

　また，民法自体も526条1項を削除して発信主義を排することになるから，それに応じて「電子消費者契約に関する民法の特例に関する法律」では4条が削除される。

第4節　申込と承諾による契約成立の例外

　申込と承諾によらない特殊な方式による契約の成立の仕方として契約の競争的締結がある。これは，契約当事者の一方を競争させて最も有利な条件で契約を締結しようとする方法である。競争者が互いに他の者の提示する条件を知り得るものを競売，そうでないものを入札という。

37

第1部　契約法総論

I　競　売

競売とは, いわゆる「せり」を行うものであるが, これにも二つの種類がある。せり下げ競売とせり上げ競売である。

せり下げ競売とは, 競売申出者が, まず一定の価格を示して不特定多数の相手方に対して受諾を促し, 受諾者がいないときは, 受諾者が現れるまで順次価格を下げていって契約を成立させるという方法である。バナナの叩き売りのようなものを想起すればよい。

この場合の競売の申出は申込に当たり, 受諾は承諾に当たるとみてよいから, 受諾によって契約は成立することになる。

これに対して, せり上げ競売とは, 競売申出者 (売主) が, まずは価格を示さないでおき, 相手方 (購入希望者) が価格をつけて申込をするのを待ち, 順次より高い価格がつけられていって, もうこれ以上高い価格での申込はないというところで, 競売申出者が, さらに承諾の意思表示をすることによって契約を成立させるという方法である。たとえば, 競売申出者が, 最低でも 100 円で売却したいと思っていたものが, せり上げ競売によって最終的に 70 円の価格での申出しかなかった場合には, 競売申出者が, 改めてこの価格で契約を成立させる旨の意思表示 (承諾) をして初めて競売の効力が生ずることになるのである。したがって, 競売申出者のする申出は申込の誘引であり, 相手方が価格をつけてするせりが申込ということになる。

もっとも, せり上げ競売の場合であっても, 競売申出者が, 予め最低価格を示して, それより高い価格をつけることを促すことがある。この場合には, 競売の申出が申込になり, 最高価格での申出が承諾ということになる。

II　入　札

入札とは, 競売のように, 複数の相手方によって順次異なる価格がつけられていくというものではなく, 入札の申出に対して, 相手方 (契約締結を希望する複数の者) が一斉に価格をつけることをいう。たとえば, 或る土地の売却について入札をする旨の申出があり, 購入希望者は, 他の人がいくらの価格をつけるかをまったく知ることができない状態で価格をつけて購入希望を申出るという方法である。そして, 入札申出者は, 最も有利な申出を選んで落札の決定をすることができる。ここでは, 入札する旨の申出が申込の誘引となり, 購入希望の申出 (購入価格提示) が申込, 落札決定が承諾ということになる。もっ

38

第2章 契約の成立

とも，ここでも最低価格または最高価格を定めて入札の申出をした場合には，それが申込となる。

民事執行法では，入札が強制競売の一方法として定められている（同法64条，134条）。

第5節 懸賞広告

Ⅰ 意 義

或る行為をした者に一定の報酬を与える旨の広告をした者が，その行為をした者に対してその報酬を与える義務を負う行為を懸賞広告という（529条）。広告は，不特定多数の者に対して或ることを了知させる手段として用いられるものであるが，この広告を見た者のうちの1人が懸賞広告に定めた内容に合致した行為をすると，報酬請求権が発生することになる。行方が分からなくなったペットの犬を見つけてくれた人には，1万円の御礼をするという広告をする等がその例である。

美人コンテストのように，或る状態にある者に賞金（商品）を与えるという場合は，或る行為を対象とするものではないところから，これは懸賞広告とはいえず，贈与の一種になると考えるべきである。

Ⅱ 法的性質

この懸賞広告の法的性質については議論が存する。

すなわち，懸賞広告は，民法典の契約の款（第2章，第1節，第1款）に規定が置かれているので，これは契約であると解する考え方がある。これによれば，懸賞広告が申込であり，これによって相手方（特定の人ではない）に広告に定めた行為をするよう促し，相手方がその行為をすることが承諾に当たることになって契約が成立し，その効力も生ずることになる。ところが，このように申込と承諾によって成立する契約であるとすると，相手方の承諾には承諾の意思が認められなければならないから，相手方は，広告の存在を知って当該の行為を行ったのでなければならないことになる。要するに，相手方は，懸賞広告に定められた行為をしたとしても，そもそも懸賞広告の存在を知っていなかったときは，報酬請求権を取得しないということになるのである。

これに対して，懸賞広告をした者は，誰かが広告に定めた行為をすることを

39

第1部　契約法総論

停止条件とする報酬支払義務を負担するものと解する考え方がある。これは，懸賞広告を一種の単独行為とみるものである。この考え方に従えば，広告の効力が発生した後，誰かが広告に定められた行為をしたときは，たとえ懸賞広告の存在を知らなかったとしても報酬を請求する権利を取得することになる。

　いずれの解釈も可能であるが，懸賞広告は単独行為であると解するのが簡明であって，このように解しても不都合はない。

　新529条　ある行為をした者に一定の報酬を与える旨を公告した者（以下「懸賞広告者」という。）は，その行為をした者がその広告を知っていたかどうかにかかわらず，その者に対してその報酬を与える義務を負う。

　529条に，「その行為をした者がその広告を知っていたかどうかにかかわらず」との文言を付け加えたものであり，前述のように，その法的性質につき複数の解釈の可能性があったところ，一定の方向性を示したものである。

Ⅲ　撤　回

　広告者は，懸賞広告において指定した行為を完了する者がいない間は，前の広告と同様の方法により，その広告を撤回することができる（530条1項本文）。ただし，懸賞広告中に撤回をしない旨表示したときは，もちろん撤回することができない（同ただし書）。

　懸賞広告と同様の方法で撤回をすることができない場合（たとえば，懸賞広告をした新聞紙が廃刊になったとき等）は，他の適宜の方法によって撤回をすることができるが，この撤回は，その撤回を知らなかった第三者に対しては効力を生じないものとなる（530条2項）。

　広告者が，その指定した行為をなすべき期間を定めたときは，撤回権を放棄したものと推定される（同条3項）。その期間が経過すれば，広告自体が失効することになる。

　新529条の2　懸賞広告者は，その指定した行為をする期間を定めてした広告を撤回することができない。ただし，その広告において撤回する権利を留保したときは，この限りでない。

2　前項の広告は，その期間内に指定した行為を完了する者がない
　ときは，その効力を失う。

　1項は，530条3項を修正したものであって，指定した行為をする期間
を定めてした懸賞広告は撤回することができないとしつつ，その広告中
に撤回する権利を留保した（＝撤回する可能性があることを表示してお
い）ときは，その懸賞広告を撤回することができるとしたものである。
懸賞広告者の意思を尊重したものといえよう。
　2項は，懸賞広告者が指定した行為をする期間を定めていた場合にお
いて，当該期間内に指定した行為を完了する者がないときは，懸賞広告
は，その効力を失うとしたものである。1項において，期間内は撤回す
ることができないとしたが，当該期間内に指定した行為をする者がない
ときは，懸賞広告自体が効力を失うから，撤回するまでもないというこ
とである。

新529条の3　懸賞広告者は，その指定した行為を完了するものがな
　い間は，その指定した行為をする期間を定めないでした広告を撤
　回することができる。ただし，その広告中に撤回しない旨を表示
　したときは，この限りでない。

　530条1項を若干修正して，指定した行為をする期間を定めないでし
た懸賞広告は，その指定した行為を完了する者がない間は撤回すること
ができるとしたものである。「ただし書き」は，530条1項ただし書きと
同内容であ

新530条　前の広告と同一の方法による広告の撤回は，これを知らな
　い者に対しても，その効力を有する。
　2　広告の撤回は，前の広告と異なる方法によっても，することが
　できる。ただし，その撤回は，これを知った者に対してのみ，そ
　の効力を有する。

　本条は，530条2項を修正するものであり，①前の広告（懸賞広告）と

第1部　契約法総論

同一の方法によって撤回した場合には，その撤回の事実を知らない者に
対しても効力を有すること，②（前の広告と同一の方法によって撤回するこ
とができない場合には）前の広告と異なる方法によっても撤回することが
できるが，その撤回は，その撤回の事実を知っている者に対してのみ効
力を有することを定めた。すなわち，撤回を知ることなく行為を完了し
た者に対しては撤回を対抗することができないとしたのである。
　撤回の効力の内容をより明確にしたものといえよう。

Ⅳ　効　　果

　懸賞広告に定められた行為をした者は報酬請求権を取得することになる
（529条）。
　複数人が行為を完了したときは，最初にその行為をした者のみが報酬を受け
る権利を有する（531条1項）。
　複数人が同時に指定された行為を完了したときは，それぞれ平等の割合を
もって報酬を受ける権利を取得するのが原則であるが，報酬がその性質上分割
するのに適しないか，または広告において1人のみが報酬を受けるものとされ
ていたときは，抽選によって1人を決定する（同条2項）。もっとも，広告中
にこれらと異なる意思が表示されていたときは，その意思表示の内容に従う
（同条3項）。

Ⅴ　優等懸賞広告
1　意　　義

　交通事故防止の標語を募集して，最も優秀な者を賞するとか，或るテーマで
論文を募集して1等入選者には5万円，2等には3万円，佳作には1万円の賞
金を与えるという広告は，懸賞広告の一種ではあるが，このように，行為を完
了した者の中から判定によって定まる優等者にのみ報酬を与える趣旨のものを
優等懸賞広告という。したがって，この優等懸賞広告に応募する者は，行為を
完了して，その結果を広告者に報告（通知，応募）しなければならない。

2　法 的 性 質

　優等懸賞広告については，これを契約の申込とみても（この場合は，応募が

42

承諾に当たる），応募を停止条件とする単独行為とみても，実際上の差異を生じない。

3　撤　　回

優等懸賞広告においては，必ず応募の期間を定めなければならない（532条1項）。この期間の定めがないと，半永久的により優等の応募者が現れる可能性があって，優等者を判定することが事実上不可能となるからである。したがって，応募期間の定めがある以上，撤回することはできない（530条3項が適用されると考えてよい）。

4　優等者の判定

応募者のうち誰が優等であるかを判定するのは広告中に定められている者であるが，広告において判定者を定めておかなかったときは，広告者が判定する（532条2項）。

優等者なしという判定は可能か。一般論として，優等かどうかは相対的に判断されるものであるから，予め広告中に「優等者なしの場合もある」等の表示がなされていない限り，優等者なしという判定は不当というべきである。ただし，毎年ある機関がする懸賞広告であって，その判定についての客観的な基準が存しており，それに達するものがないときは優等者なしとせざるを得ないというような場合には，優等者なしという判定も許されることになる。

この判定に対して，応募者は異議を述べることはできない（同条3項）。これは判定の当否を争うことはできないという意味であって，判定における価値判断の自由を尊重しようとする趣旨である。したがって，広告中に判定者と定められている者が，実際には判定していないというような客観的な事実に基づく異議は述べることができる。

複数人の行為が同等に優れていると判定されたときは，531条2項を準用する（同条4項）。

第3章　契約の効力

　契約が成立したときにはどのような効力を生ずることになるのかにつき，民法典は，533条〜539条において，双務契約における同時履行の抗弁権と危険負担，第三者のためにする契約の効力という特別の効果に関する規定を置くにとどめている。

　契約がその効力を生ずるためには，契約が有効に成立することが必要である。まずは，その契約の一般的有効要件をみておく。

第1節　契約の一般的有効要件

　契約の有効要件は，法律行為の有効要件（成立要件）と共通するものである。行為能力を有する者が有効な意思表示をすることに加えて，契約の目的（内容）について以下のような要件を満たすことが求められる。

I　確定（特定）可能性

　契約の目的は特定され得るものでなければならない。必ずしも契約成立時に確定している必要はないが，契約が履行される時までに確定されなければならない。したがって，確定するための方法が何ら定められていない場合には，契約は無効である。

　確定性を判断する基準としては，まず第一に，当事者の表示した目的自体によるが，それによって明らかでないときは取引社会の慣習により（92条），さらに信義誠実の原則ないし条理によることとなる。

II　実現可能性

　契約の目的は，社会一般の取引通念に照らして実現可能なものでなければならない。したがって，太平洋のどこかに沈んでいるはずの宝石を拾い上げてくるという契約や，既に焼失している建物を目的とする売買契約などは無効である。

　実現が可能か否かは，物理的（自然科学的）基準によるのでなく，社会通念

第1部　契約法総論

に従って判断すべきものである。

　契約の成立時には可能であったものが，その後不能になったという場合は，後発的不能と呼ばれ，契約自体は有効に成立するが，履行はなされ得ないのであるから，履行がなされないことについての責任の問題が生ずる。債務者の責に帰すべき事由によって不能となったときは債務不履行責任の問題となり（415条後段），債務者の責に帰すべからざる事由によって不能となったときは危険負担の問題となる（534条以下）。

Ⅲ　適　法　性
　不適法な契約が無効であることはいうまでもないであろう。

1　強行法規に反するものは無効（91条の反対解釈）
　或る法規が強行法規であるか否かは，その立法趣旨ないし個別的に「公序」の観念に照らして判断される。

2　社会的妥当性を否定されるものは無効
　強行法規には違反していなくても，公序良俗に反する内容の契約は無効である（90条）。この無効は，絶対的無効と呼ばれ，当事者において追認する余地もなく，特定の者との間では無効だが，他の者との関係では有効というものでもない。

　社会的妥当性を否定されるものとしては，反倫理的行為（妾契約，売春契約等），反正義的行為（殺人請負契約，入札における談合〔これに関連して，「入札談合等関与行為の排除及び防止並びに職員による入札等の公正を害すべき行為の処罰に関する法律」が制定されている〕等），暴利行為（超高利の金銭貸借等），著しく射倖性の高い行為（賭博等）である。

第2節　双務契約の特殊な効力

　双務契約とは，契約の両当事者が相互に対価的関係に立つ債務を負担することを約することにより成立する契約をいう。ここにおける各債務が対価的関係に立つということは，相互に対価として条件づけあい，一方が存するがゆえに他方も存するという関係に立つことを意味するものであって，両債務の間には

密接な関係がある。この密接な関係のことを牽連性ないし牽連関係という。具体的には，三つの平面における牽連関係を考えることができる。第一は，契約の成立に関して，第二は，契約（債務）の履行に関して，第三は，契約の存続（消滅）に関してである。

まずは，その三つの牽連関係についておよその内容を把握し，第二，第三のそれについては節を改めて詳述しよう。

I　成立上の牽連関係

これは，双務契約における一方の債務が成立しなければ，これと対価的関係に立つ他方の債務も成立しないという形で認められる。民法典には，この点に関する規定は存しないが，一方の債務が，不能または公序良俗に反する等の理由で成立しない場合には，他方の債務も成立することができないというものである。一方の意思表示（たとえば申込）が詐欺・強迫や制限行為能力を理由として取消されると，その行為は遡って無効とみなされるので（121条本文），他方の債務も発生しないものとなる。ただ，契約が成立しない場合であっても，契約上の効力（責任）が生じ得る場合として契約締結上の過失の問題があることは既に述べた。

II　履行上の牽連関係

これは，双務契約の当事者の一方は，相手方がその債務の履行をなすか，または履行の提供をなすまでは，自己の債務の履行を拒むことができるという形で認められる。民法上，同時履行の抗弁権として規定されている（533条）が，両債務が対価的意義を有するがゆえに，自己の債務を履行することなく，相手方の債務の履行だけを請求するのは公平に反するという思想に立脚するものである。

III　存続（消滅）上の牽連関係

これは，双務契約の両債務が完全に履行される前に，一方の債務がその債務者の責に帰すことのできない事由により履行（給付）不能となって消滅した場合，他方の債務を消滅させるべきか存続させるべきか，どちらが公平に適うかというものであって，民法上，危険負担の問題として規定されている（534条以下）。

第1部 契約法総論

第3節 同時履行の抗弁権

Ⅰ 意 義

双務契約の当事者の一方がその債務の履行または履行の提供をなすまでは，相手方（他方債務者）は，自己の債務の履行を拒むことができる権利を有する（533条本文）。これを同時履行の抗弁権という。たとえば，売買契約において，売主は，買主が代金を提供するまでは目的物の引渡を拒むことができ，一方，買主は，売主が目的物を提供するまでは代金の支払を拒むことができるというものである。

ただし，相手方の債務が弁済期にないときは，同時履行の抗弁権は発生しない（同条ただし書）。

同時履行の抗弁権は，究極的には公平の原則に基づくものであるという点で留置権（295条）と同様の機能を営むものといえるが，両者には，少なからず相違点がある。

まず，留置権は物権であるから，誰に対してもこれを主張し得るし，競売権（民執195条），果実収取権（297条），留置物に対する善管義務（298条），費用償還請求権（299条）などを伴うと同時に，不可分性（296条）があり，相当の担保（代担保）を提供して留置権の消滅を請求することができる（301条）。逆に，債務者の側から留置権の消滅を請求されることもある（298条3項）。

これに対し，同時履行の抗弁権は債権であり，競売権，果実収取権，代担保の提供による消滅は，いずれも認められていないし，また，不可分性を有するわけでもない。

> 新533条 双務契約の当事者の一方は，相手方がその債務の履行（債務の履行に代わる損害賠償の債務の履行を含む。）を提供するまでは，自己の債務の履行を拒むことができる。ただし，相手方の債務が弁済期にないときは，この限りでない。

本条は，533条に括弧書きを追加するものである。これにより，債務の履行に代わる損害賠償請求権ならびに追完に代わる損害賠償請求権と対価の履行請求権との同時履行の関係が明示的に認められることとなる。

これに伴い，571条（売主の担保責任に基づく損害賠償債務と買主の代金

第3章　契約の効力

支払債務とは同時履行の関係に立つことを定める），634条2項（後段におい
て，仕事の目的物に瑕疵があったことを理由とする損害賠償と請負報酬との同
時履行を認めている）は削除される。いずれも存在意義が乏しくなったこ
とによる。

　　訴訟においては，債権者の給付の訴に対し，債務者が同時履行の抗弁
権を主張し，これが認められるときは引換給付判決がなされる（後掲大判
明治44・12・11）が，履行拒絶権を行使する場合は，請求棄却判決が下さ
れることになる。

Ⅱ　要　　件

　同時履行の抗弁権が発生するための要件としては，以下の三つを挙げること
ができる。

1　一個の双務契約から生じた両債権（債務）が存すること

　売買契約における買主・売主双方の債務が，その典型といえる。賃貸借契約
終了時における賃貸人の費用償還義務（608条）と賃借人の明渡債務について
も同様である。

　ただし，家屋の賃貸借終了時における賃借人の家屋明渡債務と賃貸人の敷金
返還債務とは，特別の約定のない限り，同時履行の関係に立たないとするのが
判例である（最判昭和49・9・2民集28巻6号1152頁）。この判決の説示は，次
のようである。

　「敷金契約は，……賃貸人が賃借人に対して取得することのある債権を担保
するために締結されるものであって，賃貸借契約に付随するものではあるが，
賃貸借契約そのものではないから，賃貸借の終了に伴う賃借人の家屋明渡債務
と賃貸人の敷金返還債務とは，一個の双務契約によって生じた対価的債務の関
係にあるものとすることはできず，また，両債務の間には著しい価値の差が存
しうることからしても，両債務を相対立させてその間に同時履行の関係を認め
ることは，必ずしも公平の原則に合致するものとはいいがたいのである。……
また，両債務間に同時履行の関係を肯定することは，右のように家屋の明渡ま
でに賃貸人が取得することのある一切の債権を担保することを目的とする敷金
の性質にも適合するとはいえないのである。このような観点からすると，賃貸

49

第1部　契約法総論

人は，特別の約定のないかぎり，賃借人から家屋明渡を受けた後に……敷金残額を返還すれば足りるものと解すべく，……このことは，賃貸借の終了原因が解除（解約）による場合であっても異なるところはない……」とし，同時に，賃借物に対する留置権の成立も否定している。

また，借地借家法における建物買取請求権（借地借家13条，14条）が行使された場合にも建物の売買契約が成立することになり，建物買取請求権者の物件移転義務と賃貸人の代金支払義務とは同時履行の関係に立つとされている（大判昭和7・1・26民集11巻169頁）。

これに対し，造作買取請求権（借地借家33条）を行使した場合については，造作代金債権は，造作に関して生じた債権であって建物に関して生じた債権ではないから，造作の買取を請求した借家人は，造作代金の提供がないことを理由として，同時履行の抗弁によって建物の明渡を拒むことはできないとされている（最判昭和29・7・22民集8巻7号1425頁）。留置権についても，同様に，造作代金の支払を受けるまで建物を留置することはできないとされている（最判昭和29・1・14民集8巻1号16頁）。この点をめぐる学説は分かれており，造作に関する費用と建物の価額との不均衡を理由として判例の姿勢を支持するものもあるが，造作買取請求権を確保するためには，建物の明渡について同時履行の請求権ないし留置権を認めるべきだとする見解も有力である。

なお，同時履行の抗弁権が発生するための要件としては，双方の債務が同一の双務契約から生じていれば足り，履行の場所まで同一である必要はない（大判大正14・10・29民集4巻11号522頁）。

次に，もともと，双務契約から生じた債権（債務）であれば，その一方が債権譲渡（466条以下），転付命令（民執159条，160条），債務引受によって移転した場合であっても，債権（債務）の同一性は失われないのであるから，同時履行の抗弁権は，新債権者・債務者間あるいは債権者・引受人間で認められることになる。

ただ，当事者の交替による更改（債務者の場合…514条，債権者の場合…515条）がなされたときは，旧債務の消滅に伴い同時履行の抗弁権も消滅することになる（大判大正10・6・2民録27輯1048頁）。しかし，具体的にみて債権譲渡（債務引受）か更改かの判断は困難であることが少なくなく，その処理は事案毎に慎重になされなければならない。

2 相手方の債務が履行期にあること

相手方の債務が弁済期にないときは，同時履行の抗弁権は認められない（533条ただし書）。すなわち，一方の債務者が先履行義務を負っている場合，たとえば，売買契約において，売主がまず目的物を引渡し，買主はその1ヵ月後に代金を支払うべきものとされているような場合には，売主は，買主からの目的物引渡請求に対し，同時履行の抗弁権を行使することはできない。ただ，先履行義務が履行されないでいるうちに後履行義務の弁済期が到来してしまったときは，先履行義務者といえども同時履行の抗弁権を取得すると解されている。

同時履行義務が存するのか先履行義務が存するのかは，法律の規定，契約の内容ないしそれらの解釈によって定まる。

民法の規定によれば，賃貸借における借賃支払（614条），雇傭（624条1項）・請負（633条）・委任（648条2項）・寄託（665条）等におけるそれぞれの報酬支払は，特約のない限り後払いとされており，したがって，先履行義務者は同時履行の抗弁権を主張することはできない。

また，譲渡担保契約における（清算金支払い債務と）債権者への登記移転・引渡義務は，同時履行の関係に立つとされている（仮登記担保3条2項参照）が，債務の弁済とその債務を担保するための抵当権の設定登記の抹消手続とでは，弁済が先履行とされ，両者は同時履行の関係に立つものではないとされている（最判昭和57・1・19判時1032号55頁）。

しかしながら，契約締結後において買主（相手方）の財産状態が悪化して，買主からの代金支払（反対給付）がもはや期待し得ないものとみられるに至った場合にも，売主（先履行義務者）は，買主の請求を拒むことができないとすることは，かえって公平に反する。そこで，このような場合には，売主の側において，先履行の義務を拒絶することができると解すべきことが要請される。売主は，先履行義務を負っている以上，同時履行の抗弁権を行使することはできないものであるところ，この同時履行の抗弁権に代わるものとして先履行義務の拒絶を認めるのである。これを不安の抗弁権と呼んでいる。民法典に明文の規定はないが，ドイツ民法（321条），スイス民法（83条）等と同様に，これを認めるべきであると解されている。

それでは，どのような場合に不安の抗弁権を認めるべきか。

1回限りの売買契約において，売主が目的物を引渡した1ヵ月後に買主が代

第1部　契約法総論

金を支払うという約定をしていた場合，契約締結時にはそうでもなかった買主の財産状態が，その後悪化したという事情があるときは，売主は，常に履行を拒絶することができるというべきであろうか。

買主の財産状態が悪化したということになれば，売主が代金債権の確保に不安を抱くのは当然であるから，売主としては，常に不安の抗弁権を主張できるとすることが望ましいであろう。しかしながら，売主が先履行義務を負うという内容の契約が締結され，これが有効に成立している以上，売主が，単に不安を抱いたという理由のみで履行を拒絶し得るとすることは，契約の安定性を害するおそれにもつながる可能性がある。まして，取引が継続的なものであるときはなおさらである。

したがって，売主が先履行義務を拒絶し得るといえるためには，売主に先履行を強いることが信義則に反すると認められる場合，それも事情変更の原則を適用し得る程度に達しているといえる場合に限定すべきものと考えられる（東京地判平成2・12・20判時1389号79頁は，ベビー用品の継続的供給契約につき不安の抗弁権を肯定した）。

そして，不安の抗弁権の内容としては，何が何でも一方的に履行を拒絶することができるというものではなく，相手方（買主）が担保を提供するとか，その他代金が確実に支払われることについて何らかの保証を与えない限り，履行を拒絶することができるというに留めるべきであろう。不安の抗弁権を認める目的は，契約内容の実現を阻止することにあるわけではないからである。

3　相手方が自己の債務の履行またはその提供をしないで履行を請求すること

相手方が，その債務の履行をしたときは同時履行の抗弁権が発生しないこともちろんであるが，533条は，それにとどまらず，履行の提供をしたときにも同時履行の抗弁権は発生しないとしている。これは，履行の提供により，債務者としてなすべきことはなしているのであって，後は債権者の受領を待つだけの状態になっているからである。

また，弁済の提供は，その提供の時から不履行によって生ずべき一切の責任を免れさせることになるから（492条），このことからも同時履行の抗弁権は主張することができないとされているのである。

したがって，同時履行の抗弁権が発生するための要件としては，相手方が履行の提供もしていないということが求められる。

52

第3章　契約の効力

　判例には，請負契約の目的物に瑕疵がある場合に，注文者は，瑕疵の程度，契約当事者の交渉態度等に鑑みて信義則に反すると認められるときを除いて，請負人から瑕疵修補に代わる損害賠償の支払を受けるまでは，報酬の支払を拒むことができるとしたものがある（最判平成 9・2・14 民集 51 巻 2 号 337 頁）。

　それでは，相手方の履行の提供が継続していないときはどうか。

　相手方が履行の提供をすれば同時履行の抗弁権を主張することはできないと述べたが，同時履行の抗弁権を喪失させるためには，相手方の履行の提供は一度なされれば，それで足りるのであろうか，あるいは，継続して履行の提供がなされなければならないのであろうか。

　判例は，次のように述べて，同時履行の抗弁権を喪失させるためには，継続して履行の提供がなされなければならず，一度だけ提供があったに過ぎないときは，なお，同時履行の抗弁権を行使することができるとしている。

　「……同時履行ノ抗弁ハ当事者ノ一方カ曾テ一タヒ履行ノ提供ヲ為シタルコトアルモ其提供ニシテ継続セサル以上ハ相手方ニ於テ主張スルコトヲ得ルモノトス蓋シ……413 条……492 条ニ依レハ双務契約ニ於テ当事者ノ一方カ履行ノ提供ヲ為シ相手方之ヲ受領セサルトキハ相手方ハ之ニ因リ遅滞ノ責ニ任シ提供者ハ不履行ノ責ヲ免カルルモノナリト雖モ是レ皆提供者ノ債務ニ関シ生スル効果ニシテ相手方ノ債務ハ之カ為メ何等ノ影響ヲ受クルモノニ非ス相手方カ有スル同時履行ノ抗弁ハ其債務ノ履行ニ付キ与ヘラレタル一ノ担保ニシテ其履行ヲ求メラルルニ当リ常ニ提供スルコトヲ得ルモノナルカ故ニ他ノ一方ノ履行ノ提供カ継続スル場合ハ格別然ラサルトキハ之ニ依リ其履行ヲ拒ムコトヲ得ルモノト為ササルヘカラス然ラサレハ他ノ一方カ一タヒ履行ノ提供ヲ為シタル後無資力ノ状態ニ陥ルコトアルモ相手方ハ必ラス其債務ノ履行ヲ為ササルヘカラスシテ甚シキ不公平ノ結果ヲ観ルニ至ルヘシ……」（大判明治 44・12・11 民録 17 輯 772 頁）。

　これに対しては，公平の見地から，一度提供がなされれば同時履行の抗弁権を失わせるべきであるとする見解がある。しかしながら，最終的に履行がなされるという段階において両債務を同時に実現させるという趣旨からすれば，履行の提供が継続されている場合にはじめて同時履行の抗弁権を失わせるとするほうが公平に適していよう。

　ただ，履行の提供が継続しているか否かは，個々の事案の状況に応じて判断されることになろう。

第 1 部　契約法総論

　次に，相手方が履行の提供をするにはしたが，それが債務の一部の提供で
あったという場合はどうか。

　相手方が一部だけの提供をした場合や不完全な提供をしたという場合には，
全面的に同時履行の抗弁権を主張することができるのが原則である。たとえば，
不動産売買契約において，売主につき相続が開始された場合に，売主の共同相
続人の 1 人である A が登記義務の履行を拒絶しているきは，買主は，登記義務
の履行の提供をして自己の相続分たる代金債権の弁済を求める他の共同相続人
B に対しても同時履行の抗弁権を主張して代金の支払を拒絶することができる
（最判昭和 50・3・6 民集 29 巻 3 号 203 頁）。

　しかしながら，義務として給付すべき内容が可分なものであるときは，相手
方の履行しない部分についてのみ同時履行の抗弁権を行使し得ることになると
解すべきである。たとえば，売買契約において，売主が売買目的物（注文品）
の一部だけを提供したようなときは，それが分割して提供されても契約の目的
を達することができるというのであれば（ビール 1 ダースを届ける際，その運搬
中に 2 本が割れてしまって 10 本しか買主に引渡せなかった場合等を考えればよい），
買主は，その提供された部分に相応する代金の支払を拒絶することはできない
し，逆に，その部分だけでは目的の重要な部分が欠けていることになって契約
の目的を達することができないというのであれば，代金全額について支払を拒
絶することができるということになる。また，履行されない部分がごく一部に
とどまるものであって契約の目的達成にはほとんど影響を及ぼさないというの
であれば，代金全額の支払をしなければならないということになろう。

　判例には，養魚用の池の賃貸借において，その池の一部が破損したので賃貸
人が賃料の 70% を賃借人に請求した場合につき，請求額が相当であれば，賃
借人は支払を拒み得ないとしたもの（大判大正 5・5・22 民録 22 輯 1011 頁），材
木売買において，売主の提供が不足している場合に，買主が同時履行の抗弁権
を行使し得るか否かは，その不足の程度を調査しなければ判断することができ
ないとしたもの（大判大正 6・3・7 民録 23 輯 342 頁），大豆粕の売買代金 16,000
円のうち，買主が 6,000 円だけ支払い，その額に相当する大豆粕の引渡を請求
した場合において，売主は全部についての同時履行の抗弁権を主張し得るとし
たもの（大判大正 12・5・28 民集 2 巻 9 号 413 頁）等がある。

　なお，相手方が履行の提供をしていないという場合であっても，自己の債務
を履行する意思がない旨を明らかにしている者は同時履行の抗弁権を主張する

54

ことはできない（大判大正 3・12・1 民録 20 輯 999 頁）。不動産売買契約におい
て，売主が，買主に対して自己の債務を履行するつもりがないことを明らかに
している（売買目的物を第三者に賃貸している）ときは，買主が代金の提供をし
なかったときでも，売主は同時履行の抗弁権を主張することができず，した
がって，売主は債務不履行責任を負うことになる（最判昭和 41・3・22 民集 20
巻 3 号 468 頁）。

Ⅲ　行 使 方 法

　同時履行の抗弁権は，裁判上はもちろん，裁判外においてもこれを行使する
ことができる。そして，この抗弁権は，相手方が債務を履行すれば，それと引
換に自己の債務を履行するという主張によって行使されるのが普通であるが，
行使する旨の意思は明示である必要はなく，弁論の全趣旨から判断されれば足
りる。

Ⅳ　効　　　果

　同時履行の抗弁権は，この権利を有する者がそれを主張しない限り，裁判所
は，これを考慮すべきではないとされている（大判大正 7・5・2 民録 24 輯 949 頁）。
　同時履行の抗弁権が行使されると，相手方の請求を阻止することになるが，
これは相手方の請求を絶対的に阻止するというものではなく，相手方の履行の
提供があるまで，一時的に阻止するにとどまる。
　訴訟において同時履行の抗弁権が行使されたときは，引換給付判決が下され
る。たとえば，ＡＢ間の建物売買契約において，買主Ｂが，代金の支払提供を
することなく売主Ａに対して建物の引渡を請求する訴を提起したという場合，
Ａが同時履行の抗弁権を行使すると，Ｂが敗訴するというのではなく，一部勝
訴することになる。すなわち，結論的には勝訴することになるのであるが，全
面的に勝訴するというわけではなく，Ａは，Ｂの代金支払と引換に当該建物を
Ｂに引渡せという内容の判決が下されることになるのである。判例は，この点
につき，引換給付判決を下す理由として，次のように述べる。
　「……同時履行ノ抗弁提出セラレタルトキハ起訴者ハ自己ノ債務ノ履行ト引
換ニ非サレハ相手方ノ債務ノ履行ヲ求ムルコトヲ得サル筋合ナルカ故ニ単純ニ
相手方ノ債務ノ履行ヲ目的トスル其請求ノ全部ハ之ヲ認容スルコトヲ得スト雖
モ自己ノ債務ノ履行ト引換ニ相手方ヲシテ其債務ノ履行ヲ為サシムルコトハ其

第1部　契約法総論

請求中ニ包含セラルルモノト認メ得ヘキヲ以テ裁判所ハ此ノ如キ場合ニ於テハ
起訴者ノ請求ヲ全部排斥スルコトナク双方債務ノ履行ヲ引換ニテ相手方ニ其履
行ヲ命スル所ノ裁判ヲ為スヲ至当トス」（前掲大判明治44・12・11）。

　そして，この引換給付は，執行官等が容易に判断することができるように，
判決主文において明確にされていることが必要であるとされている（大判昭和
9・6・15民集13巻13号1000頁）。

　それでは，引換給付判決がなされた場合における強制執行はどのようになさ
れるのであろうか。

　まず，強制執行に当たっては債務名義（民執22条）が必要であり，これに執
行文の付与（民執26条）を得た上で執行官により執行が行われる。

　同時履行の抗弁権を認めた趣旨は，双務契約における二つの債務がなるべく
同時に履行されるべきであるとするところにあるから，強制執行直前までに引
換給付またはその履行の提供がされていれば足りる＝執行官が執行に着手する
前にその給付または提供がなされていれば足りることになる。したがって，引
換給付またはその提供をしたことの証明は執行文付与の要件ではなくて，執行
開始の要件であり，債務者の給付が反対給付と引換になされるべきものである
場合においては，強制執行は，債権者が反対給付またはその提供のあったこと
を証明したときに限り，開始することができるとされる（民執31条1項）。

　同時履行の抗弁権を有する者は，その抗弁権を行使することによる履行の拒
絶が正当視されるので，債務不履行に陥るものではない。たとえば，ＡＢ間の
売買契約において，売主Ａが，履行の提供をしないで売買代金の支払の催告，
解除をしたという場合（＝買主が同時履行の抗弁権を有している場合），反対給付
の提供をしないでなした催告に基づく契約解除は効力を生じないことになる
（最判昭和29・7・27民集8巻7号1455頁等）。

　なお，相手方が同時履行の抗弁権を有する場合，その同時履行の抗弁権の付
着する債権を自働債権として相殺することは許されない。これを認めると，相
手方に抗弁権行使の機会を失わせることになるからである。たとえば，ＡＢ間
の売買契約において，1万円の代金債権を有する売主Ａが，Ｂから1万円の借
金をしている場合，Ａが，その売買代金債権（1万円）を自働債権として相殺
の意思表示をしたときに，その相殺を有効と認めると，未だ目的物の引渡を受
けていないＢは，同時履行の抗弁権を行使する機会を失い，Ａは，事実上，目
的物の引渡義務を免れることになってしまう。それゆえ，このような抗弁権の

56

付着した債権を自働債権として相殺することは許されないのである。ただ，近時，請負人の報酬債権に対し，注文者がこれと同時履行の関係にある瑕疵修補に代わる損害賠償請求権を自働債権とする相殺の意思表示をした場合，注文者は，相殺後の報酬残債権について，相殺の意思表示をした日の翌日から履行遅滞による責任を負うとしたものがある（最判平成9・7・15民集51巻6号2581頁）。

このような解除の制限や相殺の制限は，同時履行の抗弁権を行使した場合にはじめて認められるというものではなく，同時履行の抗弁権が存在しさえすれば認められるものである。

V　同時履行の抗弁権の拡張

双務契約によらない場合であっても，当事者間の公平を図るため，法律の規定を準用したり，解釈による類推適用をすることによって同時履行の抗弁権が認められる場合がある。

1　法律の規定により準用される場合

まず，民法上，契約解除の際の原状回復義務（546条），負担付贈与の負担と贈与（553条），売主の担保責任としての解除による売主・買主両当事者の原状回復義務（571条〔新・削除〕），請負人の瑕疵修補・損害賠償義務と注文者の報酬支払義務（634条2項〔新・削除〕），終身定期金契約の解除と元本返還請求（692条）で533条が準用されている。準用の文言はないが，請負人の目的物引渡義務と注文者の報酬支払も同時履行の関係に立つ（633条）。

次に，特別法においては，清算金支払債務と土地等の登記移転・引渡債務との関係（仮登記担保3条2項），引渡により対抗力を具備した賃借権のある建物を売買した場合における売主の担保責任（借地借家31条3項），同じく引渡により対抗力を具備した賃借権のある農地を売買した場合における売主の担保責任（農地16条3項）等がある。

2　解釈により同時履行の抗弁権が認められている場合

まず，通常の債務の弁済をなす場合において，弁済者は受取証書の交付を請求することができる（486条〔新486条〕参照）が，受取証書の交付がなければ弁済しないという抗弁権を行使することができるとされている。

第1部　契約法総論

　次いで，契約が無効であったり，取消されたりした場合には，当事者双方に
不当利得に基づく返還請求権（返還義務）が発生するが，これは契約が解除さ
れた場合と同様の法律関係が現れるものと解することができるから，やはり同
時履行の抗弁権が認められてよい（546条参照）。

　判例には，未成年者の行為が取消された場合につき，公平の観念からして解
除の場合と区別すべき理由がないとして，契約解除による原状回復義務に関す
る546条に準じ，533条の準用があるとしたもの（最判昭和28・6・16民集7巻
6号629頁），第三者の詐欺を理由に，売主が売買契約を取消した場合につき，
当事者双方の返還義務は，533条を類推適用して同時履行の関係にあるとした
もの（最判昭和47・9・7民集26巻7号1327頁）がある。

　ただ，詐欺または強迫をした者自身が返還を求めるに当たって同時履行の抗
弁権を認めることができるかは議論がある。民法が，留置権について，占有が
不法行為によって始まったときは留置権を否定するとしている（295条2項）
趣旨を類推して，詐欺・強迫をした者には同時履行の抗弁権を認めるべきでは
ないとする見解がある。信義則上，同時履行の抗弁権が排除されてしかるべき
場合があるといってよい。

　また，譲渡担保権者の清算義務と担保目的物の明渡ないし引渡請求も同時履
行の関係に立つ（最判昭和46・3・25民集25巻2号208頁）。

　なお，既存債務の支払確保のために，債務者が手形を振出した場合には，債
務者は，特段の事由のない限り，既存債務の支払は，手形の返還と引換にする
旨の同時履行の抗弁をなし得るとされている（最判昭和33・6・3民集12巻9号
1287頁，最判昭和35・7・8民集14巻9号1720頁）。

第4節　危険負担

Ⅰ　意　義

　双務契約において，一方の債務が債務者の責に帰することができない事由に
より不能となって消滅した場合（後発的不能）に，他方債務はどうなるのか
（どのように扱われることになるのか）。他方債務が，やはり消滅することになる
のであれ，消滅せず履行されなければならないものとなるのであれ，そこには
一定の損失が生ずることになるが，その損失を何れの当事者が負担しなければ
ならないのか，この場合の危険（損失）の負担を危険負担という。

たとえば，Aが所有する軽井沢の別荘用建物をBに売却する契約を締結した後にその建物が隣家から出た火事によって類焼し，その建物を給付するAの債務が不能となって消滅した場合，買主Bの代金支払債務はどうなるのか，あるいは，俳優Cが，某月某日にD劇場に出演する契約をしたが，当日，台風で交通機関が麻痺してCの出演する債務が履行不能となって消滅した場合，劇場Dの出演料を支払うべき債務はどうなるのかということである。

　既に述べたように，双務契約における双方の債務は相互に密接な関係（牽連関係）にあるものであるから，一方債務が不能となって消滅したときは，他方債務も消滅すると解するのが公平の観念に合致しよう。このように，消滅した債務の債務者が危険を負担する（反対債務の履行を請求することはできない）という考え方を債務者主義という。逆に，消滅した債務の債務者が反対債務の履行を請求することができる（債権者が自己の債務の履行をしなければならない＝債権者が危険を負担する）という考え方を債権者主義という。

　民法典は，債務者主義を原則として採用している。すなわち，当事者双方の責に帰することができない事由によって債務を履行することができなくなったときは，債務者は，反対給付を受ける権利を有しないとしている（536条1項〔新・536条1項〕）。しかしながら，そこには，重要な例外が設けられており，一定の場合には，債権者のほうが危険を負担しなければならないとしている。民法典の上では例外であるが，実際に危険負担が問題となるのは，その例外に関する場合が多いところから，実質上，債権者主義のほうが原則ではないかと考えるむきもある。

Ⅱ　債権者主義

1　意　義

　民法は債務者主義を原則としているが，特定物に関する物権の設定または移転をもって双務契約の目的とした場合において，その物が債務者の責に帰することのできない事由によって滅失または損傷したときは，その滅失または損傷による損失（危険）は，債権者が負担しなければならないとしている（534条1項〔新・削除〕）。前述のAB間の売買契約においては，Aの建物引渡債務は不能となって消滅するが，それによる損失（危険）は引渡債権者（買主B）が負担しなければならないので，Bは売買代金を支払わなければならないことになるのである。双務契約における両債務の牽連性という観点からすれば，いかにも

第1部　契約法総論

公平性を欠く取扱であるといわなければならない。

2　根　　拠

　それでは，なぜ，このような債権者主義が採用されることになったのであろ
うか。その根拠をどこに求めるかについては，次のような見解がある。

　まず第一に，特定物の売買においては，契約締結と同時に目的物の所有権が
買主に移転するのが原則である（176条）から，目的物の滅失・損傷は，買主
の所有物となったものが滅失・損傷するのであって，所有者たる買主がその損
失（危険）を負担するのは当然であるとする考え方である。

　これに対しては，確かに特定物（不動産）の売買においては，契約のみで買
主が所有権を取得するのであるが，所有権移転登記を経ないうちは，その所有
権を第三者に対抗することができないのであり，滅失・損傷による損失（危
険）をすべて買主に負担させるのは必ずしも公平とはいえないのではないかと
され，そもそも，所有権が誰に帰属するかという問題は物権法で処理されるこ
とであるのに対し，危険負担は，あくまでも双務契約の観点から契約法の領域
で定められるものであって，所有権の帰属と危険負担の問題とを直ちに結びつ
けるのは適切ではないとも指摘されている。

　第二に，売買契約によって一定の利益を取得することになる買主に損失をも
負担させるべきであるとする考え方がある。すなわち，買主は目的物を転売し
て利益をあげ得る可能性があるし，転売しない場合であっても，目的物の価格
騰貴による利益をあげ得る可能性もある。したがって，そのような地位にある
買主は，危険を負担するのがむしろ当然であるいうのである。利益の存すると
ころ，損失もまた帰すべしという考え方である。

　この考え方に対しては，買主が転売を予定している場合ばかりでないことは
もちろんであるし，目的物の価格が騰貴すれば確かに利益を挙げることになる
が，逆に，価格が下落すれば損失を被ることになるのは当然であるから，滅
失・損傷による不利益を常に買主に負担させるのが公平だとはいい切れないの
ではないかとの指摘がある。

　第三に，特定物の引渡を目的とする場合には，その引渡をすべき時の現状で
引き渡せばよいとする483条（新483条）が，理由としてあげられることがあ
る。

　一般にこの三つが債権者主義の根拠として挙げられるのであるが，とりわけ

前二者については，それぞれ批判が加えられており，534条1項（新・削除）の説明としても必ずしも適切なものとはいえない。やはり，双務契約における牽連性に素直に着目するならば，契約内容の如何にかかわらず，一方債務が実現されずに消滅したときには，他方債務も消滅する＝危険は債務者が負担すると解するのが公平に適するものと思われる。そこで，534条の適用に際しては，これを厳格に解し，その適用範囲の拡張を許さない，むしろ狭めていくという努力がなされてきている。その典型は，契約自体による場合である。建物売買契約においては，契約締結後，建物の引渡完了前に，売主・買主双方の故意または過失に基づかないで建物が焼失してしまったような場合には，その損失（危険）は売主が負担するものとする特約が結ばれることが多い。契約の態様に応じて534条1項の適用が問題となる場合については，次の要件のところで触れる。

3 要　　件

(1) 二つの要件

債権者主義が適用されるための要件は，以下の二点である。

①特定物に関する物権の設定または移転を目的とする双務契約であること，②債務者の責に帰することのできない事由によって目的物が滅失または損傷したことである。

①については，特定の建物売買契約がその典型といえるが，地上権や永小作権の設定・移転を目的とする契約もこれに含まれる。

②については，債務者の責に帰することができない事由であればよいのであるから，天災＝不可抗力による場合であれ，第三者の行為による場合であれ，債権者の責に帰すべき事由による場合であれ，いずれもここに含まれる。

これに対し，債務者の責に帰すべき事由によって目的物が滅失・損傷したときは，債務不履行となり，債権者は，契約の解除（543条〔新543条は，債権者の責に帰すべき事由による債務不履行のときは，債権者は解除をすることができないとする），損害賠償請求（415条〔新415条1項本文〕，545条3項〔新545条4項〕）をなすことができるのであって，危険負担の問題とはならない。

なお，滅失・損傷は，物理的なものに限られず，紛失・盗難・公用徴収による権利の滅失を含むと解されている（大判昭和2・2・25民集6巻236頁──抵当権移転の際の目的物の公売による抵当権の消滅に関するもの）。

第1部 契約法総論

(2) 適 用 範 囲

以上のことを前提にして，534条1項が適用されるべき範囲についてみておこう。前述したように，公平の観念に従い，534条1項の適用範囲については厳格に解される方向にある。その厳格さをどのように表すかにつき，次のような考え方がある。

① 一般的な特定物売買の場合

(ⅰ)まず，534条は債権者が目的物を支配するに至った時から適用されるものであるとし，不動産売買契約において，当事者が，代金の支払と移転登記とを引換に行い，その時に所有権も移転するとの特約をしたような場合には，その時まで534条の適用を排除する旨の特約がなされたものと解すべきであるとするものがあり，(ⅱ)次いで，この考え方をさらに進め，特約がないときであっても，引渡，登記移転，代金支払，所有権移転のいずれかが行われた時に，果実収取権とともに危険が買主（債権者）に移転すると解するものもある。(ⅲ)この他にも，534条は，当事者がこの規定による旨の合意をなした場合にのみ適用されるとするもの，(ⅳ)534条は商事売買に限って適用されると解すべきとするもの等がある。

しかしながら，解釈論として考えるときは，当事者の意思によることなく534条1項の内容を修正することは困難といわなければならない。したがって，引渡，登記移転，代金支払の時期を契約成立後とする特約が結ばれているときは，534条を修正する（その時期までは534条を適用しない）との暗黙の合意（黙示の意思表示）がなされていると解すべきであろう。具体的な契約類型についても，いくつかみておこう。

② 所有権留保売買の場合はどうか。

特定物売買において所有権が売主に留保されている場合であっても534条1項の適用を否定する理由はない。

債権者主義の根拠として，契約により所有権が買主に移転することを挙げるものがあり，これによれば，所有権が売主に留保されていれば（買主＝債権者に所有権が移転していないのであるから）債権者主義は適用されないということになる。しかし，これも既に述べたように，危険負担と所有権移転とを結び付けて考えるのは必ずしも妥当であるとはいえず，534条1項の文言からすれば，所有権留保売買の場合にも債権者主義が妥当することになる。それゆえ，534条1項の適用を排除しようとするならば，所有権留保売買とともに，534条1

62

項を修正する（所有権が買主に移転するまでは売主が危険を負担する）黙示の意思
表示があったと解することによってはじめてこれが可能になるというべきであ
ろう。

③　二重売買の場合はどうか。

特定物が二重に売買され，いずれの買主も未だ対抗要件を備えていないとい
う段階においては，誰が危険を負担すべきかということである。ここでは，い
くつかの見解が対立している。

第1説は，最初の買主のみが危険を負担すべきであるとし，第2説は，悪意
の買主が危険を負担すべきであるが，すべての買主が善意であるときは最初の
買主が危険を負担すべきであるとする。第3説は，すべての買主が危険を負担
すべきであるといい，第4説は，売主の選択によって買主の一方が危険を負担
すればよいとする。さらに第5説は，536条の原則に戻って売主が危険を負担
すべきであるとする。

以上の諸説について検討してみよう。

まず，債権は排他性を有しないものであるから第1説を採用することはでき
ず，善意・悪意により区別を設けることにも根拠がないといわなければならな
いから第2説を採用することもできない。第3説によれば売主は不当利得とな
る可能性が生じ，第4説では，売主は何を基準にして危険を負担せしめるべき
買主を選択するのかが明らかではない。結局，対外的にみて誰に権利が帰属す
るのかが確定的に定まっているわけではないので，534条1項の適用は排除さ
れ，売主が危険を負担することになるとする第5説が最も妥当である。

④　他人物売買の場合はどうか。

他人の物（売主が所有権を有していない物）が売買された場合には，買主が所
有権を取得することができるか否か定かでないから，その物についての反対給
付の義務を負わせることは公平に反し，したがって，二重売買の場合と同様，
やはり買主は危険を負担しないというべきである。すなわち，債務者主義によ
ることになる。

4　効　　果

目的物が滅失・損傷したことによる危険（損失）は債権者が負担することに
なるので，債務者は反対給付を受ける権利を失わない。売買契約においては，
売主の給付義務が消滅しても，買主は代金の支払義務を負う。

第1部　契約法総論

目的物が損傷したときは，売主は，その損傷した物を給付しなければならない。ただし，後述するように代償請求権の問題がある。

5　不特定物売買の場合

不特定物に関する物権の設定または移転を目的とする双務契約については，基本的に債務者主義が採られる。しかし，401条2項によりその物が特定した時からは債権者主義が採られることになる（534条2項）。特定した後は，特定物に関する物権の設定または移転の場合と同様に考えることができるからである。

III　停止条件付双務契約の場合

債権者主義の適用される双務契約が停止条件付であって，その条件の成否未定の間に目的物が滅失または損傷した場合は，その滅失と損傷とで取扱が異なる。たとえば，居住用建物の売買に当たり，「買主が結婚したら」という条件を付けていたところ，買主が結婚する前に目的建物が類焼によって全焼したあるいは一部焼失したという場合，買主の代金債務はどうなるかである。

まず，条件の成否未定の間に目的物が滅失したときは，535条を適用しない＝債務者主義によるとしている（535条1項）。したがって，売主は，買主に代金を請求することはできない。

これに対し，条件の成否未定の間に債務者の責に帰することができない事由によって目的物が損傷したときは，債権者主義が採られる（535条2項）。すなわち，目的物たる建物が一部焼失したときは，買主は代金全額を支払わなければならない。

このように，目的物が滅失した場合と損傷した場合とで取扱を異にした合理的な理由は存しないといわざるを得ず，何故このような立法になったのかは疑問である。

停止条件付契約の場合には，目的物に関する利益が確定的に債権者に帰属するとはいえないものであるから，原則に戻って債務者主義によるのが公平に適するというべきである。

535条3項は，条件の成否未定の間に物が債務者の責に帰すべき事由によって損傷したときは，債権者は，条件が成就した場合において，その選択に従い契約の履行を請求するか，または解除権を行使することができ，損害賠償の請

64

求も妨げないとしているが，これは債務不履行の問題であって当然のことであるといえよう。

なお，535条は，停止条件付双務契約についてのみ定めているものではあるが，始期付双務契約についても適用されるものと解されている。

さらに，解除条件付双務契約については何らの定めもないが，これについては534条の債権者主義が適用されることになる。たとえば，買主が離婚したら効力は失われるという解除条件を付して建物売買契約をした場合において，その条件の成否未定の間に当事者の責に帰することのできない事由により目的建物が滅失・損傷したときであっても，債権者＝買主は代金を支払わなければならない。ただ，その後，条件が成就したときは，結局売買契約の効力が失われることになるのであるから，解除条件一般の問題（127条2項）として，滅失の場合には，買主は支払った代金を不当利得として返還請求することができ，損傷の場合にも，その損傷した物を返還して不当利得の返還を請求することができる。

危険負担における債権者主義には合理性が認められず，534条の適用を如何にして制限するかということに腐心してきたことはよく知られている。

そこで，534条および535条は削除される。これにより，特定物に関する物権の設定または移転の場合，停止条件付双務契約の目的物が条件の成否未定の間に損傷した場合のいずれについても新536条に拠ることになる。

534条が削除されることとの関係では，新567条（目的物の滅失等についての危険の移転）にも留意しなければならない。

Ⅳ 債務者主義

1 原 則

534条および535条に定められたもの以外の目的を有する双務契約については，その目的物の滅失・損傷が当事者双方の責に帰することができない事由によって生じたときは債務者主義が採られている（536条1項）。ここでは，賃貸借，請負，雇傭，委任，電気やガス・水道等の供給等の各契約が問題となることが多い。目的物が滅失すれば債務者の債務の履行（給付）は全部不能となり，

第1部　契約法総論

損傷したときは一部が不能となるが，いずれの場合についても債務者は反対給付を請求することはできない。ただ，損傷の場合は反対給付請求権が縮減されるにとどまることもある。

建物賃貸借契約において，目的建物が隣家からの類焼によって全焼したときは，貸主＝債務者は，借主＝債権者に建物を使用させるという債務を免れることになるが，ここで債務者が危険を負担するということは，債務者たる貸主が賃料請求権も失うということである。そして，その場合，類焼によって全焼したわけではなく一部が焼失したにとどまり，残建物でも賃貸借契約の一応の目的を達することができそうだというときは，貸主は，一部焼失により給付をすることができなくなった部分に相応する賃料のみ請求することができないということになる。

この点については特則がある。すなわち，賃借物の一部が賃借人の過失によらないで滅失したときは，賃借人は，その滅失した部分の割合に応じて借賃の減額を請求することができるとされている（611条1項〔新611条1項〕）。貸主の反対給付請求権（賃料請求権）が当然に縮減するわけではなく，借主のほうに減額請求権が認められているのである。

雇傭契約においても同様に考えることができる。すなわち，雇主の所有する工場が，やはり隣家からの類焼により全焼して，その工場で働いている被用者が働けなくなったという場合，当事者双方の責に帰することができない事由によって被用者は労務を提供するという債務を履行することができなくなったのであるが，その危険は債務者＝被用者が負担しなければならないというのであるから，被用者は，反対給付たる賃金を請求する権利を失うことになるのである。ある劇場と歌手あるいは劇団との公演契約においてもまったく同じように考えることができる。

なお，債務者が既に反対給付を受けていた（たとえば，賃料の前払）という場合には，不当利得の問題となろう。

物品運送契約については特則がある。

運送品の全部または一部が不可抗力によって滅失したときは，運送人は，その運送賃を請求することはできず，もし，運送人が既にその運送賃の全部または一部を受取っているときは，これを返還することを要する（商576条1項）として，まずは，民法上の債務者主義に従う。しかし，これには例外が認められている。すなわち，運送品の全部または一部がその性質もしくは瑕疵または

荷送人の過失によって滅失したときは，運送人は，運送賃の全額を請求することができるとされている（同条2項）。荷送人＝債権者の過失による場合に債権者主義が採られるのは当然であるといえるが，それ以外の場合にも債務者の反対給付請求権を認める点で債務者主義の例外になっている。

2　債権者の責に帰すべき事由による履行（給付）不能の場合

債権者の責に帰すべき事由によって履行（給付）をすることができなくなったときは，債務者は，反対給付を受ける権利を失わない（536条2項本文）。公平の観点からして当然の規定であろう。

債権者の「責に帰すべき事由」とは，債務不履行（415条）におけると同様，故意または過失あるいは信義則上これと同視することができる事由と解されている。

また，債権者の受領遅滞（413条）後に不可抗力により履行（給付）不能となった場合も，債権者の責に帰すべき事由による履行（給付）不能ということができる。

具体例を少しみておこう。

雇傭契約において，雇主がいわゆるロックアウト（作業所閉鎖）をした場合につき，そのロックアウトが違法なものであるときは，債権者＝雇主の責に帰すべき事由によって被用者が労務提供という債務を履行することができなくなっているのであるから，被用者は反対給付たる賃金請求権を失わない（大判大正4・7・31民録21輯1356頁）のであるが，逆に，雇主のロックアウトが正当な争議行為として是認される場合には，雇主は，その期間中における対象労働者に対する賃金の支払義務を免れる（最判昭和50・4・25民集29巻4号481頁）。

請負契約においても同様に，注文者＝債権者の責に帰すべき事由によって請負人＝債務者が工事を完成することができなかったときは，請負人は，報酬請求権を失わないとされている（大判大正元・12・20民録18輯1066頁）。ただ，請負人は，自己の債務を免れたことによる利益を注文者に償還しなければならないという義務を負う（最判昭和52・2・22民集31巻1号79頁）。

3　債務者の利益償還義務

債権者の責に帰すべき事由による履行（給付）不能の場合，債務者は，反対

第1部　契約法総論

給付を受ける権利を失わないのであるが，自己（債務者自身）の債務を免れた
ことによって利益を得たときは，その利益を債権者に償還しなければならない
（536条2項ただし書）。それゆえ，債務者は，このような利益があるときは，そ
の利益を控除した残りの反対給付のみを請求することができるということにな
る。

　この利益には，自己の債務を免れたことによるという消極的な利益のみなら
ず，他で得ることのできた積極的な利益も含まれるか。その利益と債務を免れ
たこととの間に因果関係が認められる限り，これを肯定すべきであろう。

　雇傭契約に関し，次のような判例がある。

　不当解雇された労働者が，使用者に対し解雇時まで遡って報酬を請求した場
合において，その労働者がそれまで他で得ていた収入を控除すべきかどうかに
つき，「労働者は，労働日の全労働時間を通じ使用者に対する勤務に服すべき
義務を負うものであるから，使用者の責に帰すべき事由によって解雇された労
働者が解雇期間内に他の職について利益を得たときは，右の利益が副業的なも
のであって解雇がなくても当然取得しうる等特段の事情がない限り，……536
条2項但書に基づき，これを使用者に償還すべきである」とした（最判昭和
37・7・20民集16巻8号1656頁）。

　新536条　当事者双方の責めに帰することができない事由によって債
　　　務を履行することができなくなったときは，債権者は，反対給付
　　　の履行を拒むことができる。
　　2　債権者の責めに帰すべき事由によって債務を履行することがで
　　　きなくなったときは，債権者は，反対給付の履行を拒むことがで
　　　きない。この場合において，債務者は，自己の債務を免れたこと
　　　によって利益を得たときは，これを債権者に償還しなければなら
　　　ない。

　本条1項は，536条1項に対応するものであって，当事者双方の責に
帰すことができない事由により，債務者の債務が履行（給付）不能であ
る場合に，（債権者に）反対債務の履行拒絶権を認めるものであり，本条
2項は，536条2項に対応するものであって，債権者の責に帰すべき事由
による履行（給付）不能の場合には，債権者は反対債務の履行を拒絶す

ることができないとするものである。また，2項後段は536条2後段と
同一の内容である。

　改正前においては，履行不能につき，債務者の責に帰すべき事由があ
る場合には，債権者は契約を解除することができ（543条本文），損害賠償
を請求することもできる（415条後段）とされ，これに対し，債務者に帰
責事由がない場合には解除は認められず（543条ただし書），損害賠償も請
求できないとされている。

　そして，この場合，（債権者の）反対債務がどうなるのかについては危
険負担の問題として処理され，原則として債権者は反対給付を免れる
（債務者主義，536条1項）ものの，例外的に534条1項が債権者主義を定
めていた。

　これに対し，改正法の下では，債務の履行が不能である場合には，債
権者は，債務者の帰責事由の有無を問わず，契約を解除することができ
ることされる（新541条，新542条）。

　すなわち，双務契約において債務の履行（給付）が不能である場合，
債権者が，自己の債務を免れるためには契約を解除する旨の意思表示を
しなければならない。債務者の債務が履行（給付）不能だからといって，
債権者の債務が当然に消滅するというわけではないのである。

　こうした姿勢に沿うように，新536条は，当事者双方の責に帰すべか
らざる事由によって債務を履行することができなくなったときは，（債権
者の〔反対〕債務が消滅するのではなく）債務者の〔反対〕債務履行の請求
に対して，これを拒絶することができるとする。

　2項で，債権者は反対給付の履行を拒むことができないとされたのは，
1項において履行拒絶権構成が採用されたことと平仄を合わせたもので
る。

　こうして，危険負担の制度は大きく変貌することになる。

　債務者の債務の履行（給付）が不能となったにも拘わらず，債務者が，
債権者に対して（反対）債務の履行を請求し，これに対し債権者が，履
行拒絶の抗弁を提起して，これが容れられた場合には，これまでのよう
な引換給付判決ではなく，請求棄却判決が下されることになる。

第1部　契約法総論

V　代償請求権

A（売主）・B（買主）間の建物売買契約において，契約成立後引渡前にその建物が類焼によって滅失すると，534条1項の債権者主義により，Aは，Bに対して売買代金を請求することができる。また，その建物につき火災保険に加入していたとすると，Aは，保険会社から保険金を受領することもできる。いわば，一つの建物につき，代金と保険金の二重取りが可能となることになる。しかし，このような結果は不公平きわまりないものであるから，Bは，代金を支払わなければならないものの，Aに対し保険金請求権の譲渡を請求することができるとされる。

このように，履行（給付）不能を生じさせたのと同一の原因によって，債務者が目的物の代償といえる利益（保険金のほか，第三者の不法行為による損害賠償金，公用徴収による補償金等がある）を得ているときは，債権者は，自らが被った損害の限度においてその利益の償還を請求することができるのであるが，これを代償請求権という。民法典にはこれを認める規定は存しないが，前述の536条2項後段ならびに損害賠償の代位に関する422条の趣旨に鑑み，公平の観点から代償請求権が認められているのである。

判例も，「一般に履行不能を生ぜしめたと同一の原因によって，債権者が履行の目的物の代償と考えられる利益を取得した場合には，公平の観念にもとづき，債権者において債務者に対し，右履行不能により債権者が蒙りたる損害の限度において，その利益の償還を請求する権利を認めるのが相当であり，……536条2項但書の規定は，この法理のあらわれである」としている（最判昭和41・12・23民集20巻10号2211頁——保険金に関わるもの）。

第5節　第三者のためにする契約

I　意　義

契約当事者以外の第三者に直接権利を取得させる内容の契約を第三者のためにする契約という。契約は，もともと契約当事者の意思に基づいてその当事者を拘束するものであるから，当事者以外の第三者にはその効力を及ぼさないのが原則である（契約の相対効）。しかし，民法は，その例外として，第三者のためにする契約を認めた。

たとえば，AB間で，A所有の建物を売買する契約を締結し，買主Bが，売

買代金を第三者Cに支払うという約束をする等である。民法は，契約により当事者の一方が第三者に対して或る給付をなすべきことを約したときは，その第三者は，債務者に対して直接にその給付を請求する権利を有すると定めている（537条1項）。

もともと，ローマ法は，何人も他人のために契約をすることはできないという原則を採っていて，フランス法がこれに倣ったが，ドイツ法，スイス法が第三者のためにする契約を認め，日本民法典もこれを導入したのである。

ただ，第三者のためにする契約は，あくまでも通常の契約であって，売買や贈与その他のいわゆる典型契約と並べられて独立の契約類型を形成するものではない。むしろ，各種の契約において，その効果たる権利の一部が第三者のもとに発生することになる態様に過ぎない。

ここでは，当事者が特有の呼び方をされることがある。売主Aのように，第三者への支払（給付）を請求することができる者を要約者といい，買主Bのように，第三者に給付するという義務を負担するものを諾約者という。さらに，第三者Cのように契約上の利益を受ける者を受益者という。ここでの契約関係を簡単に図示すれば，次のようである。

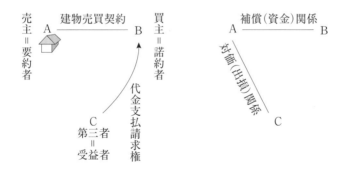

そして，要約者Aと諾約者Bとの関係を補償関係（資金関係）という。この関係は有償のものに限られるわけではなく，贈与のように無償であってもよい。たとえば，AB間で，BがAに1万円を贈与する契約をし，その1万円をBがCに給付する債務を負担するが如しである。

この補償関係に瑕疵がある場合は，第三者の権利にも影響を及ぼすことになる。第三者の権利の前提となる行為に瑕疵があることになるからである。

これに対して，要約者Aと第三者Cとの関係を対価関係（出捐関係）という。

第1部　契約法総論

　第三者のためにする契約が行われるのは，要約者Aと第三者Cとの間に何らかの関係が存在しているからだと考えられる。売主Aは，買主Bに対して売買代金支払請求権を有していて，これを行使し得るのが当然であるが，第三者Cに対し或る債務を負っていてその弁済のために代金請求権をCに取得させるというような場合である。これを対価関係というのである。

　この対価関係に瑕疵があっても，当然には第三者の権利に影響を及ぼさない。対価関係というのは，第三者のためにする契約の，いわば動機付けに過ぎず，これに瑕疵があっても契約の効力が左右されることにはならないからである。したがって，AがCに対して負っていると思っていた債務が実際には存在しなかったときは，Cは，Bから得た利益を不当利得としてAに返還しなければならないこととなる。

　このように，第三者のためにする契約は，当事者間の給付関係を簡易に決済するための手段として用いられ，社会的にも大きな役割を果たしているものである。

Ⅱ　具　体　例

1　法律の規定により第三者のためにする契約となるもの

　当事者の意思によると同時に，法律の規定により，ほぼ定型的に第三者のためにする契約となるものがある。

　まず，第三者（他人）のためにする保険契約がその典型である（保険8条〔損害保険〕，42条〔生命保険〕，71条〔傷害疾病定額保険〕）。

　次に，第三者を受取人とする郵便年金契約（郵便年金7条），第三者を受益者とする信託（信託88条1項）などもこれに含まれる。

　また，弁済のためにする供託（494条）や第三者を荷受人とする運送契約（商583条1項）も，第三者のためにする契約と解するのが通説的見解である。

2　第三者のためにする契約かどうかが個別的に判断されるもの

　1には該当しない或る契約が第三者のためにする契約になるかどうかについては，当事者の意思，契約の種類・内容，取引慣行等および要約者・諾約者間の補償関係の有無，要約者・第三者間の対価関係の有無等を考慮して判断する必要がある。

　より具体的には，次のようなものを挙げることができよう。

第3章　契約の効力

(1) 第三者に一定の給付をなすべきこととした贈与契約

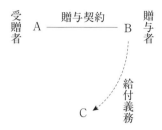

(2) 第三者に対して返還することを約した金銭消費貸借

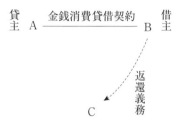

(3) 第三者に対して有する債権を放棄するという内容の債務免除契約

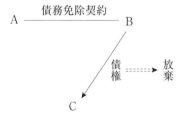

　判例は，第三者のためにする契約の内容は給付であると免除であるとを問わないとし，また，諾約者の第三者に対する免除の意思表示も必要ないとしている（大判大正5・6・26民録22輯1268頁，大判昭和16・9・30民集20巻1233頁）。

第1部　契約法総論

(4) 第三者の名義でする預金契約

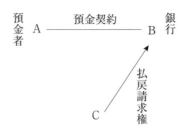

(5) 重畳的債務引受契約

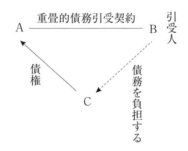

(6) ＡＢ間の和解契約において，第三者Ｃを建物から立退かせる場合には予めＣに代替建物を提供すると約するのも第三者のためにする契約とされる（大判大正9・12・17新聞1825号22頁）。

(7) 第三者の預金口座への払込は，単に第三者の預金になるに過ぎないとするのが判例である（大判昭和9・5・25民集13巻829頁）が，これも第三者のためにする契約とみるべきであるとする見解も有力である。

(8) 以上のものと異なり，履行の引受は，債権者（第三者）に直接権利を取得させるものではないから，第三者のためにする契約ではない。このように，第三者に対する義務を生じさせるものの，第三者に直接権利を取得させるわけではないものを「不真正な第三者のためにする契約」と呼ぶことがある。免責的債務引受契約がこれに当たる。

(9) 電信送金契約が第三者のためにする契約であるかどうかについては議論が存する。

まず，電信送金契約の仕組みを簡単にみておこう。

第3章　契約の効力

　東京在住の甲が，北海道を旅行中の子乙に頼まれて電信送金することになった。そこで，甲は，近所の丙銀行に電信送金を依頼したところ，丙銀行はその取引先である北海道の丁銀行に支払を委託した。そして，丁銀行から乙に支払がなされる。このような経過を辿るのがごく普通の流れである。この電信送金契約においては，送金を依頼された丙銀行のことを仕向銀行といい，それと取引関係があって送金分の金銭を支払う丁銀行のことを被仕向銀行という。仕向銀行と被仕向銀行との関係は，同じ銀行の本店と支店あるいは支店同士ということもあれば，別の銀行相互間ということもある。

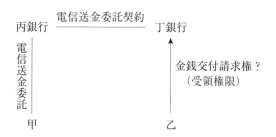

　ここで問題となるのは，乙が，丁銀行に対して金銭を交付するよう請求する権利を取得するかどうかである。この問題をめぐって20年以上にわたり争われた例がある。

　A（岩手県の農協連合会）がB銀行に対して，受取人をC方X（京都に出張した職員）と指定して電信送金（130万円）を委託し，B銀行は，電信為替取引契約をしているY銀行に電信送金の支払を委託した。Aの通知を受取ったCは，Xに無断でその送金額を自己（C）の口座に振替えた。Xは，Y銀行に対して支払を求めたが，拒否されたので，Yを相手に提訴した。B銀行とY銀行との間の電信送金契約が第三者Xのためになされた契約であるかどうかが問題となったものである。Xから三度の上告がなされ，最終的に次のように判断された。

　「特定の契約における第三者のためにする約旨の存在は第三者がその契約に基づき直接契約当事者に対して特定の権利を取得するための要件であるから，第三者が特定の契約に基づき直接その契約当事者に対して特定の権利を取得したことを主張する場合には，第三者においてその契約に第三者のためにする約旨の存在したことを立証する責任があると解すべきところ，……その契約条項

75

第1部 契約法総論

中には，少なくとも明示的には，第三者たる送金受取人のためにする約旨の存在したことは認められないのみならず，却って，電信送金業務の担当者たる銀行業者の間においては，少なくとも，……大審院が，……電信送金委託契約は第三者たる送金受取人のためにする契約とはいえない旨の判決（大正11・9・29民集1巻557頁）をして以来，一般に，その約旨に従い仕向銀行と被仕向銀行との間の電信為替取引契約およびこれに基づく個々の電信送金支払委託契約についても，第三者たる送金受取人のためにする約旨は存在しないものとして電信送金業務を運営し，処理してきたことが認められるというのであるから，……とくに反対の事情の存在したことの立証がないかぎり……，本件電信送金契約においても，黙示的にせよ，第三者たる送金受取人……のためにする約旨は存在しなかったものと解するのが相当だからである」（最判昭和43・12・5民集22巻13号2876頁）。

すなわち，電信送金契約は第三者のためにする契約ではないとしたのである。電信送金契約の趣旨に照らせば，受取人が被仕向銀行に対して支払いを請求する権利を取得するのはむしろ当然であって，本判決の結論には疑念を呈せざるを得ない。

しかしながら，このような激しい議論を経てきているものではあるが，今日では，送金手段そのものが簡便化・多様化してきており，電信送金契約自体が利用されるケースが少なくなっているといえよう。

なお，近時，出産に関する医療契約につき，胎児の出生を条件とし，これを当該胎児を受益者とする第三者のためにする契約と認めたものがある（名古屋地判平成元・2・17判タ703号204頁）。

III 成 立 要 件

要約者と諾約者との間の契約が有効に成立していること，およびその契約の基礎ないし前提となる補償関係についてもその有効性が求められる。そして，この契約において，諾約者が，第三者に対して或る給付をするということを，単に相手方（要約者）に対する債務として約束するのではなく，直接第三者に対する債務として約することが必要である。他方，第三者が取得する権利は債権のみならず，物権の場合もある（大判明治41・9・22民録14輯907頁，大判昭和5・10・2民集9巻930頁）が，単に事実上の利益を与えるというだけであってはならない。

76

第三者が取得する権利には負担が伴うこともあり得るが，この負担の履行を拒否して利益のみを受取ることは許されない（大判大正8・2・1民録25輯246頁，大判大正14・7・10民集4巻623頁）。

また，第三者は，契約の当時において存在している必要はなく，将来的に存在し得る者でもよい。したがって，胎児や成立前の法人（大判明治36・3・10民録9輯299頁），成立前の宗教法人（最判昭和37・6・26民集16巻7号1397頁）を受益者とする契約も有効に成立する。

同様に，第三者は，契約の当時において特定している必要はなく，（受益の意思表示の時に）特定し得るものであればよい（大判大正7・11・5民録24輯2131頁）。

新537条　契約により当事者の一方が第三者に対してある給付をすることを約したときは，その第三者は，債務者に対して直接にその給付を請求する権利を有する。（変更なし）

2　前項の契約は，その成立の時に第三者が現に存しない場合又は第三者が特定していない場合であっても，そのためにその効力を妨げられない。

3　第1項の場合において，第三者の権利は，その第三者が債務者に対して同項の契約の利益を享受する意思を表示した時に発生する。

1項は現行法と同一文言である。

2項が新設されたが，これは，前述のように，胎児や成立前の法人を受益者とする（第三者のためにする）契約も有効であることを明文化して認めるものである。この場合，その受益者とされた者が現実に現れた場合には，その者による受益の意思表示が必要なことは言を俟たない。

3項は，537条2項と同一の内容であり，受益の意思表示が第三者の権利発生要件であることに変わりはない。

第1部　契約法総論

Ⅳ　効　果

1　第三者の権利

(1)　受益の意思表示の必要性

　第三者のためにする契約の中心的効力は，第三者が，諾約者に対して直接権利を取得することである。ただ，この権利を発生させるためには，第三者の受益の意思表示を必要とする（537条2項）。

　このように，受益の意思表示をすることは，第三者に権利を取得させるための停止条件と捉えることができるのであるが，受益の意思表示をすること自体を第三者の権利とみることもできる。この場合，受益の意思表示をする権利は，一種の形成権と考えられる。

　これは，あくまでも第三者に権利を取得させるための要件であって，契約自体の成立要件となるものではない。

　第三者が受益の意思表示をした後に給付を受領しないと，これは受領遅滞となって，諾約者の責任は，第三者に対する関係においても要約者に対する関係においても軽減されることになる。

　第三者が受益の意思表示をすることを拒否したときはどうなるのか。契約の主たる内容（目的）が第三者に権利を取得させることにあるときは，契約は失効する。ただ，第三者が積極的に拒否しているわけではなく，単に受益の意思表示をしないでいるときは，現実に第三者が受領する可能性のある限り，要約者の権利は消滅しない。現実的にも第三者が受領する可能性のないことが確定すると，要約者の権利は消滅することになる。

　また，要約者が，別の第三者を指定することができる場合もあり，あるいは自分（要約者）に履行するよう請求することができる場合もある。

(2)　受益の意思表示をする方法

　受益の意思表示は黙示になされてもよい。

　第三者が履行の請求をしたとき（大判大正8・3・12民録25輯481頁），第三者が請求の訴を提起したとき（前掲大判大正7・11・5）には，受益の意思表示があったものとみられている。

(3)　受益の意思表示をする権利の性質

　受益の意思表示をする権利は一身専属権ではなく，相続の対象となり，債権者代位権の対象にもなる（前掲大判昭和16・9・30）。

第3章　契約の効力

⑷　**受益の意思表示をする権利の消滅時効**

受益の意思表示をする権利は形成権と解されているが，その消滅時効の期間は10年とされている（167条1項，大判大正6・2・14民録23輯152頁）。この権利が契約から派生するものだからであるとされる。この10年というのは，その期間内に受益の意思表示をすればよいというのではなく，受益の意思表示によって取得した債権をもこの期間内に行使しなければならないと解すべきであろう。

なお，消滅時効の起算点は，契約の成立時である（大判昭和18・4・16民集22巻271頁）。

⑸　**受益の意思表示を必要としない場合**

前述した（Ⅱ1），ほぼ定型的に第三者のためにする契約となる場合には，受益の意思表示が不要とされる（保険8条，42条等）。

⑹　**受益の意思表示を不要とする特約の効力**

第三者の受益の意思表示を必要としないとする特約は有効か。

学説は分かれるが，第三者の意思を尊重し，利益といえども強制されることはないという考え方に従い，受益の意思表示を不要とする特約の効力は否定すべきであろう（大判大正5・7・5民録22輯1336頁）。

このような特約を有効としておいた上で，第三者には，その権利を放棄させればよいという考え方もあるが，放棄には遡及効が認められていないので，第三者に一旦権利が帰属すること自体は回避できないことになって，その妥当性に疑問が残る。

⑺　**第三者の権利の変更・消滅**

受益の意思表示によって第三者の権利が確定的に発生するまでは，契約当事者は，任意にこの権利を変更し，または消滅させることができるが，537条により第三者の権利が発生した後は，それは許されない（538条）。第三者の権利が確定的に発生した後に当事者がこれを変更ないし消滅させることができるとすると第三者が不利益を受けることになるから，これは当然の規定である。

もっとも，受益の意思表示がなされた後であっても，制限行為能力や詐欺・強迫を理由として契約自体が取消されたときは，第三者の権利も消滅せざるを得ない。

さらに，要約者が債務不履行に陥ったことを理由として，諾約者が契約を解除すると，やはり第三者の権利は消滅する。

第1部　契約法総論

> 新538条　前条の規定により第三者の権利が発生した後は，当事者は，これを変更し，又は消滅させることができない。
>
> 　　2　前条の規定により第三者の権利が発生した後に，債務者がその第三者に対する債務を履行しない場合には，同条第1項の契約の相手方は，その第三者の承諾を得なければ，契約を解除することができない。
>
> 　1項は538条と同一文言であり，2項が新設されたものであるが，これまでの一般的な考え方を明文化することによって明確にしたものといえる。すなわち，第三者が受益の意思表示をし（て第三者の権利が発生し）た後は，債務者（諾約者）が受益者に対する債務を履行しないことを理由として，要約者が（第三者のためにする）契約を解除しようとするときは，受益者の承諾を得なければならないとしたのである。債務者（諾約者）に対する受益者の権利を，要約者が，受益者に無断で奪うのは妥当でないことに思いを致せば，容易に理解することができるであろう。

2　第三者の地位

　第三者は，契約の当事者ではないから，当該契約についての取消権や解除権を有するものではない。

　また，善意・悪意，過失の有無，意思の不存在（欠缺）や詐欺・強迫の有無についても契約当事者について決せられる。他人物売買において，目的物が売主たる諾約者の所有物でないことを要約者が知っていたときは，たとえ第三者が善意であっても損害賠償請求権は認められないとしたものがある（大判大正14・7・10民集4巻623頁，561条ただし書参照）。

　第三者が詐欺をした場合については議論がある。第三者が諾約者に対して詐欺を行った場合，96条2項の第三者による詐欺となるかどうかである。第三者のためにする契約とはいえ，要約者自身も権利義務を取得するのであるから，その要約者を保護する必要もあると考えれば，やはり96条2項の適用を認めるべきということになろう。第三者が要約者に対して詐欺を行ったときも，同様に解すべきである。

　これに対して，要約者が詐欺をしたことを理由として，諾約者が契約を取消

80

した場合，第三者は，96条3項の第三者として保護を受けることができるか。
ここでの第三者は，契約から直接権利を取得しているものであって，要約者・
諾約者間の契約を前提として新たに法律関係（利害関係）に入ったものではな
く，したがって，96条3項の善意の「第三者」には当たらない（前掲大判大正
14・7・10）。

　これと同様の解釈から，第三者は，94条2項の第三者にも，545条1項ただ
し書の第三者にも当たらない。

3　諾約者の権利

　第三者の権利は，要約者と諾約者との間の契約（第三者のためにする契約）の
効果として生ずるのであるから，諾約者は，その契約から生ずる抗弁権をもっ
て第三者に対抗することができる（539条）。たとえば，要約者A・諾約者B間
で，A所有の物を1万円で売買し，Bは，その代金を第三者Cに支払うという
契約をした場合において，Bは，Aがその物を提供するまでは同時履行の抗弁
権（533条）をもってCに対抗することができる。また，Bが，制限行為能力
や詐欺・強迫を理由として契約を取消したときは，Cに対して，その権利の消
滅を主張することができる。

　諾約者が，第三者に対して反対債権を有しているときに相殺権を行使するこ
とができるのはもちろんである。

　なお，諾約者の義務の側面に関わるものであるが，諾約者は，第三者が受益
の意思表示をしない場合であっても，第三者に対して履行の提供をして受領を
促さなければならず，これを怠ると，要約者に対し債務不履行の責任を負うと
されている（大判大正3・4・22民録20輯313頁）。

4　要約者の権利

　第三者のためにする契約においては，要約者も，諾約者に対し，その第三者
に対して負担した債務を履行すべき旨を請求する権利を取得するのが普通であ
る。このことは，受益の意思表示がなされる前後で変わりはなく，要約者の権
利は契約成立と同時に発生する。ただ，要約者の権利と第三者の権利とは，そ
の内容が一致するわけではないから，両者の関係は連帯債権となるものではな
い。

　しかし，この要約者の権利は，第三者の権利の目的達成を促進するという意

第1部　契約法総論

義を有するにすぎないから，諾約者が履行すれば，要約者の権利も当然に消滅する。

諾約者が履行しないとき，要約者は，どうすることができるのであろうか。もちろん，要約者は，諾約者の債務不履行を理由とする契約解除権を有しているから，これを行使することができる。

問題は，第三者が受益の意思表示をした後にも，要約者は解除権を行使することができるかである。

受益の意思表示がなされた後に解除権を行使すれば，第三者が不利益を被ることになるから，要約者は，第三者の承諾を得なければ解除することはできないという考え方がある一方，要約者が反対給付をする義務を負担している場合には，要約者は，第三者の承諾を得ることなく解除することができるとする考え方がある。結局，第三者と要約者とどちらをより保護すべきかということに連なるが，要約者が反対給付義務を負担している場合は，第三者の承諾を得ることなく解除することができると解すべきであろう。諾約者が債務不履行に陥っているにもかかわらず契約を存続させることが第三者の利益につながるとは思われないし，契約を解除して要約者の反対給付義務を消滅させることは要約者の保護になるからである（ただし，新538条2項参照）。

それでは，諾約者が債務不履行に陥った場合の損害賠償請求についてはどうか。

第三者が受益の意思表示をする前であれば，要約者は，諾約者に対して損害賠償請求をすることができる（前掲大判大正3・4・22）が，第三者が受益の意思表示をした後は，第三者，要約者双方が，それぞれ自己の損害について損害賠償請求できると解すべきとする見解が近時有力である。

第6節　契約上の地位の移転

契約上の地位の移転に関する規定が新設された。

> 新539条の2　契約の当事者の一方が第三者との間で契約上の地位を譲渡する旨の合意をした場合において，その契約の相手方がその譲渡を承諾したときは，契約上の地位は，その第三者に移転する。

契約から生ずる個々の債権・債務の譲渡（引受）ではなく，契約上の地位そのものを，契約関係の同一性を維持したまま移転することを目的とするものが契約上の地位の移転である。これまで明文規定は存しなかったものの，解除権や取消権（形成権）も移転し得ること（大判大正14・12・15民集4巻710頁参照），継続的契約においては，将来発生する債権・債務をも移転し得ることに便宜性があることから，一般的にこの契約上の地位の譲渡（移転）も認められてきている。

そして，この契約上の地位の譲渡（移転）は，原契約の当事者双方（契約上の地位の譲渡人となるA，相手方たるB）と契約上の地位の譲受人Cとの三面契約でなし得ることは当然であるとしても，A・C間の契約でもなし得るものと解されている。ただ，契約上の地位の移転は，債務引受の要素をも含むため，原契約の相手方Bに不利益を及ぼす可能性があるところから，そのBの同意（承諾）が必要であると解されてきた。

新539条の2は，原契約の一方当事者（譲渡人）と契約上の地位の譲受人（引受人）との契約によって，契約上の地位の移転（引受契約）をなし得るものとし，ただ，その効力が生ずるためには，原契約の相手方の承諾が必要である旨を明らかにしたものである。

契約上の地位が二重に譲渡された場合，あるいは契約上の地位の譲渡と個々の権利の譲渡とが競合する場合等に関する対抗問題については，何ら触れられておらず，解釈に委ねられることになる。

賃貸借については後述するが，別異の考え方が採られている。

すなわち，不動産の譲受人が賃貸人としての地位を賃借人に対抗するためには所有権移転登記を経ることが必要であるとした上で，不動産所有権が移転すれば，それに伴い不動産賃貸人としての地位も移転し，その移転に当たって賃借人の承諾は，特段の事情のある場合を除いて不要とされており（最判昭和39・8・28民集18巻7号1354頁，最判昭和46・4・23民集25巻3号388頁），不動産所有権の譲渡に際し，新旧所有者間において，賃貸人の地位を旧所有者に留保するとの合意がなされたとしても，それだけでは当然に地位が承継されることを否定する特段の事情にはならないものとされている（最判平成11・3・25判時1674号61頁）。

第4章　契約の解除

第1節　総　説

I　解除の意義と機能

契約の解除とは，契約当事者の一方の意思表示によって，既に有効に成立している契約関係を解消させ，その契約が初めから成立していなかったのと同様の法律効果を発生させることである。したがって，解除をすると，契約から生じた債権・債務が未だ履行されていないときは，その債権・債務は消滅し，逆にその一部または全部が履行された後であれば，その履行は，債権・債務が存在しないにもかかわらず履行されたものとなるから，当事者は相互に返還する義務（原状回復義務）を負うことになる。

この解除を認めることの実益はどこにあるのか。最も顕著にこれが現れるのは，当事者の一方がその債務を履行しない場合における相手方の救済手段としてである。

たとえば，ＡＢ間で売買契約が行われた場合を考えよう。売主Ａが，目的物を引渡さないという場合，買主Ｂは，その履行の請求および債務不履行を理由とする損害賠償の請求をすることができ，しかも強制履行の手段に訴えることも可能である（414条，415条）。

しかしながら，このような手段に訴えたときは，買主Ｂは自己の債務を履行する義務を免れるものではない。Ｂとしては，何時までも目的物の引渡をしようとしないＡを相手にするよりは，Ａとの契約を解消して他から同じ目的物を入手することを考えるほうがよいということも少なくなかろう。そこで，Ａとの契約を解除して，自己の債務を消滅させ，既に代金の支払をしてしまっているときはその返還を求め，未だ支払っていないときはその支払義務を免れ，他から購入するということにするのである。

このように，契約の解除は，当該契約の拘束から当事者を解放し，契約関係を清算するという機能を営み，一方当事者の債務不履行があるときは，他方当事者の救済に資するという実益をもたらす。

第1部　契約法総論

Ⅱ　各種の解除

1　法 定 解 除

　法律の規定によって生ずる解除権を法定解除権という。この解除権は，契約当事者の一方が取得する。個別の契約について特殊の解除権を認める場合も少なくないが（売主の担保責任…561条以下，請負人の担保責任…635条〔新・削除〕）等，すべての契約に共通する法定解除権は，債務不履行を理由とする解除権である（541条～543条）。

　なお，民法典に明文の規定は存しないが，事情変更の原則による解除権の発生を認めるのが判例である（大判昭和19・12・6民集23巻613頁）。

2　約 定 解 除

　契約自体において解除権が留保されている場合，その解除権を約定解除権という。

3　解除契約（合意解除）

　既に成立している契約の効力を，当事者の新たな契約によって解消させることを解除契約という。当事者の合意によって解除するものであることから合意解除ともいう。民法典には解除契約（合意解除）に関する規定は存しないが，契約自由の原則から，当然にその有効性が認められるものである。

Ⅲ　解除と区別すべきもの

1　解 除 条 件

　当事者は，一定の事実が生じたときには契約は当然に効力を失う旨の約束をすることがある。これは，法律行為の付款としての解除条件（127条2項）を付すことに他ならず，これも解除とは区別される。解除は，一方当事者（解除権者）の意思表示によって効力を生ずるものであるのに対し，解除条件は，条件とされた事実の発生により，当事者の意思表示を待たずに効力を生ずるものだからである。ただし，解除条件の場合にも，意思表示によって遡及効を生ずるものとすることができる（127条3項）。

　このように，解除条件を付した契約条項を，とくに失権約款と呼ぶ。この失権約款は，当事者の意思表示を待たずに当然に契約の効力を失わせるという点で，権利を失う者にとって酷となる場合が少なくない。そこで，失権約款が公

序良俗に反するものでないかということ等が検討されなければならない（たとえば，和解調書に「建物所有を目的とする土地の賃借人が賃料の支払を怠るときは，直ちに契約を解除され，建物収去・土地明渡等の強制執行を受けても異議がない」旨の記載がある場合につき，これはきわめて酷な約旨であるから，失権約款ではないとしたものがある——大決昭和 12・7・10 民集 16 巻 1188 頁）。

2　取消・撤回

制限行為能力や詐欺・強迫に基づいて取消がなされると，その法律行為は遡及的に無効となり（121 条），したがって，その効果は解除に非常に似ているといえるが，取消は，専ら法律の規定に基づいて一定の取消権者（120 条）がその権利を行使し得るとされ，取消権を行使した結果は不当利得によって処理される〔121 条ただし書〔新・削除〕は，その例外）のに対し，解除の効果については，原状回復，損害賠償の定め等がなされている（545 条）。

また，撤回は，未だ生じていない法律効果を生じさせないとする意思表示であって，取消とは異なる。もちろん，解除とも異なる。

どのような場合に撤回が認められるのかについては法律の規定によって定められている。

3　解約告知

賃貸借・雇傭・委任・組合のように継続的な契約関係においては，過去の効力についてはそのままにしておいて，将来に向かってのみその契約の効力を消滅させればよいといえる（620 条，630 条，652 条，684 条）。このように，契約を初めから存在しなかったものとするのではなく，当事者の意思表示によって将来に向かって契約関係を解消させることを解約告知という。単に，解約といったり，告知といったりすることもある。

注意しなければならないのは，民法典においては，解約告知を解除といったり（607 条，610 条，612 条 2 項，620 条，625 条 3 項，626 条，628 条，630 条，651 条，652 条，684 条），解約といったり（617 条ないし 619 条 1 項，621 条，627 条）していて統一がとれていないことである。

4　期限の利益喪失約款

一定の事由が発生した場合には，債務者が期限の利益を喪失する旨の特約を

第1部　契約法総論

期限の利益喪失約款という。金銭消費貸借契約において，借主が弁済期前に破産したときは，期限の利益を喪失し，直ちに債務の全額を弁済しなければならない等の約束をする場合等である。

これは，債務者の期限の利益を喪失させることとして弁済を促し，その限りにおいて原状回復を目指す解除と類似するところがあるといえる。

5　クーリングオフ

これは，特定商取引に関する法律，割賦販売法，宅地建物取引業法等において認められている制度であって，消費者保護のため，一定の要件のもとに，特に理由がなくとも，消費者のなした契約申込の撤回，既に成立した契約の解除を認めるものである（特定商取引9条，割賦35条の3の10，宅建業37条の2）。

消費者が十分に考えることなく，あるいは相手方（セールスマン等）の甘言にうまく乗せられて申込をしてしまった，契約をしてしまったが，これをなかったものにしたいという場合に，非常に有力な武器になるものである。しかし，その要件についてはかなり詳細な規定が存し，まずは，これを正確に理解しておくことが必要である。

Ⅳ　解除の適用範囲

1　片務契約の解除

契約の解除という制度は，とりわけ双務契約における一方当事者がその債務を履行しない場合に，他方当事者に契約を解除することを認め，当事者双方を契約の拘束力から解放し，未履行債務については，これを免れさせ，既履行債務については原状回復させるところに実益を見出すことができるものであった。

これに対して，片務契約においては，一方当事者のみが債務を負担するものであるところから，その債務が履行されない場合に，債権者が解除することによって自己の債務を免れる必要があるという問題は生じない。そこで，片務契約においても契約の解除は認められるかということが一個の問題となる。ただし，約定解除については，片務契約を除外する必要はないから，問題となるのは法定解除の場合である。

諸外国の立法例をみると，片務契約の解除を否定するものが少なくないが，日本では，片務契約であっても，債務不履行の場合にはその解除を認め，債権者は，債務者に対し損害賠償を請求することができるとするのが通説的見解で

ある。

　判例には，銀行預金契約において，債権者（預金者）がこれを解除するにつき利益を有する場合には，債務者（銀行）の債務不履行を理由としてこれを解除することを妨げないとしたものがある（大判昭和 8・4・8 民集 12 巻 561 頁）。

　この解除が認められる結果，預金契約に付随していた預金債権譲渡禁止特約もその効力を失い，解除後に預金の払戻請求権を譲受けた者は，銀行に対する債務との間で相殺を主張することができるとされた。ただ，この判決に対しては，預金契約が消費寄託契約（666 条）という継続的契約であることを理由として，解約告知のみが許され，遡及効のある解除によって預金債権譲渡禁止を回避することはできないと解すべきであるする学説が有力である。

2　物権行為・準物権行為の解除

　所有権の移転や地上権・抵当権の設定等の物権行為，また債権の移転（譲渡）のような準物権行為は，その履行という問題を後に残さない法律行為であるから，法定解除は問題となり得ない。法定解除に関する 541 条以下は，履行を前提とする規定だからである。

　これに対し，物権行為や準物権行為の約定解除は許される。

　ただ，この問題は物権行為の独自性を肯定する立場に立った場合でも，それほど問題になることはないと思われる。

3　債権の消滅を目的とする契約の解除

　債権（債務）の消滅を目的とする契約についても，その契約により債務が消滅するのであるから後に履行の問題が残らず，したがって，契約の解除により債務を復活させることは認められない。債務を消滅させる契約としては，更改契約，免除契約，相殺契約等がある。

　更改契約についてみよう。債務の要素を変更して旧債務を消滅させ，新債務を発生させる更改契約（513 条）がなされた場合，新債務についての不履行を理由に更改契約を解除して旧債務を復活させることはできない。なぜならば，更改契約によって旧債務の消滅という効果は完結しており，新債務の不履行については，その不履行につきどのような救済を考えるべきかが問題とされるべきであって，更改契約自体の法的解除は認められないのである。要するに，更改契約自体の不履行が問題になるわけではないということである。ただし，約

第1部　契約法総論

定解除は認められる（大判昭和3・3・10新聞2847号15頁）。

　免除契約についても同様である。和解によって債務の一部免除をなし，残額について分割払にするとの約束をしたところ，その分割払を債務者が怠ったときは，やはり免除契約そのものの不履行というわけではなく，分割払の不履行を問題にすべきであって，免除契約の解除は認められない。ただし，約定解除は許される（大判大正10・6・13民録27輯1155頁）。

　相殺契約によって債権の残額を定めた場合についても同様である。

4　遺産分割協議

　相続人の1人が遺産分割協議により負担した債務を履行しないときでも，他の相続人は541条により当該分割協議を解除することはできない。遺産分割協議は，その性質上，協議の成立と共に終了し，その後は，その分割協議によって債務を負担した相続人とその債権を取得した相続人との間の債権債務が残るに過ぎないと解されるからである（最判平成元・2・9民集43巻2号1頁）。

第2節　法定解除

　すべての契約に通ずる法定解除権は債務不履行を理由とする解除権である。債務不履行には，履行遅滞，履行不能，不完全履行の三つの態様があり，それぞれに応じて解除権の生ずる要件も異なる（541条以下）。その他，明文の規定は存しないが，債権者遅滞（受領遅滞）（413条）による解除，事情変更の原則による解除が認められるかどうかが問題となる。

I　履行遅滞による解除権の発生

　当事者の一方がその債務を履行しないときは，相手方は，相当の期間を定めてその履行を催告し，もしその期間内に履行がなされないときは，契約の解除をすることができる（541条）。以下に，その要件をみる。

1　債務者が履行遅滞にあること

　履行遅滞とは，履行期に履行が可能であるにもかかわらず，債務者が履行しないことをいう。履行遅滞となるための要件としては，次のものを挙げることができる。

第 4 章　契約の解除

(1)　履行期に履行が可能であること

履行期に既に履行が不能となっているときは，履行不能となる。履行期が到来した後に不能となったときは，催告をすることなく解除をすることが認められる。

(2)　履行期を徒過したこと

履行遅滞となるのは何時か。債務の履行につき確定期限があるときは，その期限が到来した時（412条1項），不確定期限があるときは，債務者がその期限の到来を知った時（412条2項〔新412条2項〕），期限の定めがないときは，債務者が履行の請求を受けた時（債権者が催告した時）（412条3項）である。

それでは，純然たる履行期の徒過ではないが，債務の一部が遅滞している場合や付随的義務が履行されていない場合は，どうなるか。

売買契約の買主が（一括払の約束であるにもかかわらず）代金の一部しか支払わないという場合が一つの典型であろうが，これを理由として解除することができるかどうかである。遅滞がごく一部に過ぎないときは解除権は発生しないとみるべきであろうし，全部の解除はできないが一部の解除のみなし得るという場合もあろう。事案に応じて個別的に解決するほかない。

代金と引換に数回に分けて目的物を給付するという約定をした売買契約において，売主が1回分の給付しかしなかったときは，買主は，残りの未履行部分についてのみ解除することができるとしたもの（大判大正14・2・19民集4巻64頁），同様の売買契約において，売主が最初から給付しないようなときには，買主は，履行期の到来していない部分をも含めて契約全部を解除することができるとしたもの（大判明治39・11・17民録12輯1479頁）がある。また，土地を整地する請負契約において，請負人が一部の工事をしたにすぎないときは，その工事自体は性質上不可分とはいえないものの，一部の工事では契約の目的を達することができないとして，契約全部の解除を認め得るとしたものもある（最判昭和52・12・23判時879号73頁）。

次に，契約目的と直結する主要な義務とは別の，必ずしも必要不可欠とはいえないような義務を付随的義務というが，この義務が履行されない場合はどうか。

判例には，不動産売買における買主の公租公課・利息支払義務を付随的義務とみて，「当事者が契約をなした主たる目的の達成に必須的でない付随的義務」の不履行があっても，「特段の事情の存しない限り」解除権は発生しない

91

第1部　契約法総論

としたものがある（最判昭和 36・11・21 民集 15 巻 10 号 2507 頁は，法律が債務不履行による契約の解除を認めた趣旨は，契約の要素をなす債務が履行されないために当該契約を締結した目的を達成することができない場合を救済するためであり，付随的義務が履行されなかったに過ぎないときは，特段の事情の存しない限り，相手方は契約を解除することができないとした）。

　また，土地売買契約において，代金は割賦払，所有権移転登記手続は代金完済と同時にし，代金完済までは買主は同土地上に建物その他の工作物を築造しない旨の特別の約款が付されている場合に，買主が約款を守らなかったことにつき，その「約款が外見上は売買契約の付随的な約款とされていることは……明らかであり，……売買契約締結の目的には必要不可欠なものではないが，売主……にとっては代金の完全な支払の確保のために重要な意義をもつものであり，買主……もこの趣旨のもとにこの点につき合意したものであ」って，その「約款の不履行は契約締結の目的の達成に重大な影響を与えるものであるから，このような約款の債務は売買契約の要素たる債務にはいり，これが不履行を理由として売主は売買契約を解除することができる」としたものがある（最判昭和 43・2・23 民集 22 巻 2 号 281 頁）。

　結局，その義務が当該契約にとって客観的に重要であるときには，その不履行を理由として解除を認めることができるが，それほど重要でないときには解除が否定されるということになろう。

　これに関連して，リゾートマンションの売買契約とスポーツクラブの会員権契約とを同時に締結した場合に，屋内プールの完成遅延を理由として同売買契約を解除することができるとしたものもある（最判平成 8・11・12 民集 50 巻 10 号 2673 頁）。すなわち，同一当事者間の債権債務関係がＡ契約およびＢ契約といった複数の契約から成る場合でもあっても，それらの目的とするところが相互に密接に関連づけられていて，社会通念上，Ａ契約またはＢ契約のいずれかが履行されるだけでは，全体として契約を締結した目的を達成することができないと認められるときは，Ａ契約の債務不履行を目的として，Ａ契約と併せてＢ契約も解除することができるとしたのである。

(3)　**遅滞が債務者の責に帰すべき事由に基づくものであること**

　415 条の債務不履行の場合と同様，541 条の解除についても，履行遅滞が債務者の責に帰すべき事由に基づくものであることが必要である。

　責に帰すべき事由とは，故意または過失および信義則上これと同視される事

由をいう。

ここでの過失は，善良なる管理者の注意を欠く場合を指す（軽過失）。また，信義則上債務者の過失と同視すべき事由とは，たとえば履行補助者の故意・過失である。

この立証責任は債務者にあり（債務者が債務不履行責任を免れるためには，不履行は債務者の責に帰すべき事由に基づかないものであることを立証しなければならない），債権者（解除権者）は債務者の帰責事由を立証する必要はない（大判昭和12・12・24新聞4237号7頁）。したがって，不履行が自己の責に帰すべからざる事由に基づくことを，債務者が証明したときは当然に責任を免れる（大判大正10・5・27民録27輯963頁）。

なお，金銭債務については，不可抗力をもって不履行の抗弁とすることはできない（419条3項）とされているところから，債務者の帰責事由は必要とされない。

2　債権者が相当の期間を定めて催告をすること

(1)　催告とは

催告とは，債権者が，債務者に対して債務の履行をするよう促すことをいい，期限の定めがない債務において遅滞に陥らせるための履行の請求（412条3項）と同趣旨のものである。債務者が遅滞に陥っているからといっていきなり解除すると，相手方（債務者）に履行の機会を失わせることになるので，催告をなすべきこととしたのである。

催告は解除権者がなすべきであって，解除権を有しない者のなした催告は無効である（大判大正10・10・6民録27輯1736頁）。しかし，場合によっては，厳密な意味での解除権を有しない者による催告が有効であるとされることがある。賃貸建物の所有権と未払賃料債権とを譲受けた者が，その（債権譲渡通知後ではあるが）所有権移転登記を経る前に，賃借人に対して賃料支払を催告したという場合，その催告には，541条所定の解除の前提としての催告としての効力を認めることができるとしたものがある（最判昭和42・12・14民集21巻10号2586頁）。

なお，催告は，通常の意思表示と同様，その到達時に効力を生ずる（97条1項）。

第1部　契約法総論

(2) 催告の内容

①　催告に当たっては，履行すべき債務の内容を示す必要があるが，それは，債務者にとって債務の同一性が分かる程度のものであればよいとされており，金銭債務において金額を明示する必要はないし，履行しなければ解除する旨の表示をする必要もない。

②　催告の内容が本来の債務より過大である場合，その催告は有効か。たとえば，1万円支払えというべきところを11,000円支払えといったような場合，その催告は著しく過大なものとはいえず，債権者が本来の給付を求めたものとみるべきときは，債務の同一性を認めることができ，したがって催告も有効であるとされる（最判昭和34・9・22民集13巻11号1451頁他）。

これに対して，催告額が著しく過大であるときは，債権者にそれに足りない給付を受領する意思がないと認められるところから，催告の効力を否定し，それに基づく解除も効力を有しないとされる（最判昭和39・6・26民集18巻5号968頁）。したがって，過大催告というだけで直ちに催告が無効であるということはできず，無効といえるためには，催告額全額の提供がなければ，債権者がその受領を拒否する意思を有していると認められることが必要となる（最判昭和37・3・9民集16巻3号14頁）。

③　それでは，過小催告の場合はどうか。原則として，催告に示した限度で催告の効力があるというべきであるが，過小（不足）の程度がきわめて僅かで債権全額の請求（催告）と同視してもよい場合には，債権全部についての解除権が生ずると解してよい。

④　具体的な例についてもみておこう。

賃貸借契約において，賃貸人が，賃借人に対して，賃貸借契約の終了を理由として明渡を請求すると同時に，予備的に，もし賃貸借が存続しているとするならば賃料を支払えという催告は，賃貸人に受領の意思が認められないような特段の事情のない限り，有効である（最判昭和40・3・9民集19巻2号372頁）。

また，債権者が，不明確な場所を履行場所として指定したときは，信義則上，債務者はその場所について問い合わせるべきであって催告自体は有効であり（大判大正14・12・3民集4巻685頁），履行場所を指定すべき債務者がそれをしないときは，債権者が適当な場所を指定して催告することができる。債務者がその指定された場所での履行を欲しないならば自ら指定すればよいのであって，債務者がそうした労をとることを怠って催告の適否を争うのは，取引信義に照

94

らし許されるものではない（最判昭和9・2・19民集13巻150頁）。

さらに，期限の定めのない債務については，期限到来のための請求（催告）と解除の前提としての催告（541条）とを併せて1回の催告をすればよいとされている（大判大正6・6・27民録23輯1153頁）。また，当事者双方が確定期限を徒過しているときは，これにより債務は期限の定めのないものとなるから，一方当事者は，相当の期間を定めた催告を1度すれば足りるとされる（前掲大判大正10・6・30）。

(3) 催 告 期 間

催告は相当の期間を定めてこれをしなければならないが，その「相当の期間」とは，どの程度の期間をいうのであろうか。

基本的には，債務の内容に応じて客観的にその期間は定まることになるが，一般的にみて，債務者は既に履行遅滞の状態にあるのであるから，初めから履行するのに必要な期間を全部含まなければならないというのではなく，履行の準備がされていることを前提として履行を完了するための猶予期間を意味するとみておいてよい（大判大正13・7・15民集3巻362頁）。したがって，債務者の病気や旅行といった主観的事情を考慮する必要はない。

具体的には，大正9年当時の売買において，15,000円余の現金を2日に満たない短期間の期限でなした催告は不相当としたものがあり（大判大正11・8・4民集1巻483頁），昭和29年当時に延滞賃料8,000円を2日後に支払えとした催告を有効としたものがある（最判昭和37・2・15民集16巻2号265頁）。

相当でない期間を定めてなした催告は，直ちに無効となるのではなく（かつての判例は，このような催告は当初より無効であるとしていた──大判大正6・7・10民録23輯1128頁），催告後相当の期間を経過すれば解除権を生ずる（大判昭和9・10・31新聞3771号11頁）。

また，もともと期間の定めをしないでなした催告も，催告後相当の期間を経過すれば解除権は生ずるとされている（最判昭和29・12・21民集8巻12号2211頁，最判昭和44・4・15判時560号49頁他）。

(4) 催告を要しない場合

債務者が，最初から履行を拒絶しているときにも催告をしなければ解除権は生じないのであろうか，あるいは債権者は催告をすることなく解除をすることができるのであろうか。催告は，念のためにするという趣旨のものであり，場合によっては，履行を頑なに拒絶していた債務者が翻意する可能性もあるので，

第1部　契約法総論

催告は必要である（大判大正11・11・25民集1巻684頁他）。ただ，債務者の履行拒絶の意思があまりにも強いときは催告しても無駄であるから，信義則上，催告が不要とされることもある（商人間の売買につき，大判昭和3・12・12民集7巻1085頁）。

(5)　催告不要の特約の効力

債務者が遅滞したときは，催告をすることなく直ちに解除することができる旨の特約は有効とされる（大判明治33・4・18民録6輯87頁）が，信義則による制約はある。たとえば，建物所有を目的とする土地賃貸借契約に，賃借人が賃貸人の承諾を得ることなく建物の増改築をしたときは，賃貸人は催告をすることなく解除し得る旨の特約がある場合において，賃借人が無断で増改築をしたが，それは土地の通常の利用上相当であり，賃貸人に著しい影響を及ぼすものでなく，賃貸人との間の信頼関係を破壊するおそれがあると認めるに足りないときは，特約に基づいて解除権を行使することは許されないとしたものがある（最判昭和41・4・21民集20巻4号720頁）。

3　催告期間内に債務者が履行をしないこと

ここでいう履行とは，遅延損害金を含め債務全額の提供をなすことをいう（大判大正8・11・27民録25輯2133頁）。

4　履行しないことが違法なこと

(1)　債務者が履行を遅延しても，それが正当視されることがある。すなわち，債務者が留置権（295条）や同時履行の抗弁権（533条）等を有しているときは，履行しないことは違法ではないから，解除権は発生しない。

(2)　そこで，双務契約において債権者が解除するためには，債権者が自己の債務につき履行の提供をする必要がある。債務者の同時履行の抗弁権を消滅させるのである。判例も，双方の債務が同時履行の関係にあるときは，反対給付の提供をしないでなした催告に基づく解除は効力を生じないとしている（最判昭和29・7・27民集8巻7号1455頁）。

それでは，履行の提供は何時までにしなければならないか。

そもそも解除とは，債務不履行を前提とするものであるから，厳格に考えれば催告をする前に提供していなければならないといえるが，判例は，催告と同時に履行の提供をすればよいとしていた（大判大正10・6・30民録27輯1287

第4章　契約の解除

頁)。しかし,近時は,催告に示した時期までに提供して債務者を遅滞に陥らせればよいとしている (最判昭和 36・6・22 民集 15 巻 6 号 1651 頁)。要するに,遅滞に陥らせることは解除するための要件ではあるが,催告の要件ではないということである。

　また,債権者は履行の提供を継続する必要はあるか。

　債務者に履行させるためには履行の提供を継続することが必要である (最判昭和 34・5・14 民集 13 巻 5 号 609 頁)。しかしながら,解除の要件としての解除権者 (債権者) の提供については,一度提供すれば相手方 (債務者) の同時履行の抗弁権を失わせることになるので,解除権を行使する時まで提供を継続する必要はないとされている (大判昭和 3・5・31 民集 7 巻 393 頁,大判昭和 3・10・30 民集 7 巻 871 頁)

　なお,債務者の受領拒絶の意思が明確であるときは,債権者は履行の提供をする必要はないとされている (大判大正 10・11・9 民録 27 輯 1907 頁)。

> 新541条　当事者の一方がその債務を履行しない場合において,相手方が相当の期間を定めてその履行の催告をし,その期間内に履行がないときは,相手方は,契約の解除をすることができる。ただし,その期間を経過した時における債務の不履行がその契約及び取引上の社会通念に照らして軽微であるときは,この限りでない。

　改正法は,解除を「催告による解除」(新 541 条) と「催告によらない解除」(新 542 条) とに分けて規定するという姿勢を示している。

　まず,新 541 条は,541 条を維持しつつ,「ただし書き」を付加したものである。すなわち,債務者の履行遅滞後に債権者が催告をし,その催告期間内に履行がないときは,債権者は契約を解除することができるのであるが,催告期間を経過しても債務が履行されない場合であって,その不履行が契約 (の内容と目的) および取引上の社会通念に照らして軽微であるときは解除することはできないとするものである。この場合,債権者は,損害賠償その他の救済手段を採ることによって満足しなければならないということになる。

　したがって,催告による解除においては,当該不履行が,催告期間経過時において軽微であると判断されるか否かが解除の可否を決するメル

97

第1部 契約法総論

クマールとなり，債務者が契約目的の達成可能性を立証したとしても，それだけでは債権者の解除を阻止することはできない。これはすなわち，債務者に，軽微性の抗弁が認められたといってもよいであろう。

ところで，軽微性の判断を如何にするかは容易でない。不履行の部分が数量的に僅かである場合や付随的な債務の不履行に過ぎない場合には，特段の事情のない限り，契約を解除することができないとする判例（最判昭和 36・11・21 民集 15 巻 10 号 2507 頁）が参照されてよいであろうが，単に，数量の問題や当該債務が付随的なものであるに過ぎないということだけでは断定的に判断することはできない場合もあろうから，どうしても，そこに具体的な契約内容と取引上の社会通念とを関わらせざるを得ない。それでも，判断が容易でない場合が出現することは阻止できないであろう。

なお，新 541 条と新 542 条は，債権者が契約を解除するにつき，債務者の帰責事由が必要でないという立場に立っている。これは，現在までの通説的な立場とは大きく異なるものである。しかし，もともと民法の立法者は，履行不能を除いて（415 条後段〔新 415 条〕，543 条ただし書〔新 543 条〕参照），債務不履行にも債務者の責に帰すべき事由を求めていなかったのであり，解除が，債務不履行を犯した債務者に対するサンクションではなく，債権者を契約の拘束力から解放するための制度（手段）であるという本来の趣旨に立ち戻った姿勢と評価することができよう。

Ⅱ 定期行為の履行遅滞による解除権の発生

契約の性質または当事者の意思表示により，一定の日時または一定の期間内に履行されなければ契約を締結した目的を達することができない場合において，当事者の一方が履行しないでその時期を経過したときは，相手方は，541 条の催告をすることなく直ちに契約を解除することができる（542 条〔新 542 条 1 項 4 号〕）。

一定の日時または一定の期間内に履行されないと契約を締結した目的を達することができない行為を定期行為といい，契約の性質による定期行為を絶対的定期行為，当事者の意思表示による定期行為を相対的定期行為という。

定期行為にあっては，一定の日時または一定の期間内に履行されなければ意

味がないのであるから，その時期（期間）を過ぎた後の履行は無意味であり，したがって催告も意味をもたないものとなる。解除するに際し，催告が不要とされる所以である（なお，商事売買の定期行為においては，その時期を経過したときは，相手方が直ちにその履行を請求するのでなければ契約を解除したものとみなすとして，催告はもちろん，解除の意思表示さえ不要とされている〔商525条〕。迅速に処理しようとする趣旨である）。

定期行為においても，履行しないことが債務者の責に帰すべき事由により，それが違法であることを要するのは，通常の履行遅滞の場合と同様である。

なお，定期行為であっても，相手方は，解除しないで本来の給付を請求することもできる（大判大正10・3・2民録27輯389頁）。

Ⅲ　履行不能による解除権の発生

履行不能による解除権が発生するための要件は以下の二つである。

1　履行の全部または一部が不能となったこと

履行の全部または一部が債務者の責に帰すべき事由によって不能となったときは，債権者は，契約の解除をすることができる（543条〔新542条1項1号・3号，同条2項1号〕）。ここでは，解除の前提としての催告が必要とされない。

(1)　履行不能とは

契約が事実上または法律上不能となったときに契約の解除をなし得ることになるが，不能かどうかは取引観念によって決せられる（大判大正2・5・12民録19輯327頁他）。

少し，具体的にみておこう。

契約の目的物が特定物であって，それが滅失したときは，その給付は事実上不能となる。建物売買において，その建物が焼失する等が，その典型である。

不動産の二重売買（譲渡）の場合はどうか。いずれか一方の買主（譲受人）が登記を備えると，他方買主からみれば，その給付を受けることは法律上不能となる（最判昭和35・4・21民集14巻6号930頁）。ただ，二重売買の第二買主が仮登記をしたにとどまるときは，仮登記は抹消されることもあり得るので，第一売買は，直ちに履行不能となったとはいえないとしたものがある（最判昭和46・12・16民集25巻9号1516頁）。

同様に，売買の目的物につき仮差押や仮処分がなされたときも，それらは取

第1部　契約法総論

消される可能性があるので，やはり売買契約は履行不能となったとはいえない
とされている（最判昭和32・9・19民集11巻9号1565頁）。

　なお，当初から不能な行為（原始的不能）を目的とする契約は無効であるか
ら，ここでいう履行不能とは，契約が有効に成立した後の不能を意味する（た
だし，契約成立前の不能であっても，契約締結上の過失が問題になり得ることは既
に述べた）。

　契約が成立した後であれば，不能は履行期前に生じたもの（大判大正15・
11・25民集5巻763頁）か履行期後に生じたものかは問わない。いずれであっ
ても，履行不能となった時点で解除権が発生する。履行期後に不能となったと
きは，履行不能となる前に履行遅滞に陥っている場合が多いと考えられるが，
履行不能となった時点で無催告解除ができるということになる。

(2)　一部不能の場合

　一部不能が生じた場合は，履行遅滞における場合と同様に解される。すなわ
ち，履行可能な部分だけでも履行がなされれば契約の目的を達することができ
るときは，履行不能の部分についてのみ解除することができ，そうでないとき
は，契約の全部を解除することができる。

2　履行不能が債務者の責に帰すべき事由にもとづくものであること

　履行不能が債務者の責に帰すべき事由に基づくものであることを要するのは，
履行遅滞の場合と同様である。また，一旦，債務者の責に帰すべき事由に基づ
いて遅滞となった後は，たとえ不可抗力によって不能となったときでも，結局，
その不能は債務者の責に帰すべき事由によるものであるとして債務者に責任を
負担させるのが妥当である。したがって，この場合にも，債権者は解除権を有
する（大判明治39・10・29民録12輯1358頁）。

　この立証責任も債務者にある。すなわち，債務者は，履行不能は自己の責に
帰すべき事由に基づくものではないことを証明できない限り責任を免れること
ができない。

　なお，債務者に帰責事由がなくても解除することができる旨の特約は，基本
的に有効なものであるが，債務者にとって不利益なものであるゆえ，その特約
の有無は慎重に認定しなければならない。

新542条　次に掲げる場合には，債権者は，前条の催告をすることな

く，直ちに契約の解除をすることができる。

　　一　債務の全部の履行が不能であるとき。

　　二　債務者がその債務の全部の履行を拒絶する意思を明確に表
　　　　示したとき。

　　三　債務の一部の履行が不能である場合又は債務者がその債務
　　　　の一部の履行を拒絶する意思を明確に表示した場合において，
　　　　残存する部分のみでは契約をした目的を達することができな
　　　　いとき。

　　四　契約の性質又は当事者の意思表示により，特定の日時又は
　　　　一定の期間内に履行しなければ契約をした目的を達すること
　　　　ができない場合において，債務者が履行をしないでその時期
　　　　を経過したとき。

　　五　前各号における場合のほか，債務者がその債務の履行をせ
　　　　ず，債権者が前条の催告をしても契約をした目的を達するの
　　　　に足りる履行がされる見込みがないことが明らかであるとき。

　2　次に掲げる場合には，前条の催告をすることなく，直ちに契約
　の一部を解除することができる。

　　一　債務の一部の履行が不能であるとき。

　　二　債務者がその債務の一部の履行を拒絶する意思を明確に表
　　　　示したとき。

　無催告解除が認められるということは，催告が，催告としての意味を
持ち得ないということ，すなわち催告をしても債務が履行されることに
はつながらないということである。

　1項に掲げられた事由は，いずれも債務不履行＝契約の目的を達成す
ることが不可能であるということが確定している場合と捉えることがで
きよう。

　1号は543条に対応するものであり，2号は債務者による明確な履行拒
絶の意思，3号は一部の履行不能または一部の履行拒絶の明確な意思に
よる契約目的の達成不可能，4号は542条に対応する，5号はいずれにし
ても契約の目的を達成することが叶わない場合に解除を認めるものであ

第1部　契約法総論

る（受け皿規定と呼ばれることがある）。

　2項は，債務の一部についての解除が無催告で認められる場合に関する規定であるが，その趣旨は本条1項と同様である。

　なお，債務の一部の履行が不能であるとき等に契約の全部を解除することができるかどうかについては解釈に委ねられることになる。

　また，1項2号，3号および2項2号にいわゆる「履行を拒絶する意思の明確な表示」に該当すると考えられるのがどのようなものかについては，具体的な紛争事例において判断していかざるを得ないであろう。

　　新543条　債務の不履行が債権者の責めに帰すべき事由によるものであるときは，債権者は，前二条の規定による契約の解除をすることができない。

　解除は，（債務不履行に遭遇した）債権者を契約関係の拘束から解放するものであるという立場に立った場合であっても，その債権者自身に帰責事由がある場合にまで，当の債権者に契約の拘束力から解放する手段を与えるべきではない。

　ここにいわゆる「債権者の責に帰すべき事由」は，たしかに債務不履行を導くものではあるが，それが，債権者をして契約の拘束力から解放することを正当化し得るかどうかという観点から判断されることになろう。

Ⅳ　不完全履行による解除権の発生

不完全履行による解除権が発生するための要件は以下の二点である。

1　不完全な履行がなされたこと

⑴　不完全履行とは

債務不履行には，履行遅滞と履行不能の他，不完全履行という類型も認められている。債務者が，一応債務の履行をし，債権者がこれを受領したのであるが，その内容が債務の本旨に従ったもの（415条）ではなかったという場合が，不完全履行である。たとえば，牛100頭の売買契約に基づいて，売主がたしか

102

に100頭届けたのであるが，それが全部病気であったというような場合，あるいはAがBからの土地購入に際し，その土地の土壌汚染の程度を調査するようCに依頼したが，Cの調査が杜撰であったような場合である。

　これは，ドイツで積極的債権侵害論が議論された際，消極的な意味で履行しなかったのではなく，積極的に履行はしたが，それが不完全なものであったために債権者に損害を与えたという場合の責任が債務不履行の一態様として認められることになり，その責任の内容が，やはり債権者に解除権と損害賠償請求権とを認めることとされたのである。

　債務の一部について不完全履行があった場合（前例で，100頭のうち30頭が病気であった等）は，履行遅滞や履行不能の場合と同様に解する。すなわち，一部が不完全な場合であっても契約の目的を達することができないときは，契約全部を解除することができ，そうでないとき（一部不完全履行があっても契約の目的を達することができるとき）は，不完全履行の部分のみを解除することができる。

(2)　不完全履行が債務者の責に帰すべき事由に基づくものであること

　これは，履行遅滞・履行不能の場合と同様である。立証責任も債務者にある。

2　追完の催告をしたこと（追完可能な場合）

　不完全履行においては，注意すべき二つの問題がある。

　その一つは，追完（後で完全な給付をすること）の可能な場合とこれが可能でない場合とがあることである。前例のうち，病気の牛を届けた場合は，改めて健康な牛を届けることによって追完が可能であるが，Cが杜撰な調査報告をした場合は，Aがその報告を信頼して既に土地を購入済みであるときは，追完は意味をなさないので，追完は不可能ということになる。

　債権者が不完全履行を理由として契約を解除するに際しては，追完が可能なときは，541条に従い相当な期間を定めて催告をし，それでも追完がなされないときに解除することになる。追完が不能のときは，追完の催告をすることは無意味であるから，543条に従い直ちに解除することができるということになる。

　その二つは，不完全な給付を受領したことから，債権者が，完全な給付を得ることができなかったというだけでなく，第二次的な積極的な損害を被ることがあるということである。前例で，病気の牛が混ざっていたことで，その病気

第1部 契約法総論

が従前からいた健康な牛に伝染して損害を被ったというような場合である。このようないわゆる拡大損害のすべてが損害賠償の対象になるものではないが，相当因果関係の範囲にあるものについては債務者に責任が生ずることになる。

V 事情変更の原則による解除権の発生

1 事情変更の原則とは

契約を締結した当時に比べて，契約締結の基礎ないし前提とされた事情が著しく変化し，その変化を当事者が予見し得なかったという場合に，もとの契約内容をそのまま維持して当事者に履行させることがきわめて不公平になると考えられるときは，信義則（1条2項）に基づいて契約の改訂または解除をすることができる。これを事情変更の原則ないし事情変更の法理という。

この事情変更の原則は，事態が契約当時のままである限りにおいてその契約は効力を維持する clausula rebus sic stantibus という当事者の意思にその源があるとされ，諸外国においても認められてきた。

解除権が発生するのみならず，契約が失効するとされたり，裁判所が契約内容の（合理的）変更を認めることもある（神戸地裁伊丹支判昭和63・12・26判時1319号139頁は，175万円で土地売買予約をしたが，予約完結権行使当時〔約20年後〕の相当価額が4000万円になっていた場合につき，裁判所が，衡平の原則に照らして売買代金を算定した）。

2 事情変更による解除の要件

(1) 契約の基礎たる事情が変更したこと

契約成立当時その（契約の）基礎となっていた事情が変更するという場合の典型は，戦争の勃発や極端なインフレーション，あるいは契約の効力を規制する法令が施行されること等である。判例には，土地売買契約成立後，その履行期前に統制令（宅地建物等価格統制令）が施行されて売買価格につき認可を要するに至り，契約所定の代金額では履行期までに履行することができなくなったのみならず，相当長期にわたって延期しなければならなくなって，契約そのものが失効するかもしれなくなるという事態を生じた場合において，当事者をこの不安定な契約の拘束から解放しないことはかえって信義則に反するとして，当事者の一方的意思表示により契約を解除し得るとしたものがある（大判昭和19・12・6民集23巻613頁）。

ただ，この事情の変更は客観的に観察されることを要し，たとえば，家屋（甲）売買契約成立当時，売主は他に居住用家屋（乙）を有していて甲家屋を必要としていなかったところ，その後戦災によって乙家屋が焼失したという場合，これだけでは事情変更による解除権の発生を認めるに足りないとしたものがある（最判昭和29・1・28民集8巻1号234頁）。事情変更の原則の適用は一般に慎重でなければならないことを要請するものといえよう。

(2) 事情の変更を予見することができなかったこと

予見することができたか否かは，基本的には通常人を基準とすべきであろう。

(3) 当事者の責に帰することができない事由による事情の変更であったこと

当事者が履行遅滞に陥っている間にインフレーション等による事情の変更があっても，それを理由に解除することは許されない（最判昭和26・2・6民集5巻3号36頁）。

(4) 事情変更の結果，当初の契約内容を維持して当事者を拘束することが信義則に反すること

事情変更の原則により契約当事者に契約解除権を認めるためには，事情が変更したことにより当該契約によって当事者を拘束することが信義則上著しく不当と認められる場合であることが必要とされる（前掲大判昭和19・12・6等）。この点が最も重要かつ実質的な要件となるが，これを明確に認定することは容易ではなく，個別的な判断に委ねざるを得ない。

3 解除以外の効果

事情が変更したことにより契約が無効となる場合がある。昭和13年に締結した土地売買契約で6,000円での再売買予約がなされていたところ，昭和16年に臨時農地価格統制令が施行されて当該土地については4,244円を超える代金の授受が禁じられるに至ったという場合に，その再売買予約を無効としたものがある（大判昭和17・10・22新聞4808号8頁）。再売買予約は，経済事情の変動等社会事情に著しい変動を生じない場合に限るとの暗黙の了解のもとになされたと解するのが妥当であることを理由とする。

事情変更を理由として契約上の権利の行使を制限することについては，判例は非常に慎重な姿勢を採っており，最高裁は，事情変更の原則を承認してはいるが，実際にこの原則を適用して事件を解決したことはない。

契約成立後に目的物の価額が高騰したという場合であっても，当該権利を行

第 1 部　契約法総論

使することは信義則に反しないとしており（最判昭和 31・5・25 民集 10 巻 5 号 566 頁——代物弁済予約における予約完結権の行使に関する，最判昭和 56・6・16 判時 1010 号 43 頁——売買予約における予約完結権に関する），貨幣価値の変動に伴う債権額の修正についてもきわめて慎重といえる。近時の判例として，戦前の台湾で軍事郵便貯金の預入をした後，その払戻までに貨幣価値の著しい下落があっても，その貯金額が当然に増額修正されるものではない（最判昭和 57・10・15 判時 1060 号 76 頁），郵便貯金がインフレーションによって実質的に目減りした場合に，政府の政策が不備であること等を理由とする国家賠償責任は生じない（最判昭和 57・7・15 判時 1053 号 93 頁）としたものがある。

　また，ゴルフ場の経営を譲り受けた者（Ｙ）が，コースの復旧工事に多額の費用がかかったことを理由として会員（Ｘら）に対し 1000 万円の追加預託金を支払って会員資格を維持するか，預託金（約 50 万円）の償還を受けて退会するよう求めたので，Ｘらが，会員資格を有することの確認を求めた事案において，事情変更の原則を適用してＸらの請求を棄却した原審を破棄したものがある（最判平成 9・7・1 民集 51 巻 6 号 2452 頁）。

Ⅵ　債権者遅滞（受領遅滞）による解除権の発生

　債務者が債務を履行する＝債務の内容を実現するためには，多かれ少なかれ債権者の協力（受領）を必要とする場合がきわめて多い。単純な売買契約においても，売主（債務者）が目的物を提供しても債権者（買主）がこれを受取らなければ，債務は履行されたことにならないであろう。したがって，債務者が自らできるだけのことをして，債権者の協力を促しても，債権者が協力しないときは，債務者の責任を軽減する，あるいは債権者の責任を認めるという途が用意されてしかるべきであるということになる。これが債権者遅滞（受領遅滞）と呼ばれるものである（413 条）。

　たしかに，債務者は，債権者が協力しないときは供託をして債務を免れることができる（494 条）。しかし，債務の性質によっては供託に適しないものもあろうし，債権者が協力しない場合に常に供託を強要することも公平の観念と相容れない。債権者遅滞という制度が要請される所以である。

　ところで，債権者遅滞の法的性質をどう捉えるかについては議論がある。判例（最判昭和 40・12・3 民集 19 巻 9 号 2090 頁）は，これを法定責任と解する。債権はあくまでも権利であって，それを放棄することも自由になし得るのであ

るから（519条参照），それを行使する義務を伴うべきものではないということ
を理由とする。

　これに対して学説は，これを債務不履行の一種と解するものが有力である。
債権・債務は両当事者の信頼関係の上に成立しているものであって，その内容
を実現するためにも両当事者が協力しなければならないものであるから，債権
者の協力義務はもはや一種の法的義務＝債務であるとみるのが適切であるとい
うことを根拠とする。どちらの考え方に立脚するかによって，債権者遅滞の要
件と効果も異なってくる。

　前者（法定責任）の立場に立つと，要件面においては，履行期に履行が可能
であって，債務者が履行の提供をすることが必要とされるのに対し，後者（債
務不履行責任）の立場に立つと，それに加えて，債権者が受領しないことが債
権者の責に帰すべき事由に基づくことが必要とされる。

　そして，効果の面においても，前者の立場では，損害賠償や解除の効果は生
じないことになるのに対し，後者の立場では，債務者は，損害賠償を請求する
こともできるし，受領を催告した上で契約を解除することもできるということ
になる（債権者遅滞から生ずるその他の効果については債権総論を参照）。

　なお，債権者遅滞にある者が解除しようとするときは，その前提としての催
告をするに当たり，債権者遅滞を解消させて，履行の提供があれば受領する旨
の表示をすることが必要である（最判昭和35・10・27民集14巻12号2733頁，
最判昭和45・8・20民集24巻9号1243頁）。

Ⅶ　法定解除権の行使

1　解除の意思表示が必要

(1)　意思表示の方法

　解除は，相手方に対する意思表示によってこれを行う（540条1項）。解除権
は形成権の一種であるから，相手方の承諾を要せず，解除権者の一方的意思表
示によって当然にその効果を生ずる。

　訴提起による訴状の送達（最判昭和36・11・9民集15巻10号2444頁），相手
方の履行請求の訴に対する抗弁（大判大正8・11・24民録25輯2096頁）により
解除の意思表示をすることもできる。

　なお，解除の意思表示をするに当たっては，その解除原因を示す必要はない
とされている（大判大正元・8・5民録18輯726頁）。

第1部　契約法総論

また，解除権の行使には条件を付すことはできない。解除のような単独行為に条件を付すことを許すと，法律関係が不安定になって相手方が思わぬ不利益を被ることも考えられるからである。ただし，催告をするに際して，一定の期間内に履行しなければ改めて解除の意思表示をしなくても契約は解除されたものとするという意思表示は有効である。これも停止条件付解除にほかならないが，これによって格別相手方を不利な立場に置くことになるわけではないからである（大判明治43・12・9民録16輯910頁）。

(2)　**解除権者は誰か**

解除権者とその相手方は契約の両当事者である。解除権を有するのは誰かという点で問題となることがある。

双務契約から生じた債権が譲渡されている場合にも，解除権を有しているのは，契約当事者である譲渡人である（大判大正14・12・15民集4巻710頁）。

これに対し，売買契約における買主の権利が譲渡された場合において，買主が解除権を行使できるとすると譲受人の権利が消滅することになるので，買主は，譲受人の同意がある場合にのみ解除し得るとするのが判例（大判昭和3・2・28民集7巻107頁）であるが，このような場合の譲受人の保護は売主の担保責任の問題として処理すべきであるとして判例に反対する見解が有力である。

契約上の地位の譲渡（たとえば賃借人の地位の譲渡）がなされたときは，譲受人は解除権を有することになる（大判昭和7・2・29民集11巻397頁）。

(3)　**解除の意思表示の撤回**

一度解除の意思表示をした以上，これを撤回することはできない（540条2項）。解除権は形成権であって，その法律効果は解除によって当然に生ずるのであるから，これを自由に撤回することができるとすると，相手方の立場がきわめて不安定なものとなる。

しかし，相手方の承諾があれば解除を撤回することはできる。ただし，この撤回の効果を第三者に対抗することはできない。

なお，制限行為能力や詐欺，強迫を理由とする取消は可能である。

2　解除権の不可分性

(1)　解除権行使における不可分性

契約当事者が複数人（共同相続等により，契約成立後に当事者が複数になった場合も同様）である場合に，そのうちの一部の者についてのみ解除の効果を認め，

第4章　契約の解除

他の者については契約が存続するということを認めると法律関係がきわめて複雑になる。そこで，民法は，解除しようとする方の当事者が複数人のときは，その全員から解除しなければならず，解除される方の当事者が複数人のときは，その全員に対して解除しなければならないものとした（544条1項）。これを解除権不可分の原則という。

この意思表示は，必ずしも同時になされる必要はなく，別々に（時を異にして）なされてもよいが，その場合は，全員についての最後の意思表示が到達した時に解除の効果を生ずる（大判大正12・6・1民集2巻417頁）。

また，解除権不可分の原則は，法律関係が複雑になることを防止し，それが当事者の意思に適合すると考えられるところから認められたものであり，したがって，544条は強行規定ではないと考えられるから，当事者間の特約により，この解除権の不可分性を排除することができる。

具体的な例もみておこう。

家屋の賃借権が共同相続された場合において，賃貸人が賃料不払いを理由として契約を解除しようとするときは，共同相続人全員に対して解除の意思表示をしなければならない（最判昭和36・12・22民集15巻12号2893頁）。

共有物が賃貸されている場合，賃貸人たる共有者が解除しようとするときは，共有者全員から解除しなければならないのか，あるいは共有物の管理に関する規定（252条本文）に従い，各共有者の持分価格の過半数で決すればよく，544条1項は適用されないのか。判例は後者の立場に立つ（最判昭和39・2・25民集18巻2号329頁）。

債務者が連帯債務者である場合，債権者が解除するときは，その連帯債務者全員に対する意思表示で解除しなければならないとするのが通説的見解である（連帯債務者の1人に対する履行の請求の効果については434条〔新・削除〕参照）。

(2)　**解除権消滅における不可分性**

契約当事者が複数人いる場合において，そのうちの1人の有する解除権または1人に対する解除権が消滅したときは，他の者についても解除権が消滅するとするのか，あるいは全員につき解除権が消滅するのでない限り解除権を存続させるとするのか，いずれかが選択されなければならない。民法は，前者の途を採った（544条2項）。

解除権が消滅する原因は問わない。時効によって消滅する場合，解除権者の1人がこれを放棄した場合，後述する民法の規定により解除権が消滅する場合

109

第 1 部　契約法総論

（547 条，548 条）も同様である。

Ⅷ　法定解除の効果

1　効果の基本的内容

　解除権を行使したことによる効果は，契約が初めから存在しなかったと同様
の法律的効果を生ずること，そして，解除された契約について既に債務不履行
に陥っていた者は損害を賠償しなければならないというものである。ＡＢ間の
単純な売買契約で考えてみよう。

　売主Ａも買主Ｂも未だ何ら履行していないという場合は，契約が解除された
ことによって，Ａは目的物（の所有権）をＢに移転する義務を免れ，他方Ｂは，
代金支払義務を免れる。ただ，この場合でも損害賠償義務が発生することはあ
り得る。

　Ａが目的物をＢに引渡したにもかかわらず，Ｂが代金を完済しないので，Ａ
が解除した場合は，Ｂは権利がないのに目的物を受領したことになるから，こ
れをＡに返還しなければならず，Ａも代金の一部を受領していたときは，これ
をＢに返還しなければならない。これを解除による原状回復義務といい，当事
者の一方がその解除権を行使したときは，各当事者は，その相手方を原状に復
させる義務を負う（545 条 1 項本文）。

　この原状回復義務に関連して，目的物の所有権の帰属（復帰）はどうなる
のか，既に支払われていた金銭と未だ支払われていない金銭（履行済み債務と
未履行債務）の処理はどうなるのか等の問題もある。

　新 545 条　当事者の一方がその解除権を行使したときは，各当事者は，
　　その相手方を原状に復させる義務を負う。ただし，第三者の権利
　　を害することはできない。（変更なし）

　　2　前項本文の場合において，金銭を返還するときは，その受領の
　　　時から利息を付さなければならない。（変更なし）

　　3　第 1 項本文の場合において，金銭以外の物を返還するときは，
　　　その受領の時以後に生じた果実をも返還しなければならない。

　　4　解除権の行使は，損害賠償の請求を妨げない。

　本条 1・2 項は現 1・2 項と同一文言であり，同 4 項は，現 3 項と同一

110

第 4 章　契約の解除

文言である。

　原状回復の最も典型的な形である現物返還が不可能になった場合に，どのように現状を回復するのか，価額償還によるのかどうかについては，解釈に委ねられることになった。しかし，原則として価額償還に転ずると解するのが素直であろう。

　3 項が新設されたが，これは予てから広く認められていた解釈を明文化したものである。

2　効果の法的性質に関する学説

　契約が解除されたことにより，当該契約によって生じた債権・債務が消滅するのかどうか，あるいは売買契約において一旦買主に移転した目的物の所有権は，解除によって当然に売主に復帰することになるのかどうかを理論的にどのように構成するかにつき，学説の対立がある。

(1)　直接効果説

　契約によって生じた債権・債務は，解除によって遡及的に消滅し，初めから生じていなかったとみる（大判明治 44・10・10 民録 17 輯 563 頁）考え方を直接効果説という。これによれば，未履行債務については履行（給付）義務が当然に消滅し，既履行債務については，本来，不当利得（703 条以下）に基づいて返還義務が生ずべきところ，それによらず 545 条 1 項本文による原状回復義務を定めたのである（703 条によれば，返還義務の範囲は現存利益に限られるが，545 条 1 項本文ではそのような限定はない）。

　売買契約が解除されたことにより，買主は初めから所有権を取得したことがなかったものとみなされ，その効果として所有権は当然に売主に帰属するに至ると解することになる（大判大正 10・5・17 民録 27 輯 929 頁）。

(2)　間接効果説

　契約によって生じた債権・債務が，解除によって遡及的に消滅するというのではなく，契約上の効果はそのままにしておいた上で，解除によって新たな給付義務（原状回復させるという債権・債務）を発生させるという考え方を間接効果説という。これによれば，既履行のものについては，これをもとに戻すという新たな債権・債務が発生（したがって，不当利得を原因とするものではない）し，未履行のものについては，（相手方からの給付請求に対する）不履行の抗弁

111

第1部　契約法総論

権が認められることになる。

(3) 折衷説

直接効果説と間接効果説との折衷的な考え方をするものが，文字通り，折衷説である。解除による遡及効を認めず，既履行のものについては新たな返還義務が生じ，未履行のものについては，解除によりその履行義務が消滅すると考えるものである。

こうした見解の対立は，545条1項本文が，単に原状回復についてのみ定め，遡及効には言及していないことに端を発する。

理論的には，もちろんいずれの説に立つことも可能ではあるが，物権変動については，解除により当然に遡及的復帰が認められており（前掲大判大正10・5・17），それとの関連から，債権・債務についても同様に考えるのが整合的であり，また，545条1項ただし書は，解除により第三者の権利を害することはできないとしているところ，これは契約の効力が遡及的に失われる（したがって，解除前に現れた第三者も遡及的にその権利を取得していなかったことになる）ことを前提としているものと解されるから，直接効果説によるのが妥当と考えられる。もっとも，間接効果説によれば，545条1項ただし書は，当然のことを定めたものであって無意味な規定ということになる。

以下においては，直接効果説の考え方に基づいてみていくこととする。

3　解除の遡及効

(1)　契約により生じた債権・債務は，解除により遡及的に消滅するのであり，ＡＢ間における特定物売買において，目的物の所有権が買主Ｂに移転しているときは，その解除により所有権は遡及的に売主Ａに復帰する（大判大正6・12・27民録23輯2262頁，最判昭和34・9・22民集13巻11号1451頁他）。債権譲渡契約が解除された場合も，その債権は，譲受人から譲渡人に当然に復帰することになる（大判昭和3・12・19民集7巻1119頁他）。

(2)　解除により第三者の権利を害することはできない（545条1項ただし書）。

前例ＡＢ間の特定物売買において，ＡＢ間で売買契約がなされ後，Ｂが第三者Ｃに同目的物を転売していたところ，ＢのＡに対する代金不払（債務不履行）を理由としてＡが同売買契約を解除した場合，Ａは，Ｃに対して目的物の返還を請求することができるか。解除による原状回復を制限して第三者の権利を保護しようとするのが545条1項ただし書の趣旨であるから，Ｃの所有権が

112

認められ，Aはその返還をCに請求することはできない。

　問題は，第三者が保護されるためには，その権利の取得について対抗要件を備えていなければならないかどうかである。判例（前掲大判大正10・5・17，最判昭和33・6・14民集12巻9号1449頁）および通説的見解は，第三者が保護されるためには対抗要件を必要とするとしている。したがって，前例で，第三者Cが対抗要件（目的物が不動産であれば登記）を備えていないときは，Cは保護されない。

　ここでのさらなる問題は，この登記の意義である。すなわち，Aは解除権者であり，Cは解除にかかわらず保護を受けることができるかどうかという第三者であるから，二重譲渡の場合のような対抗関係に立つものではなく，したがって，この登記を177条の登記（対抗要件）とみることはできない。それゆえ，この点に着目して第三者の対抗要件を不要と解する立場もある。しかしながら，近時は，登記は，対抗関係における権利の優劣を決する基準としての機能を営むのみならず，或る権利を取得した者を保護する際の基礎としても機能するものであると解され，確実に権利を取得したということを示すために登記が要求されることがある。これを権利取得資格（権利保護）要件としての登記と呼んだりすることがある。

　ここ（545条1項ただし書）にいう第三者とは，（解除されることになる）契約を前提として，解除されるまでの間に新たな法律関係に入った（権利関係を取得した）者をいう。転得者，抵当権者，賃借人等がこれに当たる。

　これに対し，解除後に登場した「第三者」は，545条1項ただし書にいう第三者には当たらない。前例AB間の売買契約において，Aの解除後に，「第三者」CがBから買受けたという場合，Cは545条1項ただし書の第三者には該当せず，AとCとは対抗関係に立つことになると考えて，いずれか先に登記を備えた方が優先する（所有権を取得する）とするのが判例の立場である（大判昭和14・7・7民集18巻11号748頁）。

4　解除による原状回復義務
(1)　原状回復の範囲・内容
　原状とは契約締結前の状態をいい，直接効果説によると，原状回復義務は，本来，不当利得の性質を有するものであるが，545条1項は，その不当利得（703条）の特則として完全な回復義務を定めたものであるとされる。それでは，

第1部　契約法総論

その原状回復義務の履行において求められることは何か。ここでは，専ら，何を返還すべきかが問題とされることが多い。

契約に基づいて給付したものがそのまま残っていれば，そのもの（原物）を返還しなければならない（大判明治37・2・17民録10輯153頁）。目的物が不動産であるときは登記名義を（買主に）戻し，債権譲渡の場合には債権復帰についての対抗要件としての通知（大判明治45・1・25民録18輯25頁）および債権証書の返還が必要となる。

目的物が不特定物（代替物）のときは，それと種類・品質・数量の同じ物を返還すべきこととなるが，その返還が容易でないときは給付したときのそのものの価額を返還することになろう。

また，目的物が滅失または損傷して返還が不能となったときは，その価額の返還が問題となるが，ここでは，次のように見解が分かれている。

すなわち，常に価額を返還しなければならないとする説と，債務者に帰責事由がある場合にのみ価額返還を認めるべきとする説（最判昭和51・2・13民集30巻1号1頁）である。この場合，解除権が行使されるということは，債務不履行がある＝既に債務者に帰責事由があると捉えることができるから，敢えてここでの債務者の帰責事由を問題とすることなく，常に価額返還を認めてよいと思われる。

契約の目的が利用利益であった場合は，その利用利益を返還しなければならないか。利用利益とは，たとえば，土地売買契約において，土地の引渡を受けた買主が，その土地を何らかの目的（駐車場，材料置場等）に利用して得た利益である。この利用利益も一種の不当利得であるから，当然に返還すべきものとなる。

判例には，①家屋の売買契約が解除された場合，買主はその家屋の使用によって得た利益を返還することが（545条2項〔新545条3項〕との関係で）衡平に合致する（大判昭和11・5・11民集15巻808頁），②売買契約が解除された結果，買主が負担する目的物使用収益による利益償還義務は，原状回復義務に基づく一種の不当利得返還義務であって不法占有に基づく損害賠償義務ではない（前掲最判昭34・9・22）としたものがある。直接効果説の立場からは，②の考え方が支持されることになろう。

目的物から果実が生じていたときは，その果実も返還しなければならない（新545条3項）。ここでは，189条1項は適用されない。

114

(2) 金銭を返還すべき場合

契約が解除された結果金銭を返還すべきこととなったときは，その金銭を受領した時からの利息を付さなければならない（545条2項）。売買契約において，買主が代金を支払ったものの，売主が目的物を引渡さないので解除した場合等がその典型である。金銭を受領した者は，その金銭を利用することができたという考え方に基づくものである。

なお，解除された契約が商行為であるときは，商事利息（商514条）の適用がある（大判大正5・7・18民録22輯1553頁）。

直接，金銭を返還すべき場合ではないが，目的物に投じた費用としての金銭の返還請求（費用償還請求）は認められるか。196条に基づいて必要費・有益費の償還請求は認められるとされている。

(3) 原状回復義務と保証人の責任

契約が解除された場合，保証人は，原状回復義務についても保証債務を負うことになるのか。

かつては，売主の保証人は，売主の履行すべき債務について保証したのであって，それとは性質を異にする解除から生ずる原状回復義務については保証債務を負わないとしていた（大判明治36・4・23民録9輯484頁他）が，その後，保証契約の趣旨からみて，特定物売買における売主の保証人は，特に反対の意思表示をしない限り，売主の債務不履行を理由に解除された場合における原状回復義務についても保証の責に任ずるとした（最大判昭和40・6・30民集19巻4号1143頁）。契約当事者の通常の意思から当然に導かれる結論である。

5 解除と損害賠償
(1) 損害賠償請求権の根拠

解除権を行使した場合でも，なお損害賠償を請求することができる（545条3項〔新545条4項〕）。この損害賠償請求権の根拠はどこに求めることができるのであろうか。というのは，直接的効果説に基づいて理論的に考えれば，解除によって契約の効力が遡及的に消滅するというのであるから，債務も初めから存在しなかったことになり，したがって，債務不履行の効果＝債務不履行によって生じた損害賠償請求権も消滅するといわなければならないからである。

しかしながら，ここでは，契約が解除されても債務不履行に基づく損害賠償の効果だけは影響を受けず，損害賠償請求権が存続するということを，法律

第 1 部　契約法総論

（545 条 3 項〔新 545 条 4 項〕）が特に定めたものであると解する立場が採られている。

最判昭和 28 年 12 月 18 日（民集 7 巻 12 号 1446 頁）は，売主の債務不履行を理由として買主が売買契約を解除した場合につき，「買主は解除の時までは目的物の給付請求権を有し解除により初めてこれを失うと共に右請求権に代えて履行に代る損害賠償請求権を取得するものであるし，一方売主は解除の時までは目的物を給付すべき義務を負い，解除によって初めてその義務を免れると共に，右義務に代えて履行に代る損害賠償義務を負うに至る」としている。

このように，債務不履行に基づく損害賠償請求権が存続すると解する結果，損害賠償額の予定（420 条）がなされているときは，債権者は，その予定額の請求をすることができるし（大判昭和 8・2・24），違約金の約定がなされていたときは，その違約金請求権も解除によって消滅するものではない（大判大正 10・9・24 民録 27 輯 1548 頁）。

(2)　損害賠償の範囲

前述のように，解除の結果請求することができる損害賠償は債務不履行を理由とするものであるから，その損害賠償の範囲や方法も債務不履行の一般理論（416 条）に従うことになる。したがって，債務不履行によって通常生ずべき損害の賠償が当然に認められ（416 条 1 項），特別事情によって生ずる損害は，当事者の予見可能性如何によることになる（同条 2 項）。

ただ，解除による損害賠償については留意しなければならない点がある。

その一は，損害算定の基準時に関するものであり，物の給付を目的とする債務が履行されなかったことにより契約が解除された場合の損害は，原則として，解除当時におけるその物の時価が基準とされ，履行期の時価が基準とされるわけではないことである（前掲最判昭和 28・12・18 他）。

その二は，解除によって解除権者が免れる債務（額）を損害賠償の範囲から控除すべきことである（これを損益相殺という）。具体的にみておこう。

Ａが，Ｂに対し自己所有の土地を 100 万円で売却したが，その後，その土地が 120 万円に値上がりしたので，ＡがこれをＣに売却して移転登記もしてしまったため，Ｂが履行不能を理由としてＡＢ間の売買契約を解除したという場合，Ｂは，履行に代わる損害賠償（塡補賠償）として 120 万円を請求することができるのであるが，そこから，解除によって免れる代金債務 100 万円を控除した残額 20 万円の損害賠償請求をすることができるということである。

116

ただ，この損害算定の基準時については，予め転売が予定されていて売主も
それを知っていたという事情があるときは，416条2項により転売価格が基準
とされることもあるし（大判大正10・3・30民録27輯603頁，大判昭和4・4・5
民集8巻373頁），また，継続的に値上がりすることが当事者間でも分かってい
るようなときは，やはり416条2項により，事実審の口頭弁論終結時における
目的物の価格を基準とすることができるとされている（最判昭和47・4・20民
集26巻3号520頁）。

逆に，前例で，ＡＢ間の売買契約の後，土地が60万円に値下がりしたので，
Ｂが代金を支払わないでいたところ，Ａが履行遅滞を理由としてＡＢ間の売買
契約を解除したという場合，Ａの損害は，100万円＋遅延損害金となるはずで
あるが，Ａは現に60万円の価値のある土地を有している（利得している）ので，
これを控除して残額40万円＋遅延損害金を請求することができるということ
になる。

なお，債務不履行を理由とする損害賠償請求権については，その履行請求を
受けた時から遅延損害金が生ずる（大判大正10・5・27民録27輯963頁）。

6 解除と同時履行

契約が解除された場合には533条が準用される（546条）。たとえば，ＡＢ間
で土地売買契約が締結され，売主Ａは土地をＢに引渡したが，買主Ｂは，代金
100万円のうち30万円を支払ったのみで残代金を支払わないので，Ａが履行
遅滞を理由として催告した後解除したという場合，Ａは，Ｂに対し引渡した土
地の返還を請求することができ，Ｂは，Ａに対し支払った代金30万円とその
利息の支払を請求することができる。直接効果説によるならば，解除により契
約は遡及的に消滅しているので，契約関係から生ずる同時履行の抗弁権は，本
来的には，認められないはずである。しかしながら，ＡＢ双方が負担する原状
回復義務は，あたかも双務契約が結ばれた場合に生ずる義務と類似した関係に
あるとみることができるところから，ここに553条を準用するとするのである。

Ⅸ 法定解除権の消滅

1 一般的消滅事由

(1) 債務の履行

履行遅滞によって解除権が発生した後であっても，債務者が，解除される前

第1部　契約法総論

に遅延賠償と共に本旨に従った履行または履行の提供をすると，解除権は消滅する（大判大正6・7・10民録23輯1128頁）。

(2) 放　棄

解除権者が，解除権を放棄すると解除権は消滅する。解除権者は，予め解除権を放棄することもできる（大判明治37・9・15民録10輯1115頁）。なお，解除権者は，解除権を放棄することにより，本来の給付と損害賠償金とを請求することができる。

(3) 消 滅 時 効

解除権が一種の形成権であることは既に述べたが，取消権（126条参照）とは異なり，これについては独自の存続期間が定められていない。したがって，解除権の時効期間は20年であると解する可能性がある（167条2項〔新166条2項〕参照）。

しかしながら，判例は，解除権についても消滅時効を認めるのであれば，これを行使して生ずる原状回復請求権の時効期間との権衡から，やはりその時効期間は10年（ただし，商行為については5年──大判大正5・5・10民録22輯936頁他）を原則とし（167条1項参照），その起算点は解除事由発生時（大判大正6・11・14民録23輯1965頁）であり，さらに，解除時を起算点として原状回復請求権および損害賠償請求権の時効が進行を開始する（大正大判7・4・13民録24輯669頁，最判昭和35・11・1民集14巻13号2781頁）とする。

これによれば，債務不履行が生じてから10年間は解除することができ，さらに，その解除をした時から10年間は原状回復請求・損害賠償請求ができるということになる。

しかし，これでは契約に基づく本来の債権が時効消滅した後にも解除し得ることがあるし，解除に基づく原状回復請求権・損害賠償請求権はさらに存続することになって，如何にも長すぎるといえよう。

そもそも，解除権の内容は何かを考えてみると，権利とはいうものの，それは原状回復や損害賠償を請求する手段としての意味しかなく，解除権それ自体としては（契約の拘束力からの解放ということを別にすれば）実体のないものということができる。それゆえ，解除権と原状回復請求権・損害賠償請求権とは一体のものであるとみて，解除権が存続する期間内に原状回復請求権・損害賠償請求権も行使されなければならないと解すべきである。要するに，解除権・解除から生ずる原状回復請求権・損害賠償請求権は，いずれも債務不履行の時

から10年の時効によって消滅するということである。

(4)　権利失効の原則

　形成権たる解除権には民法の消滅時効は適用されず，信義則から導かれる権利失効の原則のみが適用されるという主張に対し，たしかに長期にわたる解除権の不行使により，解除権の行使が制限され得ることを認めつつ，当該事案については，これを否定したものがある（最判昭和30・11・22民集9巻12号1781頁）。

2　催告による消滅

　解除権の行使につき期間の定めがないときは，相手方は，解除権を有する者に対し相当の期間を定め，その期間内に解除するかどうかを確答するよう催告することができ，もしその期間内に解除の通知を受けないときは，解除権は消滅する（547条）。相手方を長く不安定な状態にとどまらせるのを避け，なるべく早く法律関係を安定させようとするものであり，20条や114条と同様の趣旨である。約定解除の場合に適用されることが多いといえよう。

　なお，相当の期間については，541条と同様に考えてよい。

　また，これにより解除権が消滅しても，本来の給付に関する権利に影響が及ぶものではない。したがって，債権者は，本来の履行（履行遅滞の場合）や塡補賠償（履行不能の場合）を求めることができる。

3　目的物の損傷等による消滅

　解除権を有する者が，自己の行為または過失（故意または過失と同義）によって著しく契約の目的物を損傷し，もしくはこれを返還することができなくなったとき，または加工もしくは改造によってこれを他の種類の物に変じさせたときは，解除権は消滅する（548条1項〔新548条本文〕）。目的物を損傷したり，他の物に変じさせてしまった場合であっても，価格返還させることによって相手方の保護を図ることはできるのであるが，それでは十分ではないとして設けられた規定とみることができよう。

　契約の目的物とは，債務の履行として給付されたものをいう（最判昭和50・7・17金法768号28頁）が，代替物であれば，それが滅失しても種類・品質・数量の同じ物を返還することができるから，原物を返すことができないとしても解除権は消滅しない（大判明治37・2・17民録10輯153頁）。

第1部　契約法総論

また，目的物が損傷または返還不能となったとしても，それが目的物のきわめて僅かな部分についてのみ生じたに過ぎないときは，やはり解除権は消滅しない（大判明治45・2・9民録18輯83頁）。

契約の目的物が解除権を有する者の行為または過失によることなく滅失または損傷したときは，解除権は消滅しない（548条2項〔新・削除〕）。第三者の行為や天災事変による毀損等がこれに当たる。

新548条　解除権を有する者が故意若しくは過失によって契約の目的物を著しく損傷し，若しくは返還することができなくなったとき，又は加工若しくは改造によってこれを他の種類の物に変えたときは，解除権は，消滅する。ただし，解除権を有する者がその解除権を有することを知らなかったときは，この限りでない。

548条の「自己の行為」を「故意」に変え，「ただし書き」を付加した。「ただし書き」を付加した理由は次のように考えればよいであろう。すなわち，解除権者の故意または過失によって目的物を返還することができなくなったときに解除権を消滅させるのは，その故意または過失によって招いた返還不能が解除権を放棄する行為に他ならないと評価でき，そして，解除権を放棄したと評価できるためには，解除権を有する者が，解除権を有することを知っていたのでなければならないと考えられたからである（持っていない権利を放棄することはできない，持っていることを知らない権利を放棄したと評価することはできないということである）。

第3節　約定解除

I　約定解除権の発生

約定解除権は，契約によって解除権が留保されている場合に発生する。

約定解除権が発生する典型的な場合は，売買契約において手付金（内金ともいう）が交付される場合である。買主が売主に手付金を交付すると，当事者の一方が契約の履行に着手するまでの間であれば，買主は手付金を放棄することにより，売主は手付金の倍額を償還することによって売買契約を解除することができる（557条1項）。なお，手付金を交付しておいた場合に契約を合意解除

（解除契約—後掲第4節）したときは，売主は，受取っていた手付金を不当利得として買主に返還しなければならない（大判昭和11・8・10民集15巻1673頁）。

その他，買戻をするための解除権（579条以下）も約定解除権とみることができる。

しかし，契約において，法定解除権の発生要件に変更を加えた場合，たとえば，履行遅滞があったときは催告をすることなく直ちに解除することができるとする合意は，法定解除に関する特約であって，解除権発生事由としての約定解除権とは区別すべきものである。

また，約定解除権は，必ずしも当初の契約において留保される必要はなく，後の契約によって取得することもできる（ただし，579条は別）。

Ⅱ　約定解除権の行使方法

相手方に対する意思表示によって解除をする（540条1項）。一旦なされた解除の意思表示は，これを撤回することができない（同条2項）。なお，約定解除においても解除権の不可分性は認められる。

Ⅲ　約定解除の効果

解除に関する540条ないし548条はすべての解除に共通の一般的な法則を定めたものであるから，法定解除権の発生に関する541条ないし543条を除いて，約定解除権にも適用される。ただし，当事者が，解除権の留保とともにその効果についても特別の約定をしていたときは，それに従うのはもちろんである。

解除権が行使されれば，契約が遡及的に消滅し，原状回復義務が生ずる（545条1項本文）し，これにより第三者を害することもできない（同ただし書）。

しかし，解除の結果として生ずる損害賠償請求権は，債務不履行を理由として生ずるものであって，解除権が留保されている場合とは調和しないものであるから，これは認められない（557条2項参照）。

Ⅳ　約定解除権の消滅

解除権の行使につき期間の定めがなされていないときは，相手方は，催告によりこれを消滅させることができ（547条），目的物の損傷等によっても解除権は消滅する（548条〔新548条本文〕）。

さらに，約定解除権は時効によっても消滅する。その時効期間は10年であ

121

第1部　契約法総論

る（167条1項〔新166条1項〕）。

約定解除権の放棄が可能であることは疑いがない。

第4節　解除契約（合意解除）

Ⅰ　意　義

解除契約とは，既に有効に成立している契約を解除しようという合意を内容とする，新たな契約をいう。合意解除ともいう。ＡＢ間で締結された売買契約につき，何ら債務不履行が生じているわけではないが，ＡＢ間で，その売買契約を解除するための新たな契約を締結するという場合等である。民法典には，解除契約に関する規定は存しないが，契約自由の原則から，当然に有効なものとされる。

Ⅱ　要　件

解除契約の要件としては，契約を解除する旨の合意がありさえすればよい。

契約全部の解除に限らず，一部の解除であってもよいし（大判大正6・6・16民録23輯1147頁），黙示の合意でもよい（大判大正8・10・9民録25輯1761頁）。

Ⅲ　効　果

1　基本的な効果

解除契約によって契約の効力は遡及的に消滅し，契約から生じた債権・債務も消滅するが，合意による解除であるから，解除による効果も合意によって定めるのが原則である。その定めがなされていないときは不当利得の規定（703条以下）が適用されることになる（最判昭和32・12・24民集11巻14号2322頁）。すなわち，法定解除に関する545条は適用されない（大判大正8・9・15民録25輯1633頁は，545条2項の適用を否定する）。したがって，損害賠償請求権も生じない。もちろん，損害賠償に関する特約があれば別である。

解除契約によって当事者双方が負担する原状回復義務は，法定解除の場合（546条）と同様，同時履行の関係に立つ。公平の観点から導かれるものである。

更改契約や免除契約のように，或る権利を消滅させる契約が解除契約によって解除されると，一旦消滅した権利が復活することになる。たとえば，更改契約が合意解除されると，一旦消滅した旧債務が復活し（大判大正6・4・16民録

122

23 輯 638 頁），免除契約が合意解除されると，免除された債務が復活する（大判昭和 4・3・26 新聞 2976 号 11 頁）。

2 第三者との関係

契約によって権利が移転しているときに，その契約が合意解除されると，移転していた権利は遡及的に復帰することになる。これは法定解除の場合と同様である（大判明治 45・5・29 民録 18 輯 539 頁等）。そして，その権利が復帰したことを主張するためには対抗要件を必要とする（大判昭和 3・12・19 民集 7 巻 1119 頁——債権譲渡契約の解除に関する事案）。

それでは，契約締結後，合意解除する前に現れていた第三者の権利はどうなるであろうか。法定解除に関する 545 条 1 項ただし書は合意解除の場合には適用されない。しかしながら，信義則上，契約が有効に成立していると信頼した第三者を保護する必要はある。

この点に関し，次のような判例がある。

債権者と連帯保証人との間の相殺契約によって債権（債務）を消滅させた後，その相殺契約が合意解除されたときは，相殺契約によって消滅した債務者に対する債権は復活しない（大判昭和 3・2・15 民集 7 巻 255 頁）。

また，賃貸借契約が合意解除されても，適法な転借人の権利は消滅しない（大判昭和 9・3・7 民集 13 巻 278 頁）。ただし，賃借人と転借人とが実質的に同一人物とみられるような特別の事情があるときは別である＝賃貸人は，賃貸借契約の合意解除を転借人に対抗することができる（最判昭和 38・4・12 民集 17 巻 3 号 460 頁）。

さらに，土地賃貸借契約を合意解除したとしても，特別の事情がない限り，これをもって借地上建物の賃借人に対抗することはできない（最判昭和 38・2・21 民集 17 巻 1 号 219 頁）。

なお，第三者の権利が保護されるためには，法定解除の場合と同様，対抗要件を備えていることが求められる（最判昭和 33・6・14 民集 12 巻 9 号 1449 頁は，不動産所有権を取得した第三者につき登記が必要であるとするが，ここでは，この第三者を 177 条にいわゆる第三者の範囲から除外して別異に取り扱う理由はないとしている）。

第5章　定型約款

　今日の社会では，取引の円滑あるいは迅速化のために詳細な契約内容を定めた約款を用いた定型的な取引が大量に行われている。その約款について，民法はこれまで特段の規定を設けておらず，約款における個別的な規定の効力等を巡っては様々な解釈の可能性が展開され，ある意味では不安定な状況が続いていた。そこで，この度の改正において，約款を用いた取引の法的安定性を確保するため，定型約款という新たな概念を導入し，定型約款が契約の内容となるための要件，約款における不当条項の取扱い，定型約款を事後的に変更するための要件等に関する規定を新設することとした。

　ところで，約款は，契約当事者の一方が，あらかじめ契約内容を定め，それに対して（契約の相方となる）他方が，その契約内容を受け容れるか拒否するかという形をとらざるを得ないことになるが，当該他方は，約款の内容（個々の条項）を正確に認識することなく契約を締結することになるのが一般的である。すなわち，当該他方の意思が契約内容に反映されているわけではなく，その意味で意思主義が妥当しないことになる。そこで，そのような約款に基づく契約の有効性を承認するためには，約款の法的拘束力をどのようにして根拠づけるかが問われることになる。

　この点を巡っては，以下の諸説があった。

(1)　法　規　説

　ある取引圏を形成する団体が自主的に制定する約款に法源性を認め，約款は，その取引圏における自治法であると考える。

(2)　白地商慣習説

　約款そのものの法源性を認めるわけではなく，特定の取引につき「約款による」ことが（事実上の）商慣習と認められる場合には，約款の拘束力が認められると考える。

(3)　契　約　説

　当事者が，契約は「約款」によると合意をした場合には，約款の拘束

125

第1部　契約法総論

力が認められると考える。

(4)　意思推定説

当事者双方が，特に約款によらない旨の意思を表示することなく契約を締結したときは，反証のない限り，その約款によるとの意思をもって契約したと推定する（大判大正4・12・24民録21輯2182頁）。

商法の領域では(1)，(2)を採る者が多く，民法分野では(3)が有力である。判例は，基本的に(4)によっているが，どのような約款ないし約款条項についてもそのような取扱をしているわけではないようである（最判平成17・12・16判タ1200号127頁——賃貸借契約において生ずる通常損耗についての原状回復義務が賃借人に認められるためには，通常損耗補修特約が明確に合意されていることが必要であると解するのが相当であるところ，賃借人が，同特約を認識し，これを合意の内容としたものということはできないから，同特約が成立しているとはいえないとした）。

新法で設けられることになった以下の規定は，基本的に「契約説」によりつつ，約款による契約を契約法の一般理論に統合するという姿勢を示すものといってよい。

新548条の2　定型取引（ある特定の者が不特定多数の者を相手方として行う取引であって，その内容の全部又は一部が画一的であることがその双方にとって合理的なものをいう。以下同じ。）を行うことの合意（次条において「定型取引合意」という。）をした者は，次に掲げる場合には，定型約款（定型取引において，契約の内容とすることを目的としてその特定の者により準備された条項の総体をいう。以下同じ。）の個別の条項についても合意をしたものとみなす。

　　一　定型約款を契約の内容とする旨の合意をしたとき。
　　二　定型約款を準備した者（以下「定型約款準備者」という。）があらかじめその定型約款を契約の内容とする旨を相手方に表示していたとき。
　2　前項の規定にかかわらず，同項の条項のうち，相手方の権利を制限し，又は相手方の義務を加重する条項であって，その定型取引の態様及びその実情並びに取引上の社会通念に照らして第1条

第2項に規定する基本原則に反して相手方の利益を一方的に害すると認められるものについては，合意をしなかったものとみなす。

　1項で，定型取引（ある特定の者が不特定多数の者を相手方として行う取引であって，その内容の全部又は一部が画一的であることが双方にとって合理的であるもの），定型取引合意（定型取引を行うことの合意），定型約款（定型取引において，契約の内容とすることを目的としてその特定の者により準備された条項の総体），定型約款準備者（定型約款を準備した者）の定義をして，その意義を明確にした。

　すなわち，定型約款とは，①特定の者が，不特定多数の者を相手方として行う取引であって，②その取引の内容の全部または一部が画一的であることが双方にとって合理的である取引（定型取引）において，③契約の内容とすることを目的としてその特定の者により準備された条項の総体のことをいう。

　これにより，相手方の個性に着目して行われる取引は定型取引ではなく，そこで用いられる約款は「定型約款」ではないことになり，約款の個別的条項について当事者間で交渉がなされるような取引において用いられる約款も「定型約款」ではないことになる。

　相手方の個性に着目するという表現は，抽象的にはわかりやすいように見えるが，具体的には極めて困難な対応を迫られることになろう。すなわち，契約そのものが極めて多様性に富むものであり，個性に着目するという場合の"着目の程度と態様"も同様である。そうであれば，定型約款という概念を取り入れ，それに関する規定を設けたものの，実際上，定型約款に該当することになる約款が頻出し，民法上の規定が重要な機能を営むに至るものかは，慎重に見極めなければならない。

　さらに，定型取引であるためには，当該取引の内容の全部又は一部が画一的であることがその双方にとって合理的なものでなければならないとされているが，この点も，困難な判断を迫られることになろう。

　定型約款準備者（定型約款を使用する者）にとって取引内容の全部または一部が画一的であることが合理的であるということは比較的容易に理解することができる。これに対して，取引内容の全部または一部が画一

第1部　契約法総論

的であることが相手方にとって合理的であることの理解はそれほど容易
でない。

　また，定型取引において，契約の内容とすることを目的とするという
ことは，当該約款を一括して契約内容に組み入れるということを意味す
るものであるから，そのような目的を伴わない場合（たとえば，当事者の
一方によって契約書の案が提示され，その案のまま契約が締結されたとしても，
そこに「契約の内容とする」目的があるわけではない場合）には，やはり，
当該約款は「定型約款」ではないということになる。以上のことから明
らかなように，定型約款の概念は，約款と称されるもの一般の概念より
狭いものである。

　そして，その上で，定型約款における個別の条項が契約内容となる
（＝当事者が個別の条項について合意したとみなされる）ためには，①文字通
り，当事者がその旨の合意をしたか，②定型約款準備者が，予めその定
型約款を契約の内容とする旨を相手方に表示していたことを要するとし
た。

　②については，当事者が合意したものとみなされるということは，定
型約款準備者の表示に対して，相手方が黙示の同意をしたものとみなす
ということを定めたものと理解できよう。

　なお，鉄道やバス等による旅客の運送契約（取引）や高速道路等の通
行に係る契約（取引）に用いられる定型約款については，その取引自体
の公共性が高く，約款によって契約内容を補充する必要性も高いこと等
から，定型約款準備者が，当該定型約款によって契約内容が補充される
ことを予め「公表」していれば，当事者が，その定型約款の個別の条項
について合意したものとみなしており，相手方に対する事前の公表も必
要ないとされている（たとえば，鉄道営業法の新18条の2は「鉄道ニ依ル旅
客ノ運送ニ係ル取引ニ関スル民法…第548条の2第1項ノ規定ノ適用ニ付テハ
同項第2号中『表示していた』トアルハ『表示し，又は公表していた』トス」
と定める。軌道法新27条ノ2，海上運送法新32条ノ2，道路運送法新87条，
航空法新134条の3，道路整備特別措置法新55条の2も同様の規定を置くこと
になっている）。

　2項は，当該約款が「定型約款」に該当する場合であっても，①相手

方の権利を制限し，または相手方の義務を加重する条項であって，②相手方の利益を一方的に害すると認められるもの（いわゆる不当条項）については合意しなかったものとみなす旨を定める。

相手方の利益を一方的に害すると認められるかどうかは信義則（1条2項）に拠って判断されるが，その際，その定型取引の態様及びその実情並びに取引上の社会通念に照らして（総合的に）判断することとされており，当該条項が相手方の権利を制限し，または義務を加重するものであるというだけでは，その条項について合意しなかったものとみなされるわけではない。

ここでは，合意があったとしつつ，その効力を否定するという構成ではなく，そもそも合意がなかったとみなすとしているところに留意しておいてよい。

新548条の3　定型取引を行い，又は行おうとする定型約款準備者は，定型取引合意の前又は定型取引合意の後相当の期間内に相手方から請求があった場合には，遅滞なく，相当な方法でその定型約款の内容を示さなければならない。ただし，定型約款準備者が既に相手方に対して定型約款を記載した書面を交付し，又はこれを記録した電磁的記録を提供していたときは，この限りでない。

2　定型約款準備者が定型取引合意の前において前項の請求を拒んだときは，前項の規定は，適用しない。ただし，一時的な通信障害が発生した場合その他正当な事由がある場合は，この限りでない。

1項では，定型約款準備者は，"相手方から請求があった場合には"遅滞なく定型約款の内容を示さなければならないとされているところ，これは，"相手方から請求があった場合にのみ"定型約款の内容を示せばよいということを意味しよう。

これは，定型約款を用いて契約を締結する場合には，相手方においてもいちいち約款の内容を確認しようとしない場合が少なくないと考えられ，常に相手方に対して定型約款の内容を開示しなければならないとすると，かえって煩雑になるのではないかとも考えられること，また，相

第1部　契約法総論

手方において，自ら締結しようとしている契約の定型約款の内容を積極的に確認するよう促すこととの調整を図ったものと考えられる。

さらに，定型約款準備者が，定型取引合意の前に，相手方に対して定型約款を記載した書面ないしこれを記録した電磁的記録（CD，メール〔PDF〕等）を提供していたときは，合意時にも合意後にも開示義務はないとしている。これは，事前に定型約款を記載した書面等を交付されていれば，相手方は，これによって定型約款の内容を確認する機会を得たものと評価できると考えられたからである。

2項は，字義通りの意味と捉えておいてよい。すなわち，このような（定型約款準備者が相手方の開示請求を拒んだ）場合には，当該約款は，契約内容にならないのである。

新548条の4　定型約款準備者は，次に掲げる場合には，定型約款の変更をすることにより，変更後の定型約款の条項について合意があったものとみなし，個別に相手方と合意をすることなく契約の内容を変更することができる。
　　一　定型約款の変更が，相手方の一般の利益に適合するとき。
　　二　定型約款の変更が，契約をした目的に反せず，かつ，変更の必要性，変更後の内容の相当性，この条の規定により定型約款の変更をすることがある旨の定めの有無及びその内容その他の変更に係る事情に照らして合理的なものであるとき。
　2　定型約款準備者は，前項の規定による定型約款の変更をするときは，その効力の発生時期を定め，かつ，定型約款を変更する旨及び変更後の定型約款の内容並びにその効力発生時期をインターネットの利用その他の適切な方法により周知しなければならない。
　3　第1項第2号の規定による定型約款の変更は，前項の効力発生時期が到来するまでに同項の規定による周知をしなければ，その効力を生じない。
　4　第548条の2第2項の規定は，第1項の規定による定型約款の変更については，適用しない。

契約の一般原則に従えば，契約が有効に成立した以上，当事者の一方

130

第 5 章　定 型 約 款

が，相手方の同意なくして約款を変更することはできないはずである。しかしながら，法令の改正等により約款の内容を変更する必要がある一方で，多数に及ぶ相手方の全てから同意を得るというのは非現実的であり，定型約款を用いて契約を締結した意味も失われる。また，相手方の同意の仕方如何によっては，相手方（顧客）の間で契約（約款）の内容が異なることもあり得るが，そのようなことになっては不公平が生ずることにもなろう。だからといって，定型約款準備者が，その一方的な意思によって定型約款の条項の内容を変更することができるとすることはできない。契約に拘束力が付与される根拠（当事者の合意）を無視することになるからである。

　そこで，1項1号，2号の場合には，個別の相手方の同意を得ていなくとも，変更後の定型約款の条項について合意があったものとみなすことによって，定型約款準備者は，定型約款の変更をすることができると定めた。ただ，定型約款の変更が，契約をした目的に反せず，かつ，変更の必要性，変更後の内容の相当性の判断については，やはり慎重な姿勢が求められる。

　2項，3項は，定型約款準備者の主導で定型約款の変更を認める以上，当然に求められることといってよいであろう。

131

第2部　契約法各論

第1章　贈　　与

I　意　　義

　贈与とは，当事者の一方（贈与者）が，或る財産を無償で相手方（受贈者）に与える意思を表示し，相手方がこれを受諾することによって成立する諾成・片務・無償・無方式の契約である（549条）。民法上，贈与とは「自己の財産」を与えるものと規定されているが，これはごく普通の場合を示したものに過ぎず，他人の財産を（取得して）与える旨の贈与も有効とされている（最判昭和44・1・31判時552号50頁）。また，財産とはひろく財産権と捉えてよく，債権譲渡や地上権の設定等を贈与として行うこともできる。

　新549条　贈与は，当事者の一方がある財産を無償で相手方に与える
　　　　　意思を表示し，相手方が受諾することによって，その効力を生ず
　　　　　る。

　この新549条は，549条の「自己の財産」を「ある財産」と改めることにより，贈与の対象となる財産が贈与者の所有するものに限られないこととする。すなわち，他人物贈与も当然に有効であって，他人の物を贈与した者（贈与者）は，その財産を取得して受贈者に移転する義務を負うことになる（前掲最判昭和44・1・31参照）。

　これまでも，その有効性が認められていたものを明文化したものであって，特に状況が変わるわけではない。

II　贈与の効力

1　一般的効力

　贈与契約が成立すると，贈与者は，債務の本旨に従い，目的たる財産を受贈者に与える（移転する）債務を負担する。ここには，対抗要件を具備させることも含まれる。その目的物が現存する特定物であるときは，贈与契約の成立によってその所有権も受贈者に移転するのが原則であるから，贈与者は，引渡または移転登記の債務を負うにとどまる。

第2部　契約法各論

これに対して，動産を贈与して直ちに引渡を済ませると，何ら与える債務は残らないことになる。このような贈与を現実贈与という。

2　書面によらない贈与

書面によらない贈与は，その履行が終わっていない部分については，各当事者において何らの理由なくして撤回することができる（550条）。

この規定が置かれた理由は，当事者（とくに贈与者）に軽率な贈与を控えさせ，また贈与者の意思を明確にして紛争の発生を防止しようとするところにある（書面があれば，真に贈与がなされたかどうかの立証が容易となる）。したがって，ここでいう書面とは，贈与者の意思が書面に現れていればよい（最判昭和25・11・26民集4巻11号567頁）というべきであって，必ずしも贈与契約書が存しなければならないというものではない。売買契約書であっても，他の証拠から無償譲渡であると認められる場合，たとえば，税金の関係でわざわざ売買契約書を作成し，そこに代金受領済みと書いたような場合には書面による贈与と認められる（大判大正3・12・25民録20輯1178頁，大判大正15・4・7民集5巻251頁）。

さらに，贈与契約当事者間の書面さえ必要でないとする判例もある。

ＡＹ間の土地贈与において，贈与者Aは，前所有者Bから未だ所有権移転登記を経由していなかったので，受贈者Yに対して贈与に基づく所有権移転登記をすることができず，そこでAは，司法書士Cに所有権移転の登記手続を依頼し，Bに対しては，中間省略登記に同意する（Yに直接所有権移転登記をして欲しい）旨の内容証明郵便を出した。その後，Xら（Aの相続人）が，それは書面による贈与ではないとしてその取消を主張し，予備的に遺留分減殺請求をなした。

これに対して判決は，「……贈与が書面によってされたといえるためには，贈与の意思表示自体が書面によっていることを必要としないことはもちろん，書面が贈与の当事者間で作成されたこと，又は書面に無償の趣旨の文言が記載されていることも必要とせず，書面に贈与がされたことを確実に看取しうる程度の記載があれば足りるものと解すべき」であり，本件の「書面は，単なる第三者に宛てた書面ではなく，贈与の履行を目的として，……Bに対し」中間省略登記をすることについて「同意し，かつ，指図した書面であって，その作成の動機・経緯・方式及び記載文言に照らして考えるならば，……Aの慎重な意

第1章 贈　与

思決定に基づいて作成され，かつ，贈与の意思を確実に看取し得る書面というのに欠けるところはなく」550条の書面に当たると解するのが相当とした（最判昭和60・11・29判時1180号55頁）。

この書面は，必ずしも契約と同時に作成される必要はなく，後日作成されたときは，その作成の時から取消すことができないものとなる（大判大正5・9・22民録22輯1732頁）。

また，書面によらない贈与であっても，履行が終わったものは（その部分については）撤回することはできない（550条ただし書）。

ここにいわゆる履行とは，贈与の意思が明確に表されているという程度のものでよい。動産の場合には引渡であり，不動産の場合は，引渡か移転登記の一方がなされればよいとされている（未登記建物については引渡―最判昭和31・1・27民集10巻1号1頁，既登記のものについては移転登記―最判昭和40・3・26民集19巻2号526頁でそれぞれ履行を終えたものとする）

なお，書面による贈与であっても，贈与者に対する受贈者の忘恩行為があったときは，贈与者は，信義則により当該贈与契約を撤回または解除することができるとされるに至っている。

ＡＢ夫婦には子がなかったことから，Ｂ（夫）の弟Ｙをゆくゆくは養子にして家業を継がせようと考え，大学を出て開業医になるまで仕送り（昭和12年から戦時中に開業するまで月額20円程度）を続けた。Ｙは，Ｂ死亡（昭和24年）後は月額2000円ないし3000円をＡに仕送りしていたが，医師として開業した後，Ａに無断で，Ｙ夫婦がＡの養子となる養子縁組をし（この縁組にＡも異存はなかった），Ａは，自己の老後をＹに託しＢの遺産をＹに承継させるために，相続人全員の同意を得てＢの遺産をＹに贈与し，本件土地の所有権移転登記もなされた。ところが，Ｙは，それまで続けていたＡへの仕送りを止め，Ａの病気中にＡの居宅に侵入して道路と家との間に有刺鉄線を張りめぐらす等の忘恩行為をするようになった。そこで，Ａは，離縁の訴を提起すると同時に贈与の撤回を求めた。

これに対して判決は，本件贈与を負担付贈与と認めた上で，受贈者が，その負担である義務を怠るときは541条，542条を準用し，贈与者は贈与契約を解除し得ると解すべきであり，本件負担付贈与は，Ａの本件訴状をもってなした解除の意思表示により失効したとした原審判決を是認した（最判昭和53・2・17判タ360号143頁）。

第2部　契約法各論

> 新550条　書面によらない贈与は，各当事者が解除をすることができ
> る。ただし，履行の終わった部分については，この限りでない。

　新550条は，550条が「撤回」としていた語を「解除」に改めた。こ
のことにどのような意味があるか。
　2004（平成16）年の民法の現代語化に伴う改正前は，「取消シ」という
語を用いていた。それが，同年の改正により「撤回」の語に改められた。
　これは，意思表示に瑕疵があることを理由として効力を消滅させる場
合は「取消」の語を用い，それ以外の理由により効力を消滅させる場合
には「撤回」の語を用いるという一般的な用語法に従ったものであった。
　すなわち，「撤回」の語は，550条の場合を除いて，意思表示の効力を
消滅させる意味で用いられることになった（407条，521条，524条，530
条，540条2項，891条，989条，1022条〜1026条）と理解されることにな
り，このことから今次の改正に合わせて「撤回」を「解除」に改め，用
語の面での統一を図ったのである。

3　贈与者の担保責任

　贈与の目的たる物または権利に瑕疵または不存在（欠缺）があっても，贈与
者は，何らの責任を負わなくてもよいのを原則とし（551条1項本文），ただ，
贈与者がその瑕疵または不存在（欠缺）を知りながら受贈者にこれを告げな
かったときに限り責任（その責任の内容は，受贈者が瑕疵または不存在〔欠缺〕が
ないと信頼したことによって被った損害の賠償義務である）を負う（551条1項た
だし書）。贈与契約は無償であるから，有償契約の場合と同様の責任を負わせ
るのは妥当ではないからである。
　したがって，有償契約的要素を有する負担付贈与（後述）の場合は，贈与者
は，その負担の限度において売主と同様の重い責任（担保責任）を負わなけれ
ばならないとされている（551条2項）。この場合は有償契約に準ずるべきだか
らである（559条参照）。

> 新551条　贈与者は，贈与の目的である物又は権利を，贈与の目的と
> して特定した時の状態で引き渡し，又は移転することを約したも

138

第1章　贈　　与

のと推定する。
　　2　負担付贈与については，贈与者は，その負担の限度において，
　　　売主と同じく担保の責任を負う。

　贈与は無償契約であるから，贈与者の責任は軽減されて然るべきであるという姿勢を維持しつつ，贈与者の担保責任という構成から贈与者の引渡義務という構成に変わった。
　これは，売買契約における売主の担保責任について契約責任説（債務不履行責任説）を採用することとし，権利や物の「瑕疵」という語から「契約の内容に適合しないもの」という表現に改められることになったこととの関連で，贈与者の責任についても売主の責任と平仄を合わせる必要が生じたからである。
　「贈与の目的として特定した時の状態」とは，特定物の贈与においては，贈与契約が成立した時の状態であり，不特定物贈与の場合においては，目的物が特定した時の状態である。
　ただ，1項は推定規定であることに留意しておく必要がある。
　2項は，従前と同一の内容が維持される。なお，2項は，使用貸借について準用されている（新596条）。

Ⅲ　特殊の贈与
1　定 期 贈 与
　毎月あるいは3ヵ月毎というように一定期毎に一定の給付をなすべき贈与は定期贈与と呼ばれるが，贈与者または受贈者のいずれか一方の死亡によって効力が失われる（552条）。普通の場合の当事者の意思を推測したものである。もちろん，当事者が死亡しないときであっても，存続期間の定めがあればこれによることになる。

2　負担付贈与
　受贈者が，目的物を一定の目的のために使用する，贈与者に一定の金銭を提供する，贈与者の老後の世話をする等の一定の負担を伴うものを負担付贈与という。

139

第2部　契約法各論

　負担付贈与においては，その負担の限度において売主と同様の担保責任を負い（551条2項），双務契約に関する規定が一般に適用される（553条）。したがって，同時履行の抗弁権（533条）や危険負担（534条〜536条）が問題となる。

3　死因贈与

　生前に贈与契約を締結しておいて，その効力が贈与者の死亡によって生ずるものと定める贈与を死因贈与というが，これには遺贈に関する規定が準用される（554条）。遺贈は遺言という単独行為によるものであるのに対し，死因贈与は契約によるものであって，法律行為としての種類を異にするが，どちらも贈与者の死亡により効力を生ずるものとしての共通性があるところから，554条が置かれたものである。したがって，遺贈に関する規定のうち，遺言能力（961条，962条）や遺言の方式（960条，967条ないし984条）に関するもの等を除いて，死因贈与に準用される（最判昭和32・5・21民集11巻5号732頁）。

第2章 売 買

第1節 意 義

　売買とは，当事者の一方（売主）が或る財産権を相手方（買主）に移転することを約し，相手方が代金の支払を約することによって成立する有償・双務・諾成・無方式の最も典型的な契約である（555条）。対価として金銭を給付することが売買の特色であり，そうでないものは交換契約となる。

　売買契約が有効に成立すると，目的物の所有権は当然に買主に移転することになる（176条）。また，現実贈与に似た形態のものとして現実売買なるものがある。これは，目的物と代金とを同時に交換し合うものである。

　売買の目的となるものは，ひろく財産権であり，形ある物（有体物）のみならず，債権や無体財産権も当然に売買の目的とすることができ，ここには，将来債権や他人の権利も含まれる。さらに，会社のような企業それ自体が，一体のものとして売買の対象とされることもある。

　資本主義経済社会においては，きわめて広範な分野で商品交換が基礎となっていることは周知の事実といってよいが，売買は，その商品交換を媒介する手段として最も基本的かつ重要なものであり，その果たす機能も同様である。そして，商品の需要と供給とを通じて適正な物価が形成されるという期待から，売買の分野においては，最も純粋な形で契約自由の原則が認められてきた。しかしながら，社会情況の変化に伴って，様々な観点から，価格・取引内容・取引方法・目的物等につき，それぞれ規制が加えられることになり，契約自由の原則も修正されるに至っている。

　なお，売買は有償契約の典型であるから，民法の売買に関する規定は，契約の性質が許す限り他の有償契約に準用される（559条）。

第2部　契約法各論

第2節　売買の成立

Ⅰ　成 立 要 件

　売買契約が諾成契約であることは既に述べた。それゆえ，売買契約は，特約なき限り，売主が財産権の移転を約し，買主がそれに対して代金の支払を約することが基本的な成立要件となる。

1　移転すべき財産権（目的物）について

(1)　目的物は財産権であることを要するが，所有権である必要はない。したがって，用益物権や担保物権および債権はもちろん，無体財産権も売買の目的となる。

(2)　目的物は確定し得るものでなければならないが，契約当時において確定はしていなくても，その確定の方法が合意されていればよいとされる（大判昭和2・12・21新聞2818号15頁）。

(3)　所有権が売主に属していないもの，あるいは売主が処分権限を有していないものについても，売買契約は有効に成立する。これを他人物売買という。この場合，売主は，目的物の所有権を取得してこれを買主に移転すべき債務を負い，売主がこの債務を履行することができないときは，担保責任を負うことになる（560条以下，最判昭和25・10・26民集4巻10号497頁）。

2　反対給付（代金）について

　反対給付は金銭に限る。これも前述したとおりである。この代金は，もちろん契約で定められるのであるが，必ずしも一定額である必要はなく，一定し得るものであればよいとされる。「時価」という定め方がその典型といえよう（大判大正10・3・11民録27輯514頁——売買予約において，買主が予約完結権を行使する時の時価をもって売買代金と定めたときは，売買代金が定められているとした）。時価に関する合意もなかったときは，一般に時価によると解してよいとされる（最判昭和24・11・8民集3巻11号485頁）。

　代金を売主に交付せず，直接第三者に支払うという合意も有効である（大判大正8・5・3民録25輯827頁）。いわゆる第三者のためにする契約である（537条以下）。

142

第 2 章　売　　買

Ⅱ　売買の予約

1　予約の形態

将来において売買契約（本契約）を締結することを約する契約を売買の予約という。この予約には，その内容により，次の二形態・四種類が考えられる。

まず，予約当事者の一方が，本契約を締結しようとする申込をすれば，他方当事者がこれを承諾する義務を負うものであり，その際，申込む権利を一方だけが持っている場合を片務予約，双方が持っている場合を双務予約という。

次は，当事者の一方が本契約を成立させようとする意思表示（予約完結の意思表示）をすれば，他方当事者の承諾を要せずに本契約が成立するとするものであり，その際，この完結権を一方だけが持っている場合を一方の予約，双方が持っている場合を双方の予約という。

当事者は，この四種類のうちのどの予約をなすも自由に合意し得るが，民法は，特に一方の予約についてのみ規定を置いているので，当事者の意思が明らかでないときは，一方の予約と推定することになろう。

2　売買の一方の予約

売買の一方の予約においては，予約権利者が，相手方に対し売買を完結する旨の意思表示をするだけで（相手方の承諾なくして）その意思表示の時から本契約たる売買の効力を生ずる（556条1項）。

このように，本契約たる売買を成立させる予約権利者の権利（法的地位）を，予約完結権という。したがって，この予約完結権の行使によって売買が成立することになる。

この予約完結権に行使期間の定めがあるときは，その期間が満了することにより予約完結権は消滅する。

この期間の定めがないときは，消滅時効（167条1項〔新166条1項〕）により消滅するまで予約完結権が存続し，相手方を長く不安定な状態に置くことになり，同時に法律関係も不安定なものとなって望ましくない。そこで，予約完結権の行使期間を定めなかったときは，相手方は，相当の期間を定めてその間に予約を完結するかどうかを確答するよう催告することができるとし，予約完結権者がその期間内に確答しないときは，予約が効力を失う＝予約完結権が消滅するものとした（556条2項）。

なお，不動産を目的物とする売買予約は，所有権移転請求権保全の仮登記を

143

第2部　契約法各論

することにより，債権担保の機能を果たすことが少なくない。

Ⅲ　手　付

1　意　義

　手付とは，契約締結に際し，当事者の一方（通常は買主）から他方当事者に対して交付される金銭その他の有価物をいう。当事者間で手付とした場合のみならず，手金，内金，内入金等の名称が用いられている場合であっても，特別の事情がない限り，手付と解すべきであるとされている。

　手付は，単に代金の一部支払というにとどまらず，一定の役割を与えられる場合が多い。

2　種　類

　手付を交付する目的は様々であり，次のような種類があるとされる。

(1)　証約手付…契約が確実に成立した証拠としての意味をもつ。

(2)　違約手付…一方当事者が債務を履行しない場合の違約罰（違約金）あるいは損害賠償の予定としての意味をもつ。

(3)　解約手付…手付を放棄すれば契約を解除できる＝約定解除権を留保するという意味をもつ。

　手付が交付された場合，その目的がこれらのうちのいずれであるかは，当事者の意思によることは当然であるが，民法は，一般に解約手付と推定している（557条）。なお，建物売買契約において，買主不履行の場合は手付没収，売主不履行の場合は手付倍返しをするという条項があっても，それだけでは557条の適用を排除する（解約手付でないとする）意思表示があったものとはいえないとした判例がある（最判昭和24・10・4民集3巻10号437頁）。

3　手付交付の効果

　売買契約に際し，買主が売主に手付を交付したときは，反対の意思が明確に表明されていない限り，当事者の一方が履行に着手するまでは，買主はその手付を放棄し（手付流し），売主はその倍額を償還して（手付倍返し），契約を解除することができる（557条1項）。

　償還とは返還することであるが，相手方が受領しないときは提供で足りるとされている（大判大正3・12・8民録20輯1058頁。なお，最判平成6・3・22民集

144

第2章　売　　買

48巻3号859頁は，口頭の提供では足りず，現実の提供が必要であるとする）。

　当事者の一方が履行に着手するまでというのは，履行に着手した当事者を保護する趣旨であることから，履行に着手した当事者に対しては解除することができないと解すべきである。

　また，ここでいう履行の着手とは，あまりに厳密に捉えるべきものでなく，客観的に外部から認識し得るような形で履行行為の一部がなされたか，履行の提供をするための欠くべからざる前提としての行為がなされたときを指すとして，緩やかに解されている（最大判昭和40・11・24民集19巻8号2019頁は，相手方が履行に着手するまでは，履行に着手した当事者による手付解除が可能であるともしている）。

　履行の着手は，履行期前になされた場合でも（最判昭和41・1・21民集20巻1号65頁等），一部についてなされた場合でもよい。履行期後における履行の提供は，やはり履行の着手とされる（最判昭和30・1・26民集9巻14号2140頁等）。

　なお，手付放棄または倍返しによる解除は，契約の効力を遡及的に消滅させるものではあるが，約定解除に他ならないから，損害賠償の問題は生じない（557条2項，大判大正7・8・9民録24輯1576頁）。

　契約が解除されなかったときは，本来的には，手付返還請求権が発生することになるが，通常は，売買代金の一部に充当される（大判大正10・2・19民録27輯340頁）。

　新557条　買主が売主に手付けを交付したときは，買主はその手付けを
　　　　　放棄し，売主はその倍額を現実に提供して，契約の解除をするこ
　　　　　とができる。ただし，その相手方が契約の履行に着手した後は，
　　　　　この限りでない。
　　2　第545条第4項の規定は，前項の場合には，適用しない。

　1項は，手付が交付されている売買契約において，（その手付が解約手付を意味するものであることを前提として）売主が手付解除をするには，手付の倍額を現実に提供しなければならないとした（前掲最判平成6・3・22等の判例法理を明文化した）。

　履行の着手については，相手方が履行に着手した後は，手付の放棄・

145

第2部　契約法各論

倍返しによる解除をすることができないとしつつ，相手方が履行に着手するまでは履行に着手した当事者であっても手付解除が可能であるとする判例法理（前掲最大判昭和40・11・24）を明文化した。

2項により，手付解除の場合には，損害賠償の請求は認められない。

IV　売買の費用

売買契約締結に関する費用，すなわち，目的物の評価，書面の作成等に必要な費用（契約書に貼用する印紙代，公正証書作成の手数料等）は，特約のない限り，当事者双方が平等に負担する（558条）。もっとも，代金支払費用，不動産売買における移転登記のための費用等，債務の弁済に関する費用は，原則として，債務者が負担すべきものとされている（485条）。しかし，いずれにせよ，これらについては特約ないし慣行により，買主が負担すべきものとする場合が多いと思われる。

第3節　売買の効力

I　売主の義務

1　財産権移転義務

売買契約が有効に成立すると，売主には，売買の目的たる財産権を買主に完全に移転し，かつ，買主がその財産権を行使するのに必要な一切の行為をなすべき義務が生ずる。すなわち，目的物を買主に引渡し，対抗要件を必要とするときはこれを具備させ（177条等参照），賃借権の売買においては賃貸人の承諾を得（612条参照），目的物が売主に属することを証明する証拠書類（登記済証〔債権証書〕，登記識別情報，債券証書等）があれば，これも買主に交付しなければならない。

新560条　売主は，買主に対し，登記，登録その他の売買の目的である権利の移転についての対抗要件を備えさせる義務を負う。

売主には，買主が対抗要件を備えるのに必要な行為をする義務があることを明記した。学説において異論なきところを明文化したものである。

146

第2章　売　買

なお，引渡をする前に売買の目的物から生じた果実は売主に帰属する（575条1項）が，これは，他面において，買主も引渡を受けるまでは代金の利息を支払う必要がない（同条2項本文）とすることによって（果実による利益と代金の利息とが等しいとみる），当事者間の関係を簡易に決済しようとする趣旨である。この点に関し，土地売買において，売主が目的物の引渡を遅滞している場合でも，引渡までは果実を取得し得るとし，同時に，買主は，代金支払を遅滞しているときでも，目的物の引渡を受けるまでは代金の利息を支払う必要がないとしたものがある（大連判大正13・9・24民集3巻440頁）。

Ⅱ　売主の担保責任

たとえば，100m^{2}の土地を100万円で売買したが，その土地が実は90m^{2}しかなかった，あるいは100万円で売買した建物が瑕疵を含んでいて，とてもではないが100万円の価値はないという場合，その売買契約はどのような効力を生ずることになるのであろうか。

一般的に考えれば，こうした場合は，契約の目的が原始的一部不能であるとみることができるから，その不能の部分については契約は成立せず，ただ，契約締結上の過失が問題となるときにのみ，売主は責任を負えばよいと考えることもできそうである。

しかし，民法は，売主の故意・過失を問題とすることなく，売主にかなり重い一定の責任を負わせている。これを，売主の担保責任という。これは，売買契約が有償契約であることに鑑み，売主に重い責任を負わせることにより公平を図ろうとしたものである。この売主の担保責任の内容は解除と損害賠償を主要なものとする。

1　権利に瑕疵がある場合の担保責任

買主が，売買契約の目的たる財産権を完全に取得することができない場合の担保責任として，以下のものがある。

(1)　権利の全部が他人に属している場合

他人の権利を目的とする売買契約も有効である（560条，最判昭和25・10・26民集4巻10号497頁は，目的物所有者が契約成立当時からその物を他に譲渡する意思がないときであっても，他人物売買として有効に成立するとしている）が，売主がその権利を他人から取得して，買主に移転することができないときは，買主

147

は，常に（善意・悪意を問わず）契約を解除することができ（561条前段），善意であれば損害賠償を請求することもできる（同条後段）。この解除権・損害賠償請求権の行使については期間の制限はない。

売主が善意であって（契約当時，売買の目的たる権利が自己の所有に属さないことを知らず）その権利を買主に移転することができないときは，売主からも解除することができるが，買主も善意であるときは，損害賠償をしなければならない（562条1項）。したがって，買主が悪意のときは，売主は，買主に対し，単に売却した権利を移転することができない旨を通知して契約を解除することができる（同条2項）。

なお，この場合，売主は，買主が目的物を使用・収益して得た利益の返還を請求することができ，買主はこれを拒むことができない解されている（最判昭和51・2・13民集30巻1号1頁）。

562条は，売主保護に関する規定であって，担保責任に関するものではない。

(2) 権利の一部が他人に属している場合

売買の目的たる権利の一部が他人に属していて，売主がこれを買主に移転することができないときは，買主は，常に（善意・悪意を問わず）その不足分に相当する代金減額を請求することができ（563条1項），善意であれば損害賠償を請求することもできる（同条3項）。

もし，残存する（移転できる）部分だけであったなら買わなかったであろう事情があるときは，善意の買主は，契約の全部を解除することができ（同条2項），同時に損害賠償を請求することもできる（同条3項）。

なお，これらの権利（代金減額請求権，契約解除権，損害賠償請求権）は，買主善意のときは事実を知った時から，悪意のときは契約の時からそれぞれ1年以内に行使しなければならない（564条）。

この「事実を知った時」の解釈については，従来，権利の一部が他人に属するという事実を知った時とする見解と，そのために売主が移転することができないという事実を知った時とする見解とが対立していたが，近時，売買の目的である権利の一部が他人に属し，または数量を指示して売買した物が不足していたことを知ったというためには，買主が，売主に対し担保責任を追及し得る程度に確実な事実関係を認識したことを要するとしたものが現れた（最判平成13・2・22判時1745号85頁）。

この1年の期間は，除斥期間と解されている（大判昭和10・11・9民集14巻

第 2 章 　売　　買

21 号 1899 頁等）。

(3)　数量不足または物の一部が滅失している場合

　数量を指示してした売買（数量指示売買）において数量が不足するとき，および物の一部が契約当時既に滅失していたときは，売主は，善意の買主に対し，563 条・564 条に準じて担保責任を負う（565 条）。すなわち，買主は，代金減額請求権および損害賠償請求権ならびに残存する権利だけでは契約の目的を達することができないときの契約解除権を有する。

　数量が不足し，物の一部が滅失しているときというのは，権利の一部が他人に属していて移転することができない場合と同様に捉えることができるからである。ただ，この場合は，売主が他人から権利を取得して移転し，契約が全部可能となる見込みが全くないのであるから，買主の善意が絶対的な要件とされる。

　ここでいう数量指示売買とは，当事者間で目的物の実際の数量を確保するため，売主が，その一定の面積や重量等を契約において表示し，かつ，その数量を基礎として代金が決定される売買をいい，土地売買において，目的土地を登記簿記載のとおりに「〇〇番地の宅地〇〇m²」と表示したとしても，これをもって直ちに売主がその面積を表示しものとはいえず，数量指示売買に当たらない（最判昭和 43・8・20 民集 22 巻 8 号 1692 頁）。

　また，171 坪の土地を 1 坪当たり 2 万円で購入したところ，約 11 年後に実測してみた結果約 7 坪の不足があったことから，買主が，数量不足がなければ得たであろう利益につき損害賠償請求したという場合において，土地売買契約において，その対象たる土地の面積が表示されたときでも，その表示が代金額決定の基礎としてされたにとどまり，売買契約の目的を達成する上で特段の意味を有するものではないときは，売主は，その土地が表示どおりの面積を有していれば買主が得たであろう利益についての損害賠償責任を負わない（最判昭和 57・1・21 民集 36 巻 1 号 71 頁）。

　なお，数量が超過する場合，売主は 565 条を類推して代金の増額を請求することができるか。最判平成 13 年 11 月 27 日（民集 55 巻 6 号 1380 頁）は，これを否定した。

(4)　目的物に存する第三者の権利により利用が制限される場合

　売買の目的物（不動産）に対抗力を備えた地上権，永小作権，地役権，留置権，質権が存在すると，買主は，その目的物の利用（使用・収益）を妨げられ

149

る。そこで，この場合には，善意の買主に限り，常に損害賠償を請求することができ，もしそのために売買契約をした目的を達することができないときは，契約を解除することができるとした（566条1項）。

また，売買の目的土地のために存するとされた地役権が存しないとき，すなわち，目的土地が要役地になっているとされたのにそうでなかったとき，および対抗力を備えた賃借権が存するときは，目的物たる土地の利用価値がそれだけ減少するのであるから，やはり売主は，同様の責任を負わなければならない（同条2項）。

損害賠償請求権，解除権のいずれについても，買主は，事実を知った時から1年以内にこれを行使しなければならない（同条3項）。この1年の期間も除斥期間である。この損害賠償請求権の行使につき，裁判外でも売主の担保責任を問う旨を明確に告げればよく，裁判上の権利行使までする必要はないとしたものがある（最判平成4・10・20民集46巻7号1129頁）。

新561条　他人の権利（権利の一部が他人に属する場合におけるその権利の一部を含む。）を売買の目的としたときは，売主は，その権利を取得して買主に移転する義務を負う。

他人物売買に関する560条を維持しつつ，括弧書きを付加することにより権利の全部が他人に属している場合のみならず，権利の一部が他人に属している場合も，売主は，権利を取得して買主に移転しなければならない旨を明確にしたものである。

新562条　引き渡された目的物が種類，品質又は数量に関して契約の内容に適合しないものであるときは，買主は，売主に対し，目的物の修補，代替物の引渡し又は不足分の引渡しによる履行の追完を請求することができる。ただし，売主は，買主に不相当な負担を課するものでないときは，買主が請求した方法と異なる方法による履行の追完をすることができる。

2　前項の不適合が買主の責めに帰すべき事由によるものであるときは，買主は，同項の規定による履行の追完の請求をすることができない。

第2章 売　買

　本条は，売買の目的物（特定物か不特定物かを問わない）が契約の内容
に適合しない場合における買主の追完請求権について定める。
　売主が提供した目的物が契約内容に適合しないということは，売主の
なした履行が不完全履行であったということであり，その場合に買主が
追完を請求することができるのは，当然の理である。すなわち，目的物
が契約内容に適合しない場合の売主の責任は債務不履行責任ということ
になる。
　1項は，追完の方法（修補か代替物の引渡か不足分の引渡か）を買主が選
択し得るとしている。ただ，その上で，買主に不相当な負担を課するも
のでなければ，売主は，別の方法で追完することができるともしている。
　ただ，どのような場合が「買主に不相当な負担を課するもの」に該当
するかは解釈に委ねられることとなっている。
　2項は，売主の引き渡した目的物の契約不適合が「買主の責めに帰す
べき事由」によるものであるときは，追完の請求をすることができない
旨定める。新563条3項と足並みをそろえるものである。ここでも，「買
主の責に帰すべき事由」が如何なるものであるかは解釈に委ねられるこ
とになる。
　また，ここでは目的物の種類，品質，数量の各面における契約不適合
性が同列に扱われていることにも留意しておいてよい。改正前は，数量
の瑕疵（565条）と品質の瑕疵（570条）とは別異に扱われていたところ
である。

　新563条　前条第1項本文に規定する場合において，買主が相当の期
　　　間を定めて履行の追完の催告をし，その期間内に履行の追完がな
　　　いときは，買主は，その不適合の程度に応じて代金の減額を請求
　　　することができる。
　　2　前項の規定にかかわらず，次に掲げる場合には，買主は，同項
　　　の催告をすることなく，直ちに代金の減額を請求することができ
　　　る。
　　　一　履行の追完が不能であるとき。
　　　二　売主が履行の追完を拒絶する意思を明確に表示したとき。
　　　三　契約の性質又は当事者の意思表示により，特定の日時又は

151

第2部　契約法各論

　　　一定の期間内に履行をしなければ契約をした目的を達することができない場合において，売主が履行の追完をしないでその時期を経過したとき。

　四　前三号に掲げる場合のほか，買主が前項の催告をしても履行の追完を受ける見込みがないことが明らかであるとき。

3　第1項の不適合が買主の責めに帰すべき事由によるものであるときは，買主は，前二項の規定による代金の減額の請求をすることができない。

　買主が，一定の期間を定めて追完の催告をしたにもかかわらず，その催告期間内に追完がなされなかったときは，買主は，不適合の程度（割合）に応じて売買代金の減額を請求することができる。売買の目的物と売買代金とは対価的関係にあるものであるから，目的物が契約内容に適合しない場合には，その対価性を維持するためにも代金の減額が認められて然るべきであろう。そうでなければ，買主が不利益を被ることは明らかである。なお，この代金減額請求権は形成権である。

　563条1項では，数量不足の場合を除いて代金減額請求権は認められていなかったが，新563条1項は，目的物が契約内容に適合しない程度に応じて代金の減額を請求することができるとしている。

　2項は，追完の催告をすることなく代金減額請求をすることができる場合について規定する。新542条（無催告解除）の場合と同様の要件を挙げている。

　3項は，目的物の契約不適合が「買主の責めに帰すべき事由」によるものであるときは，買主は，代金減額請求をすることができないとする。新543条（解除）の場合と同趣旨に出るものである。

　それでは，代金減額請求が認められる場合の，その減額割合（価額）はいつの時点の基準として定めるのか。契約時か，履行期か，引渡時か，代金減額請求時か。この点については何ら規定するところではない。

　売主の債務の履行として目的物が引き渡された時（買主が，売買の目的物として受領した時）に，買主は，その目的物が契約内容に適合していない（目的物の価値と代金とが対価的関係にない）と知ることになろうから，

152

その意味で，引渡時を基準とすることが考えられよう。

> 新564条　前二条の規定は，第415条の規定による損害賠償の請求並びに第541条及び第542条の規定による解除権の行使を妨げない。

　新562条（買主の追完請求権），新563条（買主の代金減額請求権）は新415条による損害賠償請求ならびに新541条および新542条による解除権の行使を妨げないと定める意義は，売買の目的物が種類・品質・数量のいずれについても契約の内容に適合していなければならない（売主は，契約内容に適合した目的物を供する義務を負う）とした上で，これに反して，契約内容に適合しない物を供することは，その義務に違反するもの，すなわち債務不履行であるとして，契約責任説を採用したことを明らかにしている点にある。

　売主から供された目的物が契約内容に適合しないときは，これが債務不履行となるがゆえに，買主は，債務不履行の一般規定の定めるところに従い，損害賠償請求・契約解除という法的救済を受けることができるのである。

　債務不履行に基づく損害賠償請求権について規定する新415条1項は，そのただし書きにおいて，「その債務の不履行が契約その他の債務の発生原因及び取引上の社会通念に照らして債務者の責めに帰することができない事由によるものであるときは，この限りでない。」として，「債務者の責めに帰すべき事由」の内容を，従来の「債務者の帰責事由＝過失」とは異なるものと捉えることにより，いわゆる「過失責任主義」と決別する方向に歩み出したということができよう。

　そして，これが売買目的物の契約不適合を理由とする損害賠償責任にも適用されることとなったのである。改正前においては，一般に，瑕疵担保責任（契約不適合責任）は無過失責任，債務不履行責任は過失責任と解されていた。

　さて，ここで賠償請求することができる損害は，信頼利益か履行利益かについてもみておこう。

　そもそも，売主には契約内容に適合した物を供する義務が課されることになったのであるから，買主は，供された物が契約内容に適合する物

第2部　契約法各論

であると信じたにも拘わらず，その信頼が裏切られたという思考回路を辿る必要はない。したがって，信頼利益だと考える要をみない。ストレートに履行利益の賠償請求が認められるべきだと解して差支えないことになる。

また，解除をするについては，債務者（売主）の帰責事由は不要であるとの姿勢を採用することとなった（新541条参照）のであるから，契約不適合を理由とする解除についても同様に扱われることとなった。

瑕疵担保責任（570条）の下では，解除が認められるのは，瑕疵が存するために「契約をした目的を達することができない」場合に限定されていたところ，本条では，そのような限定は付されないこととなった。従って，売主は，瑕疵が存しても（契約不適合であっても）契約の目的を達することができるとの抗弁を提出するだけでは，買主の解除を阻止することはできないということになる。

> 新565条　前三条の規定は，売主が買主に移転した権利が契約の内容に適合しないものである場合（権利の一部が他人に属する場合においてその権利の一部を移転しないときを含む。）について準用する。

売買の目的物がその種類・品質・数量につき契約内容に適合しないものであるときの買主の追完請求権，代金減額請求権，売主の責任については新562条〜新564条に規定されるのであるが，本条は，売買の目的たる権利（権利の一部が他人に属する場合であってその権利の一部を移転することができないときを含む）が契約内容に適合しないときも，それら三条文の規定が準用されることを定める。すなわち，この場合も不完全履行となり，債務不履行の一般原則が妥当し，追完請求，代金減額請求が認められることを明らかにした。

売主が買主に移転した権利が契約内容に適合しない場合とは，①売買の目的物の上に地上権，地役権，留置権，先取特権，質権，抵当権等の制限物権が存する場合，②売買の目的物である土地の上に存在するとされていた地上権が存しなかった場合，③建物売買において，当該目的物である建物のために存在するとされていた敷地利用権が存していなかった場合，④売買の目的物である不動産の上に，対抗力を有する他人の賃

154

第2章 売 買

借権が存在している場合等が考えられる（なお，借地借家10条3項，31条
2項，農地16条2項は，今次の改正に伴い削除される）。

新566条 売主が種類又は品質に関して契約の内容に適合しない目的
　　　物を買主に引き渡した場合において，買主がその不適合を知った
　　　時から1年以内にその旨を売主に通知しないときは，買主は，そ
　　　の不適合を理由として，履行の追完の請求，代金の減額の請求，
　　　損害賠償の請求及び契約の解除をすることができない。ただし，
　　　売主が引渡しの時にその不適合を知り，又は，重大な過失によっ
　　　て知らなかったときは，この限りでない。

　566条3項は，瑕疵担保責任に基づく権利行使（契約の解除または損害
賠償の請求）につき，買主が事実を知った時から1年以内という制限を設
け，判例において「売主に対し，具体的な瑕疵の内容とそれに基づく損
害賠償請求をする旨を表明し，請求する損害額の算定の根拠を示すなど
して，売主の担保責任を問う意思を明確に告げる必要がある」とされて
いた（最判平成4・10・20民集46巻7号1129頁）。
　これに対し，本条は，買主が契約不適合を知った時を起算点とした上
で，売主に対して（種類，品質に関する）契約不適合を通知するだけで足
りる（逆に言えば，買主に，契約不適合の事実を売主に通知する義務を課す）
こととした。これは，売主は，目的物を引き渡した後は，これによって
履行が完了したとの期待を抱くものであるところ，この売主の期待を保
護する必要があると考えられたためである。
　また，1年という期間制限については，目的物の種類や品質に関して
契約内容に適合しないとの事実の有無は目的物の使用や時間的経過によ
り，比較的短い時間で確認・判断が困難になるところから，なるべく早
く法的安定性を調えようとした結果であると解される。
　1年の起算点は「契約不適合を知った時」であり，買主が，売主に対
して契約不適合を理由とする責任を追及し得る程度に確実な事実関係を
確認することまでは必要とされない。
　通知については，商法526条2項の通知と同様，瑕疵の種類とその大
体の範囲を通知する必要があるが，売主の担保責任を追及する意思を明

155

第2部　契約法各論

確に告げて請求することまでは要求されない。

　本条ただし書は，売主が，契約不適合について悪意であるか，または重大な過失がある場合には，1年という期間制限が排除されることを明記した。買主からの通知がないからといって，このような売主を免責するのは相当でないと考えられるからである。

　なお，本条は，目的物の種類または品質（性状）についての契約不適合のみが対象とされているので，数量および移転すべき権利につき契約不適合である場合については，消滅時効に関する一般原則（新166条1項）に服することになる。これらについては，上述の（履行が完了したとの）売主の期待を特に保護する必要はないと考えられたからである。

　また本条は，種類・品質に関する契約不適合について，債権の消滅時効に関する一般原則の適用を排除するものでもない。買主が目的物引渡を受けてから10年の消滅時効を認めていた判例（最判平成13・11・27民集55巻6号1311頁）の考え方は，改正法の下でも妥当する。すなわち，買主の権利は，客観的起算点（＝引渡時）から10年で時効消滅する。

新567条　売主が買主に目的物（売買の目的として特定したものに限る。以下この条において同じ。）を引き渡した場合において，その引渡があった時以後にその目的物が当事者双方の責めに帰することができない事由によって滅失し，又は損傷したときは，買主は，その滅失又は損傷を理由として，履行の追完の請求，代金の減額の請求，損害賠償の請求及び契約の解除をすることができない。この場合において，買主は，代金の支払を拒むことができない。

2　売主が契約の内容に適合する目的物をもって，その引渡しの債務の履行を提供したにもかかわらず，買主がその履行を受けることを拒み，又は受けることができない場合において，その履行の提供があった時以後に当事者双方の責めに帰することができない事由によってその目的物が滅失し，又は損傷したときも，前項と同様とする。

　売買契約における目的物の滅失または損傷に関する危険が（買主に）移転する基準時については，目的物の引渡時（目的物についての支配を買主

第 2 章 売　　買

が取得した時）とする見解が定着してきているところ，本条 1 項は，この
ことを明記したものである。

　413 条は，受領遅滞（債権者遅滞）について定めているが，その責任の
内容が必ずしも明確ではなかったところ，本条 2 項は，買主の受領遅滞
があったときは，目的物の滅失または損傷に関する危険が買主に移転す
る旨を明らかにした。

　なお，受領遅滞後における売主の目的物保管義務の程度は，自己の財
産におけるのと同一の注意義務に軽減される。従って，売主が，その義
務を尽くさなかったために目的物の滅失または損傷が生じたときは，買
主は，売主に対して追完等を求めることができることになろう。

　また，本条 2 項が想定する場面の多くは，新 413 条 2 項（「債権者が債
務の履行を受けることを拒み，又は受けることができない場合において，履行
の提供があった時以後に当事者双方の責めに帰することができない事由によっ
てその債務の履行が不能になったときは，その履行の不能は，債権者の責めに
帰すべき事由によるものとみなす。」）に該当するであろうから，履行不能
は債権者の責めに帰すべき事由によって生じたものとみなされ，結局，
本条 2 項は確認規定に近いものとなっている。

　新 568 条　民事執行法その他の法律の規定に基づく競売（以下この条に
　おいて単に「競売」という。）における買受人は，第 541 条及び第
　542 条の規定並びに第 563 条（第 565 条において準用する場合を含
　む。）の規定により，債務者に対し，契約の解除をし，又は代金の
　減額を請求することができる。

　2　前項の場合において，債務者が無資力であるときは，買受人は，
　　代金の配当を受けた債権者に対し，その代金の全部又は一部の返
　　還を請求することができる。（変更なし）

　3　前二項の場合において，債務者が物若しくは権利の不存在を知
　　りながら競売を請求したときは，買受人は，これらの者に対し，
　　損害賠償の請求をすることができる。（変更なし）

　4　前三項の規定は，競売の目的物の種類又は品質に関する不適合
　　については，適用しない。

157

第 2 部　契約法各論

　　本条 1 項は，568 条 1 項の「強制競売」を競売一般に広げている。

　　そして，本条 4 項においては，競売の目的物が契約内容に適合しない
場合のうち，目的物の種類・品質に関する不適合については，債務者
（売主）が責任を負わないとしている 570 条ただし書の定めを実質的に維
持することとした。

　　なお，本条 1 項は，債務者に対し，契約解除，代金減額請求をする際
に拠る規定として新 562 条を挙げていない。これは，（請求債権の）債務
者による「履行の追完」を観念することができないが故である。

　　したがって，（競売に基づく）買受人の契約解除，代金減額請求に際し
ても催告は不要となる。また，本条は新 566 条を準用していないから，
買受人の権利の消長については消滅時効の一般原則に従うことになる。

(5)　目的物に担保権による制限がある場合

　売買目的物たる不動産上に抵当権等が存するだけでは，買主はその目的物の
利用を妨げられないが，その担保権が実行されると所有権を失うことになる。
そこで，売買目的物たる不動産上に存した先取特権または抵当権が実行された
ことにより買主がその所有権を失ったときは，買主は，その善意・悪意を問わ
ず契約を解除することができ，損害賠償を請求することができる（567 条 1 項，
3 項）。

　また，買主が，自ら出捐をしてその所有権を保存したときは，売主に対し，
その出捐した費用の償還を求め，かつ，損害の賠償を請求することができる
（同条 2 項，3 項）。

　この責任を，とくに追奪担保責任ということがある。

　この担保責任については期間の定めがないが，これは特に速やかに処理しな
ければならない理由がないからだとされている。

　　新 570 条　買い受けた不動産について契約の内容に適合しない先取特
　　　　　　権，質権又は抵当権が存していた場合において，買主が費用を支
　　　　　　出してその不動産の所有権を保存したときは，買主は，売主に対
　　　　　　し，その費用の償還を請求することができる。

　　567 条 1 項では，売買の目的である不動産について先取特権，抵当権

158

第2章　売　　買

が挙げられていたところ，本条は，そこに質権を加えた上で567条2項の内容を維持した。

　そして，567条1項，3項は削除される。これは，売買の目的である不動産について存した先取特権または抵当権の行使により買主がその所有権を失ったときは，権利の全部移転が不能ということになるのであり，この場合は，債務不履行の一般規定によって処理されるから，解除と損害賠償については特別の規定を要しないことになるからである。

2　物に瑕疵がある場合の担保責任（瑕疵担保責任）

(1)　要件と責任の内容

　売買目的物たる建物に住んでみて初めて分かる雨漏りや白蟻による傷みという瑕疵があったときは，目的物に関する権利に瑕疵があるわけではなく，物自体に瑕疵があるとみるべきであるところから，これを権利の瑕疵と区別して物の瑕疵といい，これについての責任を売主に課すこととした。これを瑕疵担保責任という。

　売買の目的物に隠れたる瑕疵があったときは，566条を準用する（570条本文）。すなわち，常に損害賠償を請求することができ，瑕疵のために契約の目的を達することができないときは契約を解除することができる。

　これらの権利を行使するについても，瑕疵の存在を知ってから1年以内という期間制限がある（ただし，商事売買については，商526条参照）。

　なお，瑕疵担保による損害賠償請求権には167条1項の適用があり，その起算点は買主が売買目的物の引渡を受けた時であるとしたものがある（最判平成13・11・27民集55巻6号1311頁）。

　ただ，その損害賠償請求権を保存するには，売主の担保責任を問う意思をもって足り，裁判上の権利行使をするまでの必要はないとされる（前掲最判平成4・10・20）。

　「瑕疵」とは，一般に，売買目的物が，契約当時既に通常有すべき品質・性能を備えないことをいい（最判昭和41・4・14民集20巻4号649頁——建物建築目的で購入した土地の約8割が都市計画街路の境域地内にあって，たとえ建物を建築したとしても，都市計画事業の実施により，その全部または一部を撤去しなければならないというときは，隠れた瑕疵があるといえる），具体的には，当該契約の

159

第 2 部　契約法各論

趣旨・内容に照らしてその有無を判断していくことになる。売主が，見本や広告で特に一定の品質や性能を保証したときは，その保証した品質や性能が基準とされ，これを欠くときは瑕疵があることになる（大判大正 15・5・24 民集 5 巻 433 頁参照）。

土地賃借権付建物売買契約について，次のような判例がある。

X は，Y から建物所有権およびその敷地賃借権を買受けたが，その敷地は崖に臨む地形となっていたところ，台風で崖の擁壁に傾斜・亀裂が生じ，敷地の一部が沈下・傾斜する等したのでその倒壊のおそれある建物を取壊した。その後，その擁壁には水抜き穴が設けられていないという構造的欠陥のあったことが分かったので，X は，隠れた瑕疵を理由として契約を解除し売買代金の返還を求めたというものである。ここでは，売買目的物たる土地賃借権に瑕疵があるといえるかどうかが問題となった。これに対しては，次のように判示された。

売買の目的物が建物とその敷地の賃借権である場合に，その敷地に賃貸人が修繕義務を負うべき欠陥があったとしても，それをもって売買の目的物に瑕疵があるということはできない。というのは，売買の目的とされたのは，建物の敷地そのものではなく，その賃借権であり，敷地面積の不足あるいは敷地に関する法的規制の存在等の事情があるときはともかく，敷地自体の欠陥をもって賃貸人に対する債権としての賃借権の欠陥ということはできない（最判平成 3・4・2 民集 45 巻 4 号 349 頁）。この結論に対しては批判も少なくない。

近時は土壌汚染問題も注目されているところであるが，土地売買について次のような判例がある。

最判平成 22 年 6 月 1 日（民集 64 巻 4 号 953 頁）は，契約締結当時からその土壌にはフッ素が含まれていたが，契約締結後にフッ素に関する環境基準が定められ，そこでの溶出量基準値を超えていたという場合に，それが 570 条の瑕疵にあたるかにつき，契約当事者間において，人の健康を損なう限度を超えてフッ素が含まれていないことが予定されていたものと認めることはできないとして，これを否定した。

また，約 7 年前に縊死のあった建物の売買契約につき，その縊死は既に旧聞に属するばかりでなく，縊死のあった蔵屋敷は取り除かれて存在せず，縊死があったことを意に介しない買受け希望者が多数あったという事情の下では，縊死があった事実は，もはや一般人が「住み心地のよさ」を欠く事由として感ずることに合理性を認め得る程度のものではなかったとして瑕疵のある場合に該

当しないとしたものがある（大阪高判昭和37・6・21判時309号15頁）。

　なお，「隠れたる」とは，買主が気付かなかったもので，かつ，その気付かなかったことにつき過失がないことをいい，取引上一般に要求される程度の注意をもってしても発見できないような瑕疵を隠れたる瑕疵という（大判昭和3・12・12民集7巻1071頁）。

　買主の悪意または有過失についての主張・立証責任は売主にある（大判昭和5・4・16民集9巻376頁）。

(2)　法的性質・適用範囲

　瑕疵担保責任は特定物にのみ適用されるのか，特定物・不特定物を問わず適用されるのかにつき議論が存する。この問題は，瑕疵担保責任を法定責任とみるか債務不履行責任とみるか，言換えれば，担保責任と不完全履行による債務不履行との関係をどうみるかということと関連する。担保責任（570条）と債務不履行責任（415条）との間には次表のような差異がある。

	担保責任	債務不履行責任
帰責事由	不　要	必　要
責任の内容	損害賠償 解除（催告不要）	完全履行請求 （代物請求または修補請求） 損害賠償 解除（催告必要）
権利行使の期間制限	1年（除斥期間）	10年（時効期間）

　従来の通説的見解は，瑕疵担保責任は特定物売買にのみ適用され，不特定物売買については債務不履行責任（不完全履行）が問題になるとする。一般に，これを法定責任説と呼んでいる。

　すなわち，特定物売買においては，売主は，引渡時の現状で目的物を引渡せば履行義務を尽くしたことになるので（400条，483条），目的物に瑕疵があっても債務不履行にはならない。ところが，買主の方は，瑕疵がないものとして定められた代金を支払わなければならないという不公平が生ずることになるので，売買の有償性に鑑み，両者間の利益関係を調整するために法律が特に売主の責任を認めたものであるとする。

　これに対し，不特定物にあっては，完全な物の給付がなされるまでは債務の本旨に従った履行とはならず，売主は，依然として完全な物を給付する義務を

161

第2部　契約法各論

負担しているのであり，その意味で，不特定物については瑕疵ある給付という
ものが論理的にありえず，したがって，専ら債務不履行が問題になるとする。

　一方，債務不履行責任説は，特定物売買の場合であっても，売主は，やはり
瑕疵のない物を給付する義務を負うとみて，瑕疵担保責任を債務不履行責任の
一態様と捉える。そして，瑕疵担保責任に関する 570 条は，目的物に瑕疵があ
る場合に関する債務不履行責任の特則として，特定物，不特定物を問わず適用
され，570 条が優先的に適用されるが，570 条の適用がない場合に 415 条が適
用されるとする。

　したがって，この説によれば，売主は，特定物・不特定物を問わず，まず
570 条による責任を負うことになる。ここでは，買主は，損害賠償請求（売主
の故意・過失を要しない），契約目的を達成できない場合の解除，可能な限りで
の完全履行請求をなし得る（ただし，瑕疵の存在を知った時から 1 年以内）。

　次いで，その 1 年を経過した後は，売主は 415 条の責任を負う。そして，買
主は，損害賠償請求（売主の故意・過失が必要），解除（催告が必要な場合あり），
完全履行請求をなし得ることになる（権利行使期間は 10 年）。

　以上に対し，判例は，不特定物として放送機械を売買した事案につき，法定
責任説に立ちつつ，次のようにいう。

　「不特定物を給付の目的物とする債権において給付せられたものに隠れた瑕
疵があった場合には，債権者が一旦これを受領したからといって，それ以後債
権者が右の瑕疵を発見し，既になされた給付が債務の本旨に従わぬ不完全なも
のであると主張して改めて債務の本旨に従う完全な給付を請求することができ
なくなるわけのものではない。債権者が瑕疵の存在を認識した上でこれを履行
として認容し債務者に対しいわゆる瑕疵担保責任を問うなどの事情が存すれば
格別，然らざる限り，債権者は受領後もなお，取替ないし追完の方法による完
全な給付の請求をなす権利を有し，従ってまた，その不完全な給付が債務者の
責に帰すべき事由に基づくときは，債務不履行の一場合として，損害賠償請求
権および契約解除権をも有する……。」（最判昭和 36・12・15 民集 15 巻 11 号
2852 頁）。

　もっとも，こうした見解の対立はあるものの，法定責任説にあっては，不特
定物売買における債務不履行に基づく買主の諸権利の行使期間を，信義則ない
し 566 条の類推適用により制限しようとするに至っており，また，特定物売買
についても，黙示の品質保証特約を擬制して完全履行請求を認めようとしてお

162

り，その内容は実質的に接近してきているといえる。

(3) 損害賠償の範囲

担保責任の一内容たる損害賠償につき，その範囲を如何に解するかについても議論がある。

法定責任説は，基本的に，これを無過失責任とみた上で，その範囲を信頼利益（買主が，瑕疵がないと信じたことから生じた損害）とする。

これに対し，債務不履行責任説は，無過失責任としつつも，通常の債務不履行における損害賠償と同様（416条による）とする。

(4) 瑕疵拡大損害（瑕疵惹起損害）

売買の目的物に瑕疵があることにより生ずる損害が，目的物その物にとどまらず，買主の生命，身体，他の財産にまで拡大したような場合，どのような取扱がなされるべきか。たとえば，台風の後，屋根の損傷状況をみるため中古の梯子を買って登りはじめたところ，踏板に欠陥があって地上に落ち，足を骨折したという場合などである。

ここでも見解が分かれている。

法定責任説は，売主が無過失のときはそこまで賠償させるのは妥当ではなく，売主に瑕疵についての帰責性があるときにのみ拡大損害についても賠償責任を認めることができるとする。

また，売主が目的物の瑕疵を知っており，それにより怪我をするかもしれないことを知り，または知り得るときは，予見可能性があるということになって，416条2項によることになる。

債務不履行責任説は，拡大損害を債務不履行に基づく損害賠償の範囲の問題として，416条によって処理しようとする。

(5) 瑕疵担保責任と錯誤

目的物に瑕疵がある場合には，570条と95条との関係はどうなるのか。選択的に適用されるのか，あるいは一方が優先的に適用されるのか。学説と判例とで見解が分かれている。

① 95条優先適用説

この立場に立つと思われるものとして，次のような判例がある。

XY間で130馬力の中古モーターの売買契約が行われたが，検査の結果，それが30〜70馬力のものであることが判ったので，これでは契約を締結した目的を達成することができないとして，買主Xが錯誤による契約の無効を主張

163

第2部 契約法各論

して代金の返還を請求したという事案である。これに対して判決は次のように述べた。

売買の目的物に品質上の瑕疵があるために錯誤を生じた場合，当事者が特に一定の品質を備えていることを重要なものとして意思表示したが，その品質に瑕疵があるか，もしくは品質を欠くために契約の目的を達成することができないときは，法律行為の要素の錯誤に当たる。これに反して，当事者が一定の品質を備えることを重要なものとして意思表示せず，しかも目的物に品質上の瑕疵があるために契約の目的を達成することができないときは，買主は，570条により解除権を有するに過ぎない（大判大正10・12・15民録27輯2160頁）。

この判決自体は両分説を採ったとみられるのであるが，この判決を前提として，最判昭和33年6月14日（民集12巻9号1492頁）は，錯誤があれば95条が適用され，570条の適用は排除されるとした。

② 570条優先適用説

契約が成立した後長期にわたって買主の錯誤無効の主張を認めることは，売主にとって酷であり（570条の責任は，566条3項で1年に限定されている），95条と570条の要件，効果を比較すると，95条の主張を認める意義はないと解する立場である。

また，570条と95条とは特別規定と一般規定の関係にあると捉える見方もある。

3 強制競売における担保責任

債権者の権利実行の一手段として債務者の財産を競売に付した場合において，その目的物に瑕疵があったときは，競売の特質ないし売主を誰と考えるべきか等につき，一定の配慮が必要となるが，買主（買受人）の保護は，通常の場合に比べて薄いといえる。

まず，物の瑕疵については，何人に対しても責任を問うていくことができない（570条ただし書）。

次に，権利の瑕疵については，561条ないし567条に従い，債務者に対して解除，代金減額請求をなし得る（568条1項）が，損害賠償請求は，債務者が瑕疵（物または権利の不存在〔欠缺〕）を知っていて申出なかったときか，債権者が瑕疵を知っていて競売を申出たときに，これらの者（当該の債務者・債権者）に対しなし得るのみである（同条3項）。この場合，売主は，自らの意思に

164

第2章 売　　買

基づく契約によって売却したわけではないから，損害賠償義務は軽減されるのである。

なお，解除または代金減額請求において，買主が代金の全部または一部の返還を請求する相手方は，第一次的には債務者であり，債務者が無資力であるときは第二次的に代金の配当を受けた債権者である（同条2項）。

このように，競売についての担保責任を軽減したのは，競売の信用を重んじ，その結果について無用な紛争が生ずることを避けようとする趣旨である。

4　債権の売主の担保責任

債権譲渡における譲受人（買主）の最大の関心事は，その債権が果たして額面どおりの価値を有するかどうかである。そこで，債権の売主は，できるだけ額面に近い価格で売却するために債務者の資力を担保することがある。

このような場合，原則として，債権者は，契約の当時における債務者の資力を担保したものと推定される（569条1項）。そして，弁済期未到来の債権を譲渡した売主が，債務者の将来の資力を担保したときは，弁済期における資力を担保したものと推定される（同条2項）。

ここでの売主の担保責任の内容は，債務者が弁済の資力を有しないことによって買主が被った損害を賠償することである。したがって，買主としては，まず債務者に請求し，その資力が不十分で弁済が得られないことを証明して売主に損害賠償を請求していくことになる。

Ⅱ'　売主の責任

売主は，売買の目的物若しくは目的たる権利に瑕疵が存する場合には一定の責任（担保責任）を負わなければならないとされているのであるが，「瑕疵」という語で表されるものの具体的内容がそれほど明らかではないともされてきたことから，改正法は，「瑕疵」という語を使用することを廃し，それに代えて「契約内容に適合しない（契約不適合）」という概念を用いるという姿勢を示した。

そして，売主には，買主に，契約内容に適合した目的物（権利）を引き渡さなければならないという義務を課した上で，売買の目的物が，その種類，品質，数量について，あるいは売買の目的たる権利が契約内容に適合しないときには，売主は務不履行責任を負うこ

165

第2部　契約法各論

とになるとした。

　また，570条では，目的物の「瑕疵」が「隠れた」ものでなければならないとされているところ，これは，瑕疵に関して買主が善意・無過失であることを意味すると理解されており，その主張・立証責任は売主にあるとされている（大判昭和5・4・16民集9巻376頁）。

　しかし，買主に過失が認められる場合には全く救済を認めないとすることは買主に酷であり，過失相殺による柔軟な，かつ弾力的な解決を図ることが望ましいのではないかと考えられ，そして，それが可能であるとして「隠れた」という要件を求めないこととしたのである。

5　担保責任に関する特約の効力

　担保責任に関する規定は任意規定であるから，特約によって軽減してもよいし加重してもよいが，この点につき，民法は，一つの制限規定を置いた。すなわち，たとえ担保責任を負わない旨の特約をしたときでも，自分（売主）が知っていて告げなかった事実および自ら第三者のために設定したり第三者に譲渡したりした権利については，その責任を免れることはできない（572条）。

　　新572条　売主は，第562条第1項本文又は第565条に規定する場合における担保の責任を負わない旨の特約をしたときであっても，知りながら告げなかった事実及び自ら第三者のために設定し又は第三者に譲り渡した権利については，その責任を免れることができない。

　　本条は，572条で引用されている条文番号に修正を加えたものである。また本条は，559条を介して有償契約に準用されるので640条は削除される。

6　担保責任と同時履行

　同時履行の抗弁権に関する533条は，563条ないし566条および570条により契約が解除されて原状回復が問題となる場合に準用される（571条）。

166

第2章 売 買

> 571 条は削除される。その理由については新 533 条のところを参照。

Ⅲ 買主の義務

1 代金支払義務

買主の最も基本的な義務は代金の支払義務である。その代金額は契約によって定められる。

(1) 代金の支払時期と場所

代金の支払時期はいつか。目的物の引渡についてのみ期限を定めたときは，代金の支払についても同一の期限を定めたものと推定される（573 条）。

代金支払場所はどこか。目的物の引渡と同時に代金を支払うべきときは，その引渡の場所で支払うことを要する（574 条）。

代金の支払時期・場所につき，約定ないし慣習があれば，もちろんそれに従う。

(2) 利息支払義務

代金については，目的物引渡の日からその利息を支払わなければならない（575 条 2 項本文）。ただし，代金の支払につき期限が定められているときは，その期限が到来するまでは利息を支払う必要はない（同ただし書）。要するに，代金の支払時期が目的物引渡の日より後に定められているときは，その時期が来るまでは，目的物の引渡があっても利息の支払を要しないということである。

(3) 買主の代金支払拒絶権

一方，買主には，次の二つの場合に代金支払を拒絶する権利も認められている。

① 売買の目的物につき権利を主張する者がいて，買主がその権利の全部または一部を失うおそれがあるときは，その危険の限度に応じて代金の全部または一部の支払を拒むことができる（576 条本文）。ただし，売主が相当の担保を提供したときは，代金を支払わなければならない（同条ただし書）。

② 買受けた不動産に抵当権の登記があるときは，買主は，抵当権消滅請求の手続が終わるまで，その代金の支払を拒むことができる（577 条 1 項前段）。ただし，売主は，買主に対して遅滞なく抵当権消滅請求をするよう請求することができ（同後段），買主がこれに応じて抵当権消滅請求の手続をしないと代金支払拒絶権を失うことになる。

167

第2部　契約法各論

①，②いずれの場合においても，売主は，買主に対して代金を供託するよう求めることができ，このときは，買主は必ず供託しなければならない（578条）。

> 新576条　売買の目的について権利を主張する者があることその他の事由により，買主がその買い受けた権利の全部若しくは一部を取得することができず，又は失うおそれがあるときは，買主は，その危険の程度に応じて，代金の全部又は一部の支払を拒むことができる。ただし，売主が相当の担保を供したときは，この限りでない。

576条の「売買の目的について権利を主張する者がある」ことに「その他の事由」を付加したものであり，目的物上に用益物権を有すると主張する第三者が存する場合，債権売買において債務者が債務の存在を否定する場合等で，買主が買い受けた権利を取得できないか，権利を失うおそれがあるときは，その危険の程度に応じて代金減額請求権が認められるべきであるとした。

「買い受けた権利の全部若しくは一部を取得することができず，又は失うおそれがあるとき」とは，買主がそのような危惧を抱いたというだけでは足りず，権利の取得を疑うに足る客観的な，かつ合理的な根拠となるものを要する趣旨と解すべきである。

> 新577条　買い受けた不動産について契約の内容に適合しない抵当権の登記があるときは，買主は，抵当権消滅請求の手続が終わるまで，その代金の支払を拒むことができる。この場合において，売主は，買主に対し，遅滞なく抵当権消滅請求をすべき旨を請求することができる。
> 2　前項の規定は，買い受けた不動産について契約の内容に適合しない先取特権又は質権の登記がある場合について準用する。

本条は，1項の「抵当権」・2項の「先取特権又は質権」の前に「契約の内容に適合しない」という文言（修飾語）を付加したものであり，内容に変更を来すものではない。

この文言を付加した理由は，当事者が，抵当権等が存在することを前提として売買代金額を決定していたときは，本条の適用がないことを明らかにするためである。

2　目的物受領（引取）義務

買主に目的物の受領義務があるかについては，専ら債権者の受領義務の問題として論じられてきた。債権者一般に受領義務があるとするときは，特に買主について問題とすることもない。しかし，債権者一般にまでひろげて受領義務を認めない立場においても，買主については，これを認めるのが通説的な見解となっている。判例にも，信義則に照らして引取義務を認め，引取らなかった買主に対する損害賠償請求を認めたものがある（最判昭和 46・12・16 民集 25 巻9 号 1472 頁）。

第 4 節　特殊の売買

I　割賦払約款付売買

1　意　義

一般的には，売買代金を定期的に何回かに分割して支払う特約のついた売買をいう。

この形態の売買においては，売買代金完済前に目的物が買主に引渡されるが，その目的物の所有権はいつ買主に移転するのか，割賦金の支払が遅延した場合の契約解除や損害賠償はどうなるのか，買主からの契約解除はどうか等，多くの問題，敢えていえば買主が予期しない損害を被るおそれが存する。そこで，専ら買主の保護を図ることに焦点を当てて制定されたのが割賦販売法である。

2　割賦販売法

割賦販売法の内容は多岐にわたるが，民法に関連する部分についてのみ簡単にみておこう。

(1)　割賦販売法における割賦販売の意義

割賦販売法における割賦販売とは，購入者から商品もしくは権利の代金を，また役務の提供を受ける者から役務の対価を 2 ヶ月以上の長期にわたり，かつ，

第 2 部　契約法各論

3 回以上に分割して受領することを条件として指定商品もしくは指定権利を販売し，または指定役務を提供することであり（同法 2 条 1 項 1 号），指定商品とは，定型的な条件で販売するのに適する商品であって政令で定めるもの，指定権利とは，施設を利用しまたは役務の提供を受ける権利のうち国民の日常生活に係る取引において販売されるものであって政令で定めるもの，指定役務とは，一定の取引を除く国民の日常生活に係る取引において有償で提供される役務であって政令で定められるものをいう（同法 2 条 5 項）。

(2)　**条件明示・書面交付の義務**

割賦販売業者は，商品・権利の現金販売価格（役務の現金提供価格），それらの割賦販売価格（割賦提供価格），代金（対価）の支払期間および回数，手数料の料率等を明示し（同法 3 条），契約を締結したときは，遅滞なく，割賦販売価格（割賦提供価格），賦払金の額，その支払の時期および方法，商品の引渡時期もしくは権利の移転時期または役務の提供時期，契約の解除に関する事項，所有権の移転時期等を明記した書面を交付しなければならない（同法 4 条 1 項）。

(3)　**契約解除等の制限**

割賦販売業者は，賦払金の支払が遅れた場合でも，20 日以上の相当な期間を定めてその支払を書面で催告し，その期間内に支払がなされないときでなければ，その遅滞を理由として契約を解除し，または支払時期の到来していない賦払金の支払いを請求することはできない（同法 5 条 1 項）。これに反する特約は無効とされている（同法 5 条 2 項）。

また，このような手続を経た上で契約が解除された場合，割賦販売業者が購入者に請求する損害賠償の額についても詳細な制限が加えられている（同法 6 条）。

(4)　**所有権の移転時期**

賦払金の全部の支払義務が履行される時までは，目的物（指定商品）の所有権は割賦販売業者に留保されたものと推定される（同法 7 条）。

(5)　**クーリングオフ等**

契約申込の撤回（クーリングオフ）あるいは申込または承諾の意思表示の取消については同法 35 条の 3 の 10 ないし 35 条の 3 の 16 に詳細な規定が存する。1 つだけ例を紹介しておこう。

営業所等以外の場所で個別信用購入あっせん関係売買の申込をし，または同売買契約を締結した者は，所定の起算日から 8 日以内であれば，書面により申

170

込の撤回または契約の解除（申込みの撤回等）をすることができ（同法 35 条の 3 の 10 第 1 項），その書面を発した時にその効力を生ずる（同 2 項）。

他方，個別信用購入あっせん業者は，この申込の撤回等に伴う損害賠償または委託金の支払いを請求することができない（同 3 項）。

Ⅱ　見 本 売 買

これは，見本によって目的物の種類・品質・属性等を定め，その見本と同一の品質等を有することを売主が請合って締結される売買契約である。実際の目的物が見本と同一の品質等を有していないときは，売主は，債務不履行責任（不完全履行）ないし瑕疵担保責任を負うことになる。

Ⅲ　試 味 売 買

これは，買主が，目的物を試用した上で気に入ったら買うという売買契約である。この契約の法的性質については，買主の気に入ることを停止条件とする説，買主の気に入らないことを解除条件とする説，さらに売買の一方の予約とする説がある。一般的には，停止条件説で理解してよいと思われる。

Ⅳ　継続的供給契約

これは，一定の種類・品質の物を継続的に供給することを目的とする契約である。継続的という点では，雇傭や賃貸借と共通するが，単に状態が継続するというものではなく，給付は継続的であるが，供給（売買）が繰返し行われていると捉えることができるものである。電気，ガス，水道，新聞等の供給契約を想起すればよい。

Ⅴ　そ の 他

訪問販売，通信販売，電話勧誘販売，連鎖販売取引（マルチ商法）等，非常に多くのものがあるが，これらについては特定商取引に関する法律に規定がある。

第 2 部 契約法各論

第5節 買 戻

Ⅰ 意 義

買戻とは，一般に，売った物をもう一度買戻すことをいう。その手法としては，全く別の二つの売買契約をする，最初の売買契約のときに，売主は将来の一定期間内に契約を解除して目的物を取戻すことができる旨を約定しておく，最初の売買とは別に，売主は将来の一定期間内に買主から買うことができる旨の約定（再売買の予約）をする等が考えられる。

民法は，不動産についてとくに解除権の留保という手段によるものを買戻と名付けて，規定を置いている（579条以下）。

また，買戻は担保の目的で利用されることがある。すなわち，売買契約に基づく代金の交付が金融として機能し，売主が，その代金を買主に支払うことによって売買目的物を取戻すことは，借りた金を返して担保物件を取戻すことに当たるのである。しかし，以下にみるように，その要件が比較的厳格であることから，この買戻という制度は，実際上はそれほど利用されていないようである。

Ⅱ 要 件

1 目的物は不動産に限られる（これは，民法上の買戻の対象になるのが不動産に限られるということであって，動産に関する買戻特約を禁ずる趣旨ではない）（579条前段）。

2 買戻特約は売買契約と同時になされなければならない（同条前段）。したがって，売買契約締結後に買戻の特約がなされても，それは民法上の買戻特約とはいえない。ただし，売買契約と同時にした買戻の特約を，後になって多少変更したり（大判大正11・5・5民集1巻240頁），これを合意解除したり（大判大正10・3・31民録27輯677頁）することは認められている。

3 買戻の代金は，最初の売買代金と契約の費用の合計を超えてはならない。買主の不当な利益を制限して売主の保護を図る趣旨であるから，契約費用の支払を不要とするような，売主の利益となる特約は有効である（大判大正10・9・21民録27輯1539頁）。

また，特別の合意がなされていない限り，代金の利息は，不動産の果実と相殺したものとみなされる（同条後段）。

172

第2章 売 買

> 新579条 不動産の売主は，売買契約と同時にした買戻しの特約によ
> り，買主が支払った代金（別段の合意をした場合にあっては，その合
> 意により定めた金額。第583条第1項において同じ。）及び契約の費用
> を返還して，売買の解除をすることができる。この場合において，
> 当事者が別段の意思を表示しなかったときは，不動産の果実と代
> 金の利息とは相殺したものとみなす。
>
> 579条に括弧書きを付加することによって，売主が買戻の際に提供す
> べき金額につき，買主が支払った代金に拘束されることなく，当事者間
> で任意に決定することができるとし，従来，それほど利用されてこな
> かったこの制度を使いやすいものにしようとする姿勢を示した。
> この改正に伴い，不動産登記法96条（買戻しの特約の登記の登記事項）
> も，以下のように改正される。
> 「買戻しの登記の登記事項は，第59条各号に掲げるもののほか，買主
> が支払った代金（民法第579条の別段の合意をした場合にあっては，その合
> 意により定めた金額）及び契約の費用並びに買戻しの期間の定めがある
> ときは，その定めとする。」

　4　買戻の期間（買戻権の存続期間）は10年を超えることができず，10年を
超える期間を定めたときは，当然に10年に短縮される（580条1項）。
　また，一度定めた期間は，後日これを伸長することはできず（同条2項），
当事者が期間を定めなかったときは，その期間は5年である（同条3項）。
　このように，期間に関する詳細な規定を置いた趣旨は，目的不動産の帰属が
長期間にわたって不安定な状態に置かれることを避けることにある。

Ⅲ　効　　　力

　売買契約と同時に買戻の特約を登記すると，買戻は，第三者に対してもその
効力を生ずる（581条1項）。したがって，その目的物たる不動産が第三者に譲
渡されたときは，売主（買戻権者）は，この第三者（譲受人）に対して買戻権
を行使することができるし，この者に対して行使すべきである（最判昭和36・
5・30民集15巻5号1459頁）。

第2部　契約法各論

買主から目的不動産を賃借して登記を備えた者は，買戻がなされた後も1年間は売主（買戻権者）に対抗することができる（581条2項本文）。ただし，その賃貸借が，売主（買戻権者）を害する目的でなされたものであるときは，その対抗力は認められない（同ただし書）。

> 新581条　売買契約と同時に買戻しの特約を登記したときは，買戻しは，第三者に対抗することができる。
> 2　前項の登記がされた後に第605条の2第1項に規定する対抗要件を備えた賃借人の権利は，その残存期間中1年を超えない期間に限り，売主に対抗することができる。ただし，売主を害する目的で賃貸借をしたときは，この限りでない。
>
> 　581条の規定を基本的に維持しつつ，若干の文言を補うことによってその内容をより明確なものにした。すなわち，賃借人が，賃借権の対抗要件を備えた場合には，売主に対しても対抗することができる旨を明記した。

Ⅳ　実　　行

買戻をしようとする売主は，買戻期間内に，買主または第三者（目的不動産の譲受人）に対し，代金および契約の費用を提供して，買戻の意思表示をしなければならない（583条1項）。これにより，最初の売買契約が解除されたことになって，目的不動産の所有権は売主に復帰することになる。売主の提供した金額が不足していても，その不足が僅かであるようなときは，買主は，信義則上，買戻の効力を否定することはできない（大判大正9・12・18民録26輯1974頁）。

なお，買主または転得者（目的不動産の譲受人）が不動産について費用を出したときは，売主（買戻権者）は196条に従ってこれを償還しなければならない（583条2項本文）。ただし，有益費については，裁判所は，売主（買戻権者）の請求によって相当の期限の猶予を与えることができる（同ただし書）。

Ⅴ　買戻権の代位行使

買戻権も一種の財産権であって，一身専属権というわけではないから，売主

（買戻権者）の債権者がこれを代位行使することができる（423条）。その際，買主は，裁判所の選定した鑑定人（非訟96条参照）の評価に従って不動産の現在価額（時価）から売主が返還すべき金額を控除した残額に達するまで売主の債務を弁済して（なお余剰があるときはそれを売主に返還して），買戻権を消滅させることができる（582条）。具体的にみてみよう。

　Aが100万円の土地を買戻特約付でBに売却した。AはCに対して10万円の債務を負っているが，これを弁済することができない。Aの買戻の対象たる不動産は値上がりし，現在は130万円になっている。Aが買戻権を実行すれば，Cに対する債務も弁済できると思われるが，Aは買戻権を行使しない。そこで，Cが債権者代位権を行使したという場合には，Bは，30万円弱（130万円－100万円－契約費用）からCに10万円を弁済し，残った20万円弱をAに返還することによって買戻権を消滅させることができるということである。

Ⅵ　共有不動産の持分の買戻

　共有不動産の持分を買戻特約付で売却することもできる。ところが，買戻権が実行される前に目的不動産が分割された，あるいは競売されたという場合，買戻をめぐる関係はどうなるのか。

　A・B・C三者が共有する不動産を，その1人Aが，その持分をDに買戻特約付で売却した例でみていこう。

　まず，B，C，Dがその共有不動産を現物で分割したり，金銭で分割するために競売したときは，買主たるDの受ける不動産部分または代金について買戻権を行使することができる（584条本文）。ただし，この場合，利害関係人たるAに通知して分割に参加する機会を与えなければならない（260条）から，もし，この通知をしなかったときは，Aは，分割後においてもなお共有関係が存続している旨を主張してDの持分を買戻すことができる（584条ただし書）。

　買主Dが自ら分割を請求し，その分割のために目的不動産が競売に付され，買主Dが買受人となったときは，Aは，買主Dが払った競売代金および583条の費用を払って不動産全部を買戻すことができる（585条1項）。

　買主D以外の共有者の請求により分割のための競売がなされ，Dが買受人となったときは，売主Aは，持分のみの買戻をすることはできず（同条2項），全部の買戻ができるだけとなる。このような場合にまで，不動産全部の所有権を取得したDを再び共有状態に戻すことはDにとって酷と考えられたからであ

第2部　契約法各論

る。

Ⅶ　買戻権の消滅

買戻権は行使されることによって消滅する。行使により，目的を達成するのであるから当然である。

買戻の対象たる目的物が滅失したときも，買戻権は消滅する。

第3章 交 換

Ⅰ 意　義

　交換とは，当事者が相互に金銭以外の財産権を移転することを約することによって成立する双務・有償・諾成・無方式の契約である（586条1項）。

　歴史的にみれば売買に先んじて行われたものであろうが（たとえば，余剰生産物の交換），今日においては，その機能は限定的なものにとどまる。用地買収における代替地の提供，市街地の造成・再開発のための換地（土区86条），農地の改良・開発のための換地・交換分合（土改52条以下，97条以下）等があるが，少なからず行政の介入を前提とするものであって，純粋な私法上の交換とは様相を異にする。

Ⅱ 交換についての規制

　交換される財産の価値が等しくないときは，目的物と共に金銭（補足金）が給付されることがある（一種の清算と考えてよい）が，このような場合，その金銭については売買契約に関する規定が準用される（586条2項）。しかし，その他の点についても，有償契約という性質からして売買に関する規定が準用されるべきである（559条）。

　なお，金銭の交換たる両替は，相互に金銭を移転するものであるから，交換契約ではなく，一種の無名契約として，売買および交換の規定が準用されることになる。

第4章 消費貸借

I 意　義

　消費貸借は，当事者の一方（借主）が，他方（貸主）から一定の金銭その他の代替物を借受け（受取り），これと種類・品質・数量の同じ物を返還することを約することによって成立する契約である（587条）。民法上は要物契約とされているが，その要物性は，大幅に緩和されるに至っている。また，要物契約であるがゆえに片務契約であり，必ずしも利息の支払を伴わないものであるところから，無償契約が基本的形態となる。

　消費貸借も他人の物を利用するための契約という点において使用貸借・賃貸借と共通するが，消費貸借における借主は，目的物の所有権を一旦取得し，これを消費（処分）した上で，種類・品質・数量が同じである別の物を返還するという点で使用貸借・賃貸借とは異なる。すなわち，使用貸借・賃貸借においては，借主は目的物の所有権を取得せず，単にその使用・収益をなし得るのみで，必ず借りた物自体を返還しなければならないのである。

　消費貸借の目的物は，文字通り消費できるものであればよいが，今日最も広く日常的に行われているのは，いうまでもなく金銭を目的物とする消費貸借（金銭消費貸借）である。

　これは，大小を問わず企業の資金調達のために，一般家庭の生計の不足を補うために，社会のあらゆるところ（階層）に及んでいてきわめて重要な機能を営んでいる。

　近代社会において，民法の一分野としての担保制度が目覚しい発展を遂げてきたことはよく知られているが，それは，担保（制度）を必要とする消費貸借制度が，やはり目覚しく発展したからに他ならないといえる。

　また，とりわけ金銭消費貸借において契約自由の原則を貫徹すると，一般的に経済的地位の低い借主が，貸主の暴利行為の犠牲になるという事態が頻繁に現れてくることになり，これを阻止し，適正な金利の保持に努め，さらには資金を必要とする者に合理的な金融を促進するためにも国家による積極的な関与が図られている。利息制限法，出資の受入れ，預り金及び金利等の取締に関する法律（出資取締法）等が，その典型である。

179

第 2 部　契約法各論

Ⅱ　消費貸借の成立

1　要　物　性

　消費貸借は，借主が金銭その他の目的物を受取ることによってはじめて成立するものであり，単なる合意のみでは成立しない（587条）。したがって，消費貸借契約においては，単に借主の返還義務が生ずるだけであって，貸主の義務（貸す義務）は生ぜず，それゆえ片務契約である。また，利息を支払うべきときは有償契約となるが，その場合であっても，やはり片務契約である。

　消費貸借契約が要物契約とされた理由は，それほど明確ではなく，今日においては合理的な理由を見出すことも困難である。

2　要物性の緩和（諾成的消費貸借）

　消費貸借契約が要物契約であることを厳格に解すると，実際の取引においてはすこぶる不都合な事態が生ずることになる。たとえば，銀行（金融機関）が金を貸す場合を例にとってみよう。

　銀行は，その金融取引において，公正証書を作成し，抵当権等の担保権の登記を済ませる等，すべての手続が済んではじめて金を渡すのが普通である。もし，そうでなく先に金を渡してしまうと，その後に何かの都合が生じて抵当権の登記等ができない場合が出てきて（銀行にとって）きわめて危険だからである。しかし，要物性を厳格に解するならば，消費貸借は目的物（金）を借主に渡した時にはじめて成立するのであるから，金を渡す前に作成した公正証書も抵当権の登記も無効になってしまう。このような結果は，取引界にとって受容れがたいものであろう。そこで，この要物性が緩和されるに至っているのである。

　すなわち，目的物の受取があったといえるためには，経済的価値の移動があったものと解し得る状況にあればよい，つまり，現実に目的物の授受がなされたのと同一の経済上の利益が借主に与えられればよいと緩やかに解されるに至っているのである。

　たとえば，金銭貸借につき，（借主に対する）預金通帳と払戻のための印章の交付があれば，その時点で消費貸借は成立するとされる（大判大正11・10・25民集1巻621頁）。ただ，金銭の代わりに約束手形が交付されたときは，手形割引によって現実に金銭を取得したときに，額面の額についての契約が成立するとされている（最判昭和39・7・7民集18巻6号1049頁）。

180

同様に，金銭が実際に交付される前に締結された抵当権設定契約およびその登記については，抵当権の付従性を緩和するという方法で（大判明治38・12・6民録11輯653頁），公正証書の作成については，金銭の授受がないにもかかわらずこれをしたように記載するのは事実と異なるが，結局金銭の授受がなされれば社会観念上虚偽の記載がなされたものとみる必要もないから，金銭の授受がなされた時に完成する消費貸借に基づく具体的債務を表すものであるとして（大判昭和11・6・16民集15巻1125頁），いずれもその有効性を認めている。

さらに，両当事者の単純な合意，すなわち，貸主が金を貸すことを約し，借主がそれを返すことを約することのみによる，いわゆる諾成的消費貸借契約が有効に成立し得るかについても，近時は積極に解する方向にある（最判昭和48・3・16金法683号25頁）。

たとえば，ある仕事の開業準備のために利息付で金銭を貸すという約束がなされた場合，借主がこれを信じて開業の準備を始めたとすれば，貸主が，何ら相当の理由がないにもかかわらず，その約束を守らないのは決して許されるべきことではなかろう。契約自由の原則からも，このような契約の有効性を認めることは差支えないと思われるし，そもそも民法が要物契約にはなじまないはずの消費貸借の予約を認めている（589条参照）ことからも，諾成的消費貸借の有効性を認めるべきであるとされる。こうして諾成的消費貸借が有効なものとされれば，前述の抵当権設定契約や公正証書の有効性も何ら問題なく認められることになる。なお，この場合，諾成的消費貸借契約は非典型契約（無名契約）となる。

> 新587条の2　前条の規定にかかわらず，書面でする消費貸借は，当事者の一方が金銭その他の物を引き渡すことを約し，相手方がその受け取った物と種類，品質及び数量の同じ物をもって返還することを約することによって，その効力を生ずる。
>
> 　2　書面でする消費貸借の借主は，貸主から金銭その他の物を受け取るまで，契約の解除をすることができる。この場合において，貸主は，その契約の解除によって損害を受けたときは，借主に対し，その賠償を請求することができる。
>
> 　3　書面でする消費貸借は，借主が貸主から金銭その他の物を受け取る前に当事者の一方が破産手続開始の決定を受けたときは，そ

第2部　契約法各論

の効力を失う。

　　4　消費貸借がその内容を記録した電磁的記録によってされたとき
　　　は，その消費貸借は，書面によってなされたものとみなして，前
　　　三項の規定を準用する。

　消費貸借契約は要物契約であるが，前述のように，何故これが要物契
約とされたのか，その理由はそれほど明確ではなく，また実際上の必要
性から，判例は早くから諾成的消費貸借契約を承認していた。

　そこで，改正法は，消費貸借契約の要物性を維持しつつ（〔新〕587条），
新たに587条の2を設けて，一定の要件の下に諾成的消費貸借契約を明
文により認めることとした。そして，この諾成的消費貸借契約を認めた
ことによって589条（消費貸借の予約に関する規定）は，その存在意義を
失うことになったので削除される。

　諾成的消費貸借契約を認めるとはいっても，当事者の合意のみのよっ
てこれが成立し得るとすると，安易な合意によって当事者が酷な立場に
追い込まれることも危惧されるところから，1項は，書面でることを
諾成的消費貸借契約の成立要件としている。

　すなわち，要物契約としての消費貸借契約と要式契約としての諾成的
消費貸借契約を併存させるという形を採っているのである。

　2項は，借主が，消費貸借の目的物を受取るまでは契約の解除をする
ことができる旨を定める。これは，諾成的消費貸借が成立した後におい
て，借主の目的物に対する需要がなくなること（たとえば，金銭貸借にお
いて資金と必要としなくなった場合）ががあり得るので，このような場合
には，借主を契約の拘束力から解放する必要性を認め，解除権を与える
ことにしたものである。

　ただ，利息付諾成的消費貸借契約等にあっては，借主の解除によって
貸主が損害を被ることは往々にしてあり得るところ，そのような場合に
は，借主は，その損害を賠償しなければならない。この場合，貸主が損
害を主張立証しなければならないのは当然である。

　3項は，書面でする諾成的消費貸借において，借主が，貸主から金銭
その他の物を受け取る前に当事者の一方が破産手続開始の決定を受けた

182

第4章　消費貸借

ときは，同契約は効力を失うことを定める。

　①借主が破産手続開始の決定を受けたときは，借主に弁済資力のないことが明らかとなるのであるが，このような場合にまで，貸主に貸す債務を負わせておくのは貸主に酷であり，②貸主が破産手続開始の決定を受けたときは，借主は，破産債権者として配当を受ける権利を有するにとどまることになるのであるが，借主が配当を受けると，借主に対する返還請求権が破産財団を構成することになって，手続が煩雑になる。3項は，こうした事態を避けるための定めである。

　なお，当事者の一方が再生手続開始や更生手続開始の決定を受けた場合に関してはしては，民事再生法49条，会社更生法61条のもとでの解釈に委ねられる。

　4項は，インターネットを利用した電子商取引等を活用する機会が増加していることに対応するための規定といってよい。電子商取引により消費貸借契約を締結しようとする者に対し，一々書面を作成するよう求めるのでは，電子商取引等という手段を用いる利便性が著しく損なわれることになる。

　そこで，消費貸借がその内容を記録した電磁的記録よってなされた場合は，これを書面によってなされた消費貸借とみなすとしたのである（同様の規定は，契約の成立要件として書面を要求する保証契約においてもみられる〔新446条3項〕）。

3　準消費貸借

　消費貸借の要物性を前提とした場合であっても，既に存する債務をいきなり消費貸借に改めるという契約は有効であるとされる。すなわち，消費貸借契約によらないで金銭その他の物を給付する債務を負担している場合において，当事者が，その金銭その他の物をもって消費貸借の目的とするとの合意をしたときは，これにより消費貸借契約が成立したものとみなされる（588条）。消費貸借の要物性を考えれば，借主が，それまで負担していた債務を一旦履行して，改めて当該目的物を受取ることによってはじめて消費貸借は成立することになるところ，そのような手続は無用と考えられたものである。これを準消費貸借という。

183

第2部 契約法各論

　588条は，消費貸借以外の原因で債務を負う場合，たとえば売買代金債務を借金したことに改めるような場合にのみ準消費貸借は成立するように定めているが，既に存在する消費貸借を新たな消費貸借に改めることによっても準消費貸借が成立するとみて妨げない（大判大正2・1・24民録19輯11頁）。

> 　新588条　金銭その他の物を給付する義務を負う者がある場合において，当事者がその物を消費貸借の目的とすることを約したときは，消費貸借は，これによって成立したものとみなす。
>
> 　588条は，「消費貸借によらないで金銭その他の物を給付する義務を負う者がある場合において，当事者がその物を消費貸借の目的とすることを約したときは，消費貸借は，これによって成立したものとみなす。」と定めて準消費貸借を認めていた。
> 　「消費貸借によらないで」としているところから，もともと存在する債務が消費貸借に基づくものであるときは準消費貸借の成立が認められないのではないかとの文理解釈も可能であると思われたが，判例は，消費貸借に基づく債務についても準消費貸借の成立を認めていた（前掲大判大正2・1・24等）。
> 　消費貸借に基づく債務が存する場合に，改めて消費貸借契約を締結する必要性は乏しいが，かといって，敢えてこれを否定する理由も見出しがたい。
> 　そこで，本条は，「消費貸借によらないで」という文言を削除することによって，現存する債務一般について準消費貸借の成立を認めることとした。
> 　準消費貸借契約は諾成契約であるが，諾成的消費貸借とは異なり，目的物の引渡を約するものではないから，目的物の引渡に代えて書面を要求することにより，安易な，あるいは軽率な消費貸借の締結を阻止することが求められるわけではない。したがって，準消費貸借に書面が要求されることはない。

　なお，準消費貸借をした場合，旧債務に付着していた抗弁（同時履行の抗弁権，担保権等）が消費貸借の債務（新債務）にも継承されるのかは，それぞれの具体的事情によって異なるといわざるを得ないが，特別の事情がなければ，

184

新旧債務は，その同一性を保つものと解し，したがって，抗弁も継承されると
みるべきである（最判昭和 50・7・17 民集 29 巻 6 号 1119 頁）。

　同時履行の抗弁権に関する大判昭和 8 年 2 月 24 日（民集 12 巻 265 頁）は，
次のような事案である。

　ＡＹ間で実用新案付瓦製造機械の売買契約を締結し（代金 1500 円），その後，
ＡＸ（Ａの債権者）Ｙ間で債権者交替による更改契約がなされ，買主Ｙは，そ
の売買代金をＸに支払うものとした。ＹがＸに 500 円払った後，ＸＹ間で残代
金（1000 円）につき準消費貸借に改めたが，Ｙが支払わないので，Ｘが貸金返
還請求の訴を提起したところ，Ｙは，売買目的物全部の引渡を受けていないと
して同時履行の抗弁権を主張した。

　これに対して判決は，「売買契約ニ於ケル代金債務ヲ準消費貸借ノ目的ト為
シタル場合ニ於テ債務者カ同時履行ノ抗弁権ヲ有スルヤ否ハ該準消費貸借カ代
金債務ヲ消滅セシメテ新ナル債務ヲ発生セシメタルヤ否ニ依リ決セラルヘキモ
ノナルヲ以テ諸般ノ事情ヲ斟酌シ当事者ノ意思ヲ探求シテ之ヲ決定」しなけれ
ばならないにもかかわらず，原審はこれをしなかったとして，Ｙの同時履行の
抗弁権の主張を斥けた原審判決を一部破棄し，差戻した（最判昭和 62・2・13
判時 1228 号 84 頁も同趣旨）。

　このほか，準消費貸借上の債権の消滅時効も問題となるが，時効期間は各債
務の性格に応じて決することが妥当であるから，旧債務についてのものを，そ
のまま新債務に当てはめるべきではないとされる（大判大正 10・9・29 民録 27
輯 1707 頁）。

4　消費貸借の予約

　将来的に本契約たる消費貸借を締結すべき義務を負うことになる消費貸借の
予約も認められている。この場合には，借主は，本契約の締結を請求する権利
を有し，貸主は，これに応ずる義務を負うことになる。ただ，ここでは目的物
を交付しないと本契約は成立しない。諾成的消費貸借とは異なる点である。

　なお，貸主の貸すべき義務を相殺によって消滅させることは，この契約の性
質上できないとされている（大判大正 2・6・19 民録 19 輯 458 頁）。

　消費貸借の予約をした後，当事者の一方が破産手続開始の決定を受けると，
その予約は効力を失う（589 条）。当事者間の公平を図ったものである。

第2部　契約法各論

> 消費貸借は要物契約とされていたところ，その予約は，貸主に「借主に対する貸す債務」を負わせることを目的としたものであった。しかし，諾成的消費貸借が認められることになって，消費貸借の予約は意味をなさなくなった。したがって，589条が削除されることは前述した（新587条の2のところを参照）とおりである。

Ⅲ　消費貸借の効力

1　貸主の義務

典型契約たる消費貸借は片務契約であるから，貸主が義務を負うことはない。これに対し，諾成的消費貸借は双務契約となるので，貸主は，貸す（目的物を交付する）債務を負うことになる。

2　貸主の担保責任

利息付消費貸借契約においては，目的物に隠れたる瑕疵があったときは，貸主は，瑕疵のない別の物を引渡さなければならないとし，かつ，損害賠償の義務もあるとした（590条1項）。これは，利息付消費貸借においては，貸主に，瑕疵のない物の引渡義務があるということが前提となっている。

無利息消費貸借においては，貸主が，その瑕疵を知っていてこれを借主に告げなかったときにだけ瑕疵のない別の物を引渡し，損害賠償の義務を負う（同条2項後段）。ただし，借主が瑕疵のない別の物に取替えてもらえなかったときは，同じような瑕疵のある物を返還することは困難であるから，借主は，その瑕疵ある物の価額を返還することができる（同前段）。

> 新590条　第551条の規定は，前条第1項の特約のない消費貸借について準用する。
>
> 　　2　前条第1項の特約の有無にかかわらず，貸主から引き渡された物が種類又は品質に関して契約の内容に適合しないものであるときは，借主は，その物の価額を返還することができる。

無利息消費貸借には，贈与者の引渡義務等に関する新551条が準用される。

新551条は、贈与契約の無償性に鑑みて贈与者の引渡義務等について定められたものであるところ、無利息消費貸借と贈与とは無償性という点で共通することから、同条の規定は無利息消費貸借にも妥当すると考えられたのである。

590条2項前段は、無利息消費貸借においては、目的物に瑕疵があったときは、借主は、瑕疵ある物の返還に代えて、瑕疵がある物の価額を返還することができるとされているが、利息付消費貸借契約の場合には、価額返還が認められていない（同条1項前段参照）。

しかしながら、そもそも瑕疵ある物の価額返還を認めたのは、同程度の瑕疵ある物を調達して返還することが困難であるからに他ならなかったのであり、そうであれば、利息付か否かで取扱を異にする合理的な理由もないといえ、利息付消費貸借についても瑕疵ある物の価額返還を認めるべきであると指摘されていたところである。

そこで、本条2項は、利息付きであると否とを問わず、貸主から引き渡された物が種類または品質において契約内容に適合しないものであるときは、その物の価額返還を認めることとしたのである。

なお、利息付消費貸借において、目的物に隠れた瑕疵があるときは、貸主は、瑕疵のない物（代替物）を給付しなければならないとしていた590条1項は削除される。

これは、今次の改正により、売主の担保責任が債務不履行責任として再構成されることになって、買主には、代替物引渡請求が認められることになり（新562条）、それが有償契約である利息付消費貸借契約に準用される（新559条）ところから、590条1項は、その存在意義を失うことになるからである。

3 借主の義務

(1) 目的物返還義務

借主は、貸主から交付された物と種類・品質・数量の同じ物を返還する義務を負う（587条）。借りた物に瑕疵があった場合には、それと同様の瑕疵ある物を返還すればよいことになるが、それが不可能であるときは、返還が不可能になったときにおけるその物の価額を償還すればよい（592条本文）。

第2部　契約法各論

利息付消費貸借の場合，借主は，瑕疵のない別の物の給付を請求することができるが（590条1項本文），借主がそれを請求しなかったときは，同様に処理されることになる。

(2) 利息支払義務

利息付消費貸借の場合には，当然に利息支払義務を負う。この場合の利息に関する規制については404条，405条によるが，利息制限法等にも注意すべきである。

この利息支払義務は，原則として，契約成立の日から具体的に発生するものと考えられている（最判昭和33・6・6民集12巻9号1373頁）。利息は，元本使用の対価だからである。

　新589条　貸主は，特約がなければ，借主に対して利息を請求することができない。
　　2　前項の特約があるときは，貸主は，借主が金銭その他の物を受け取った日以後の利息を請求することができる。

　1項で，消費貸借は無利息が原則であることを明らかにする。改正前においても，消費貸借は無利息が原則とされ（587条参照），消費貸借の合意とは別に利息に関する合意をしている場合に限り，利息が発生するとされていたのであるが，その利息に関する規定は存しなかった。

　しかし，現実に行われる消費貸借のほとんどが利息付きであることに鑑み，利息に関する明文規定を置くことが要請され，これに応えることとしたものである。

　本条2項は，利息付消費貸借において利息が発生するのは何時からかを明らかにする。

　利息は，いうまでもなく元本利用の対価であるから，借主が目的物を利用することができるようになる目的物受領日から生ずるとするのが妥当であり，判例（前掲最判昭和33・6・6）も同様である。

　もちろん，利息が発生する日を元本受領日より後にする契約は有効であって，これを妨げる理由はない。

第4章　消費貸借

Ⅳ　消費貸借の終了

1　返還時期の定めがある場合

返還時期の定めがあるときは，その時期の到来によって消費貸借は終了する。そして，返還義務が具体化することになる。

その返還時期が確定期限のときは期限到来の時から，不確定期限であれば，その期限の到来を知った時から，借主は履行遅滞に陥る（412条1項，2項）。

なお，期限の定めがあるときであっても，その期限到来前に消費貸借が終了することもある（137条）。借主は，期限の利益を放棄して，返還時期到来前に返還することもできる（136条2項）。

2　返還時期の定めがない場合

返還時期の定めがないときは，貸主は，いつでも，相当の期間を定めて返還を請求することができる（591条1項）。他方，借主は，いつ返還してもよい（同条2項）。利息付きであるときは，その返還時までの利息を支払えばよい。

> 新591条　当事者が返還の時期を定めなかったときは，貸主は，相当の期間を定めて返還の催告をすることができる。（変更無し）
> 　2　借主は，返還の時期の定めの有無にかかわらず，いつでも返還をすることができる。
> 　3　当事者が返還の時期を定めた場合において，貸主は，借主がその時期の前に返還をしたことによって損害を受けたときは，借主に対し，その賠償を請求することができる。

591条2項は，「借主は，いつでも返還をすることができる。」と定めているところ，これは同条1項が定める「当事者が返還の時期を定めなったときは」という文言を受けて，返還の時期を定めなかったときには，借主は，いつでも返還をすることができるという趣旨であると理解されていた。

しかし，返還の時期が定められている場合であっても，借主は，期限の利益を放棄することによって期限前に返還（弁済）することができるのであるから，2項は，返還の時期の定めがあると否とを問わず，借主は，いつでも返還することができる旨を明記したのである。

189

第2部　契約法各論

　このように，返還時期の定めがある場合であっても，借主は，その返還時期より前に返還（弁済）することができるのであるが，利息付消費貸借の場合には，これにより貸主が，その間の利息分相当の損害を被ることになるので，3項で，貸主は借主に対してその賠償を求めることができるとしたのである。

　その際，貸主が，損害の発生とその額とを主張・立証しなければならないのは当然といえよう。

第 5 章 使 用 貸 借

I 意　義

　使用貸借とは，当事者の一方（使用借主）が，対価を払わないで相手方（使用貸主）から借りた物を使用・収益した後返還することを約し，その物を相手方から受取ることによって成立する片務・無償・要物・無方式の契約である（593条）。

　他人の物を使用・収益するという点において賃貸借，消費貸借と共通する。しかし，無償であるという点で賃貸借と異なり，使用借主が目的物の所有権を取得せず，したがって必ず借りた物自体を返還しなければならないという点で消費貸借と異なる。

　なお，要物性については緩やかに解してよく，現実の引渡（182条1項），簡易の引渡（182条2項），占有改定（183条），指図による占有移転（184条）のいずれでもよいとされている。借主による支配が可能になればよいと考えられるからである。

　建物の借主が，その建物等に賦課される公租公課を負担しても，それが使用・収益に対する対価の意味をもつものと認めるに足りる特別の事情がない限り，その貸借は使用貸借であるとしたものがある（最判昭和41・10・27民集20巻8号1649頁）。

　使用貸借は，契約当事者間に何らかの緊密な関係がある場合に締結される例が多いが，今日においては，それほど重要な機能を営むものではないとされている。

> 　新593条　使用貸借は，当事者の一方がある物を引き渡すことを約し，相手方がその受け取った物について無償で使用及び収益をして契約が終了したときに返還することを約することによって，その効力を生ずる。

　改正前において，使用貸借は，消費貸借と共に要物契約とされていた（593条参照）のであるが，これを諾成契約とすることとしたものである。

第2部　契約法各論

すなわち，使用貸借契約の成立によって，貸主は，目的物引渡義務を負い，借主は，契約終了時に目的物を返還する義務を負うことになる。ただ，無償性は維持される。

新593条の2　貸主は，借主が借用物を受け取るまで，契約の解除をすることができる。ただし，書面による使用貸借については，この限りでない。

本条の趣旨は，同じく無償契約である贈与契約の場合と通ずるところがある。

すなわち，貸主が，深く考えることもなく使用貸借契約を締結してしまい，自身にとって必要な物の引渡義務を負うことを回避することにある。

ただ，使用貸借契約を書面ですることになった場合には，貸主も十分に考慮した上での契約締結であるとして，そのような解除権を認めないことにした。

このように，書面によらない使用貸借について，目的物の引渡前であれば，貸主は，いつでも契約を解除することができるとして契約の拘束力が弱められているのは，いうまでもなく，これが無償契約であるからに他ならない。

拘束力を維持しようとする場合には，書面による契約締結が必須である。

他方，借主は，書面による使用貸借であっても，いつでも契約の解除をすることができる（新598条3項）。

II　使用貸借の効力

1　使用貸主の義務

貸主は，借主に対して目的物の使用・収益を許容する義務がある。これはあくまでも消極的な義務であり，賃貸人のように目的物を修繕してその利用に適するようにしてやる義務はない。

貸主の担保責任については551条が準用される（596条）。すなわち，貸主は，

192

第5章　使用貸借

目的物に瑕疵があっても責任を負わないのが原則であり，ただ，その瑕疵を知っていながらこれを借主に告げなかったときに責任を負う。また，負担付使用貸借（たとえば，土地の使用貸借において，その土地の一部に花壇を作ることという特約がある場合は，負担付使用貸借となろう）については，その負担の限度で売主と同様の担保責任を負う。使用貸借は，贈与と同じく無償だからである。

新596条　第551条の規定は，使用貸借について準用する。（変更なし）

本条は全く修正されていないが，使用貸借は，要物契約から諾成契約に変わったことから，596条は，貸主の担保責任から引渡義務等と捉え方が変わることとなった。

2　使用借主の権利・義務

借主は，契約または目的物の性質によって定まる用法に従い，その物を使用・収益することができる（594条1項）が，そのための通常の必要費を負担しなければならない（595条1項）。通常の必要費以外の費用については，一定の基準でその償還を求めることができる（同条2項）。

また，借主は，貸主の承諾を得ることなく目的物を第三者に使用・収益をさせてはならない（594条2項）。

借主が用法違反の使用・収益をしたり，貸主に無断で第三者に使用・収益させたときは，貸主は，契約を解除（告知）することができる（同条3項）。この場合，貸主は損害賠償請求もなし得るが，これは貸主が目的物の返還を受けた時から1年以内にしなければならない（600条）。

新600条　契約の本旨に反する使用又は収益によって生じた損害の賠償及び借主が支出した費用の償還は，貸主が返還を受けた時から1年以内に請求しなければならない。（変更なし）
　　　2　前項の損害賠償の請求権については，貸主が返還を受けた時から1年を経過するまでの間は，時効は，完成しない。

本条2項は，契約の本旨に反する使用収益によって生じた損害賠償請求権は，貸主が返還を受けた時から1年を経過するまでは時効は完成しない（時効の完成猶予）とするものであるが，この意味は次のように考え

193

第 2 部　契約法各論

るとよいであろう。

　借主が用法違反（契約の本旨に反する使用収益）をした時から 10 年を経
過しても，なお使用貸借が存続していることもあると考えられるところ，
その間に損害賠償請求権の消滅時効が完成してしまうこともあろう。し
かし，貸主は，目的物の状況を把握することが困難なため，借主の用法
違反の事実を知らない間に消滅時効が進行し，貸主が目的物の返還を受
けた時には既に（損害賠償請求権の）消滅時効が完成しているといった事
態も生じ得る。そこで，このような事態に対処する必要があると考えら
れたのである。

　使用貸借は無償であるから，借主が借賃の支払義務を負わないのは当然であ
るが，善良な管理者の注意をもって目的物を管理しなければならない（400
条）し，負担付使用貸借であるときは，借主は，その負担を履行する義務を負
う。
　使用貸借が終了したときは，借主は，目的物を返還しなければならないが，
その際は，自分で付属せしめた物等を収去して，現状に回復しなければならな
い（598 条）。これは，借主の権利であると同時に義務でもある。

　新 599 条　借主は，借用物を受け取った後にこれに附属させた物があ
　　　る場合において，使用貸借が終了したときは，その附属させた物
　　　を収去する義務を負う。ただし，借用物から分離することができ
　　　ない物又は分離するのに過分の費用を要する物については，この
　　　限りでない。
　　2　借主は，借用物を受け取った後にこれに附属させた物を収去す
　　　ることができる。
　　3　借主は，借用物を受け取った後にこれに生じた損傷がある場合
　　　において，使用貸借が終了したときは，その損傷を原状に復する
　　　義務を負う。ただし，その損傷が借主の責めに帰することができ
　　　ない事由によるものであるときは，この限りでない。

　598 条は，「借主は，借用物を原状に復して，これに附属させた物を収
去することができる。」としていたが，これは借主の原状回復義務と，そ
れに伴う付属させた物の収去権を定めたものであった。そして，原状回

復義務の中には，目的物の通常の使用・収益を妨げるようなものを（借主が）附属させていたときは，それらを収去しなければならないこと（収去義務）も含まれていると考えられていた。

そこで，本条1項本文は借主の収去義務，2項は借主の収去権について規定し，3項は借主の原状回復義務の内容を規定することとされたのである。

従来，目的物を毀損しなければ附属させた物を収去することができない場合や，収去権の行使が権利濫用に当たるような場合には，借主は附属させた物を収去することはできないと解されていた。そこで，本条1項ただし書は，目的物から分離することができない物または分離するのに過分の費用を要する物については，借主は，収去義務を負わないとしている。

これと同様，2項の収去権も，収去が可能であることを前提としていると解することができ，収去が不能である場合には費用償還請求の問題となろう。

なお，598条は借主の原状回復義務を定めてはいたが，その内容については明らかにするところではなかった。これに対し，本条3項は，借主が目的物を受け取った後に生じた損傷については原状回復義務を負うが，その損傷が借主の責めに帰すことができない事由に基づくものであるときは，その義務を負わないとして，その内容を明確なものにした。

さて，この原状回復義務の内容について，賃貸借について定める新621条は，「賃借人は，賃借物を受け取った後にこれに生じた損傷（通常の使用及び収益によって生じた賃借物の損耗並びに賃借物の経年変化を除く。以下この条において同じ。）」について原状回復義務を負うとし，通常の使用による損耗や経年変化によるものは原状回復義務の対象に含まないとしているが，これとの比較で問題となり得よう。すなわち，使用貸借においては，通常の損耗や経年変化も原状回復義務の対象に含まれるのか，使用貸借は無償であるのだから，それは当然のことだと解し得るのかということである。

賃貸借は，いうまでもなく有償であり，そうであれば，予め通常損耗や経年変化を考慮して対価たる賃料を決定することができるのに対し，

第 2 部　契約法各論

> 無償である使用貸借においては同様の規定を置くことが必ずしも適切で
> はないと考えられたものである。

Ⅲ　使用貸借の終了

使用貸借は次の場合に終了し，借主は，目的物を貸主に返還しなければなら
なくなる。

1　契約で返還の時期を定めたとき

契約で返還の時期を定めたときは，その時期が到来すれば終了する（597 条
1 項）。

2　契約で返還の時期を定めなかったとき

契約で返還の時期を定めなかったときは，契約に定めた目的に従って使用・
収益を終了した時に終了する（597 条 2 項本文）。

3　借主死亡のとき

契約で期間の定めをしたか否かにかかわらず，借主が死亡したときは，これ
により終了する（599 条）。使用貸借においては，借主が誰であるかが特に重要
な意味をもち，使用借権は一身専属権であって相続になじまないと考えられる
からである。ただ，これと異なる合意は可能であると解されている。

この点につき，貸主と借主との人的関係に着目して，借主の死亡によっては
当然に終了しないとする裁判例もある（東京地判平成元・6・26 判時 1340 号 106
頁，東京高判平成 13・4・18 判時 1754 号 79 頁——家屋の使用貸借につき，貸主と
借主との間に実親子同然の関係があり，貸主と借主の家族とが長年にわたって同居
してきたという場合，貸主と借主の家族との間には，貸主と借主本人との間と同様
の特別な人的関係があるというべきであるから，599 条は適用されず，借主としての
地位が相続により承継されるとした）。

4　当事者の告知によるとき

(1)　貸主の告知

①　契約で使用・収益の目的を定めたにもかかわらず，借主がそれに必要な

期間が経過してもなお使用・収益を終了しないときは，貸主は，告知により目的物の即時返還を請求することができる（597条2項ただし書）。なお，期間の定めのない土地使用貸借成立の基礎たる人間関係（信頼関係）が崩れた場合に597条2項ただし書を類推適用して，貸主の告知を認めたものがある（最判昭和42・11・24民集21巻9号2460頁）。

② 契約で返還の時期を定めず，使用・収益の目的も定めなかったときは，貸主は，いつでも告知して目的物の返還を請求することができる（597条3項）。

③ 借主が，用法に反して目的物の使用・収益をしたとき，または貸主の承諾を得ずに第三者に使用・収益をなさしめたときは，貸主は，契約を解除（告知）することができる（594条3項）。

以上の場合につき，民法は，単に「返還を請求する」といったり，「解除」といったりしているが，返還請求は契約を終了させることが前提となるのは当然であり，この解除には遡及効はないのであるから，これは告知と解すべきものである。

(2) **借主の告知**

民法上とくに規定は存しないが，借主は，いつでも告知できると解すべきである。

新597条　当事者が使用貸借の期間を定めたときは，使用貸借は，その期間が満了することによって終了する。

　　2　当事者が使用貸借の期間を定めなかった場合において，使用及び収益の目的を定めたときは，使用貸借は，借主がその目的に従い使用及び収益を終えることによって終了する。

　　3　使用貸借は，借主の死亡によって終了する。

　1項は，597条1項，2項は597条2項本文，3項は599条にそれぞれ対応するものである。

　597条は，目的物を返還すべき時期は何時かという観点からの規定であって，契約が何時終了するかを明示するものではなかった。しかし，目的物の返還義務は契約が終了して生ずるものであることから，規定の内容を契約の終了時期を明記するものとしたものである。

197

第2部　契約法各論

> 新598条　貸主は，前条第2項に規定する場合において，同項の目的
> に従い借主が使用及び収益をするのに足りる期間を経過したとき
> は，契約の解除をすることができる。
> 　2　当事者が使用貸借の期間並びに使用及び収益の目的を定めな
> かったときは，貸主は，いつでも契約の解除をすることができる。
> 　3　借主は，いつでも契約の解除をすることができる。

　期間満了等による使用貸借の終了については新597条が，使用貸借の
解除については本条が定める。

　1項は597条2項ただし書に対応するが，貸主は，「直ちに返還を請求
することができる」としていたのを「解除することができる」と改め，2
項は597条3項に対応するところ，やはり「いつでも返還を請求するこ
とができる」としていたのを「いつでも契約の解除をすることができ
る」と改めた。

　目的に従って使用および収益をするのに足りる期間は，契約を締結し
た目的，その間の事情，目的物は何か，契約締結後どれほどの時間が経
過しているか，その他諸般の事情を総合考慮して判断される。

　2項で，貸主はいつでも契約を解除することができるとされたのは，
使用貸借が無償契約であることから，その期間も目的も定められていな
いような場合には，いつ解除しても支障はないと考えられたからである。

　3項は新設されたものであるが，使用貸借は無償であり，貸主は，借
主に目的物を利用させることによって何らかの（積極的）利益を得るもの
ではないことから，基本的に，借主側が何時契約を解除することになっ
ても差し支えないと考えられたのである。

第6章 賃 貸 借

第1節 意 義

　賃貸借は，当事者の一方（賃貸人）が，相手方（賃借人）に或る物の使用・収益をさせ，相手方がこれに対して対価たる賃料（借賃）を支払うことを約することによって成立する双務・有償・諾成・無方式の契約である（601条）（なお，東京地判平成18・7・7金商1248号6頁は，きわめて高額な賃料等〔賃料および共益費で月額3000万円超，敷金総額が4億円近い額〕を内容とする賃貸借契約締結に際しては，通常，書面による合意がなされるものであるところ，正式な賃貸借契約書が作成されていないから，契約申込書があるとしても賃貸借契約は成立していないとしている）。

　借主が，目的物の所有権を取得することなくこれを使用・収益して，その物自体を貸主に返還するという点で使用貸借と共通するが，対価たる借賃を支払わなければならないという点においてこれと異なる。

> 新601条　賃貸借は，当事者の一方がある物の使用及び収益を相手方にさせることを約し，相手方がこれに対してその賃料を支払うこと及び引渡しを受けた物を契約が終了したときに返還することを約することによって，その効力を生ずる。
>
> 　601条の相手方（借主）の債務の内容に「引渡しを受けた物を契約が終了したときに返還すること」を加えたものであり，通説的見解を明文化したものである。

　今日，私たちの社会生活において，この賃貸借という制度がほぼあらゆる分野で広範に行われていることは改めて述べるまでもないことであり，その分，その社会的機能もきわめて大きいといえる。

　民法典は，他人の土地を宅地として使用・収益するためには地上権，耕作地として使用・収益するためには永小作権という物権も用意しており，当事者は，その選択にしたがい，物権たるそれらの権利を設定してもよいし，債権たる賃

199

第2部　契約法各論

借権を設定してもよいが，貸す側と借りる側との実際上の力関係から，物権が設定されることはむしろ稀で，賃貸借によっている場合が圧倒的に多い。

　ところで，他人の不動産を使用・収益するという場合，それが居住目的であれ，農耕・牧畜・山林経営等であれ，長期間継続するのが常態であるといえるが，目的物の如何にかかわらず，すべてに共通の規定をもって規制し，契約自由の原則に立脚している民法は，借主保護（長期間にわたる使用・収益を保障してその地位を保護する）という点においてきわめて不十分であるといわざるを得ない。そこで，比較的早い時代から，特別法（代表的なものとして，1909〔明治42〕年の「建物保護ニ関スル法律」，1921〔大正10〕年の「借地法」，「借家法」…これら三法は，1991〔平成3〕年に「借地借家法」に統一された）による修正が試みられ，その存続期間や対抗力，あるいは投下資本の回収という側面において物権に近い効力が認められるようになってきている。これを不動産賃借権の物権化と呼んでいる。

第2節　賃貸借の成立

I　要　件

　賃貸借の目的物は物に限られるが，不動産であると動産であるとを問わない。また，一個の物の一部についての賃貸借も可能であり，他人物賃貸借も認められている。

　借主は，対価として「賃料」（借賃）を支払わなければならないが，金銭以外のもの，たとえば収穫物等で支払うという場合も賃貸借となるとみて差支えない。

II　成立の方法

　賃貸借が諾成・無方式の契約であることは既に述べた。

　また，不動産賃借権は時効による取得も認められている（最判昭和43・10・8民集22巻10号2145頁——目的不動産の継続的用益という外形的事実の存在とそれが賃借の意思に基づくことが客観的に表現されていることを要件とする）。

　不動産賃貸借においては，敷金や権利金が支払われることが少なくない。

　敷金は，賃料債権のほか，賃貸借終了後家屋明渡義務履行までに生ずる賃料相当損害金債権その他賃貸借契約より賃貸人が賃借人に対して取得することの

200

ある一切の債権を担保し，賃貸借終了後，家屋明渡がなされた時点においてそれまでに生じた一切の被担保債権（額）を控除してなお残額があることを条件として，その残額について返還請求権が発生するもの（最判昭和 48・2・2 民集 27 巻 1 号 80 頁，同旨最判昭和 49・9・2 民集 28 巻 6 号 1152 頁）であり，一種の条件付金銭所有権の移転と理解されている。したがって，賃貸借終了の際に賃料の延滞や目的物の毀損等による損害賠償債務が発生していなければ，賃借人はその返還を請求することができ（大判大正 15・7・12 民集 5 巻 616 頁），その債務が発生していれば，それを差引いた残額の返還請求権が生ずる。逆に，敷金だけでは債務の弁済に不足するときは，不足分を支払わなければならないこととなる。

　なお，最判昭和 53 年 12 月 22 日（民集 32 巻 9 号 1768 頁）は，敷金の法的性格について前掲最判昭和 48 年 2 月 2 日と同様に解し，敷金契約は賃貸借に従たる契約ではあるが，賃貸借とは別個の契約であるとした上で，賃借権の譲渡がなされ，これを賃貸人が承諾したときは，これにより旧賃借人（敷金交付者）は賃貸借関係から離脱し，その旧賃借人が，新賃借人に対し敷金返還請求権を譲渡する等の特段の事情がない限り，敷金に関する旧賃借人の権利義務関係は新賃借人に承継されるものではないとした。

　これに対して権利金は，その性格が一定ではなく，賃料の一括払い，賃借権の設定・譲渡等の対価であったりする。その返還請求の可否については，その権利金なるものが，どのような名目（たとえば保証金，礼金）で用いられているものか，契約に期間の定めがあるか，賃料は他と比較して高いか安いか等を総合的に検討して決すべきとされる。

　営業施設等の対価と認められるときは，一種の売買がなされたとみて，特段の合意がない限り，その返還は認められないものと解されている（最判昭和 29・3・11 民集 8 巻 3 号 672 頁等）。

第 3 節　賃貸借の存続期間

I　総　説

　賃貸借，とりわけ不動産賃貸借においては，賃借人がその賃借権を行使し得る期間，すなわち，その存続期間がどれぐらいかということが重要な意味をもっている。

第 2 部　契約法各論

民法典は，この存続期間につき，どちらかというとあまり長くしないことを意図して規制している。所有権に対する長期にわたる債権的拘束は望ましくないというのがその趣旨と思われる。そして，長期にわたる使用・収益を望むのであれば地上権や永小作権を利用すべきと考えたもののようである（268項2条，278条参照）。しかしながら，現実問題として地上権や永小作権がそれほど利用されなかったのは前述のとおりである。

そこで，不動産賃借権については，特別法によりその存続期間の伸長が図られることとなった。

II　民法上の存続期間

1　契約で期間を定める場合

(1)　最長期間

当事者が，その合意によって存続期間を定める場合であっても 20 年を超えることはできず，もしこれを超える期間を約定しても，当然に 20 年に短縮される（604条1項）。

当事者は，この期間を更新することができるが，この場合も，更新のときから 20 年を超えることはできない（604条2項）。

> 新604条　賃貸借の存続期間は，50 年を超えることができない。契約でこれより長い期間を定めたときであっても，その期間は，50 年とする。
> 　　2　賃貸借の存続期間は，更新することができる。ただし，その期間は，更新の時から 50 年を超えることができない。

604 条は，賃貸借の存続期間は 20 年を超えることができないとし，契約でこれより長い期間を定めたときでも，その期間は当然に 20 年にされるとしていたが，これが 50 年とされた。

借地借家法の適用がある土地建物の賃貸借については存続期間の上限が定められていないところであるが（借地借家3条，29条2項），同法の適用がないものについては上記 604 条の規定が妥当するものとされていた（20 年を超えるものについては地上権や永小作権を利用することが期待されていたが，これらがそれほど活用されなかったのは前述したとおりである）。

しかし，社会状況の変容に伴い，借地借家法が適用されない賃貸借についても存続期間を20年超とする必要性が高まってきたことを受けて，これを伸長することが考えられたが，他方で，あまりに長期の賃貸借を認めるとなると所有者に過度の負担を課すことにもなると考えられるところから（永小作権と同様の）50年とされたものである。

　更新後の存続期間（2項）についても同様の配慮が働いている。

　なお，この改正に伴い，農地法19条（「農地又は採草放牧地の賃貸借についての民法第604条の規定の適用については，同条中『20年』とあるのは，50年』とする。」）は削除される。

(2) 最 短 期 間

　最短期間については特に制限がない。したがって，民法上は如何に短い存続期間が定められても有効ということになる。しかし，これでは，とりわけ不動産賃貸借において，利用目的との関係で相当でない短期間の約定がなされ，その結果，賃借人の地位をきわめて不安定なものにしかねないこととなる。そこで，そのような場合には，期間に関する定めを「例文」であって拘束力がないとしたり，その期間は「地代据置期間」とみるべきである等としている（東京地判大正2・4・11新聞875号22頁等）。

(3) 黙示の更新

　賃貸借の期間満了後，賃借人が賃借物の使用・収益を継続していて，賃貸人がこれを知りながら異議を唱えないときは，前賃貸借と同一の条件で賃貸借が更新されたものと推定される（619条1項前段）。ただし，期間については定めのないものとなる（同後段）。

2　契約で期間を定めない場合

　存続期間の約定をしなかったときは，当事者は，一方的にいつでも解約の申入をすることができ，その解約申入の日から，土地については1年，建物については3ヶ月，貸席および動産については1日が経過することにより賃貸借は終了する（617条1項）。

　ただ，収穫季節のある土地の賃貸借については，その季節の後，次の耕作に着手する前に解約の申入をしなければならない（同条2項）。

第 2 部　契約法各論

3　短期賃貸借

　財産を管理する能力はあるが，処分する能力を制限されている者や他人の財産について管理する権限はあるが，処分権限を有しない者（権限の定めのない代理人〔103 条〕等）が貸主として賃貸借をするときは，一定期間（樹木の栽植または伐採を目的とする山林は 10 年，その他の土地は 5 年，建物は 3 年，動産は 6ヶ月）を超えることはできない（602 条）。したがって，これらの期間を超えた期間については，契約が無効になる。

　新 602 条　処分の権限を有しない者が賃貸借をする場合には，次の各号に掲げる賃貸借は，それぞれ当該各号に定める期間を超えることができない。契約でこれより長い期間を定めたときであっても，その期間は，当該各号に定める期間とする。
　　一　樹木の栽植又は伐採を目的とする山林の賃貸借　10 年（変更なし）
　　二　前号に掲げる賃貸借以外の土地の賃貸借　　5 年（変更なし）
　　三　建物の賃貸借　3 年（変更なし）
　　四　動産の賃貸借　6 箇月（変更なし）

　602 条は，短期賃貸借しかできない者として，「処分につき行為能力の制限を受けた者」も挙げていたが，本条は，これを外したものである。「処分につき行為能力を制限された者」とは，未成年者，成年被後見人，被保佐人，被補助人を指すが，これらの者が短期賃貸借をすることができるかどうかは 5 条，9 条，13 条，17 条等に基づいて判断されるものであるところ，602 条のように「処分につき行為能力の制限を受けた者」を挙げておくと，これらの者も短期賃貸借であれば単独ですることができるのかという誤解を与えかねないことから，これを外すこととしたのである。

　短期賃貸借も更新することはできるが，最初の契約の終了に近づいてから（それぞれ期間が満了する前，土地については 1 年以内，建物については 3ヶ月以内，動産については 1ヶ月以内に）しなければならない（603 条）。

　賃貸借といえども，それが長期にわたるときは目的物の処分に近いものとなり，所有権に基づく財産の管理上重要な意味をもつことになる。そこで，一定の者のなす賃貸借については，その期間を短く限定することとしたものである。

204

第6章 賃 貸 借

Ⅲ　借地借家法上の存続期間

借地借家法は，借地権者（建物所有を目的とする地上権者または土地賃借権者）の保護と建物の維持・存続を図るという見地から，借地権の存続期間，効力等ならびに建物賃貸借契約の更新，効力等に関して特別の定めをしている。

1　借　地　権

(1)　借地権の存続期間は，原則として30年とするが，これより長い期間を定めたときは，その（長い）期間とする（借地借家3条）。

(2)　借地契約を更新するときは，その期間は，更新の日から10年（借地権設定後最初の更新のときは20年）とするが，当事者がこれより長い期間を定めときは，その期間とする（借地借家4条）。

(3)　借地権の存続期間が満了する前に建物が滅失等した場合において，借地権者が残存期間を超えて存続すべき建物を築造したときは，その築造につき借地権設定者の承諾がある場合に限り，借地権は，承諾があった日または建物が築造された日のいずれか早い日から20年間存続するが，残存期間がこれより長いか，当事者がこれより長い期間を定めたときは，その期間による（借地借家7条1項）。

借地権者が，契約が更新される前に，借地権設定者に対して残存期間を超えて存続すべき建物を新たに築造する旨を通知した場合において，借地権設定者が，その通知を受けた後2ヶ月以内に異議を述べなかったときは，その建物築造につき借地権設定者の承諾があったものとみなす（同条2項）。

転借地権が設定されている場合においては，転借地権者のする建物築造を借地権者がする建物の築造とみなして，1項が適用される（同条3項）。

(4)　また，定期借地権については，22条以下に規定がある。

①　一般定期借地権

存続期間を50年以上として借地権を設定する場合，公正証書等の書面によって，契約の更新および建物築造による存続期間の延長がなく，買取請求権もないものとする旨を定めることができる（借地借家22条）。これは一般定期借地権と呼ばれる。

②　事業用定期借地権

公正証書により，専ら事業の用に供する建物の所有を目的とし，かつ存続期

205

第2部　契約法各論

間を30年以上50年未満として，契約の更新および建物築造による存続期間の
延長がなく，建物買取請求権もない借地権を設定することもできる（借地借家
23条1項）。同じく公正証書により，専ら事業の用に供する建物の所有を目的
とし，かつ，存続期間を10年以上30年未満とする借地権には，3条ないし8
条，13条および18条は適用されない（同条2項）。これらは事業用定期借地権
と呼ばれる。

③　建物譲渡特約付借地権

借地借家法23条2項の賃借権を設定する場合を除き，借地権を消滅させる
ため，借地権設定後30年以上経過した日に借地上建物を借地権設定者に相当
の対価で譲渡する旨を定めることができる（借地借家24条1項）。これを，建
物譲渡特約付借地権という。

そして，この定めに従って借地権が消滅した後，借地上建物の使用を継続す
る者（借地権者または借地地上建物の賃借人）が請求したときは，請求の時に，
その建物につき，原則として，期間の定めなき賃貸借がなされたものとみなさ
れる（同条2項前段）。この場合，借賃につき当事者間で協議が調わないときは，
当事者の請求により裁判所が定める（同後段）。

借地借家法24条1項の建物譲渡特約がある場合において，借地権者または
建物賃借人と借地権設定者との間で，その建物につき定期借家契約をすること
ができる（同条3項）。

2　借　家　権

(1)　借家権については，期間を1年未満と約定したものについては，期間の
　　定めがないものとみなすとされている（借地借家29条1項）。
(2)　存続期間を約定しなかったときは，当事者はいつでも解約の申入をする
　　ことができるが，賃貸人から解約の申入をしたときは，その申入の日から
　　6ヶ月を経過することによって建物賃貸借は終了する（借地借家27条1項）。
　　民法617条1項2号が3ヶ月としていることとの違いに注意しなければな
　　らない。
(3)　定期借家権については，38条以下に規定がある。

期間の定めがある建物賃貸借をする場合において，公正証書による等書面に
よって契約するときに限り，契約を更新しない旨定めることができるが，その
際は，賃貸人は予め賃借人に対し，契約の更新はなく，期間満了によって当該

206

賃貸借が終了する旨を記載した書面を交付して説明しなければならず，この説明をしないと，更新しない旨の定めは無効となる（借地借家 38 条 1 項～3 項）。

また，1 年以上の期間を定めた場合には，賃貸人は，期間満了の 1 年前から 6 ヶ月前までの間（通知期間）に，賃借人に対して期間満了により賃貸借が終了する旨を通知しなければ，その終了を賃借人に対抗することができない（同条 4 項本文）。ただし，通知期間経過後にその通知がなされたときは，その通知の日から 6 ヶ月経過後に終了することになる（同ただし書）。

床面積 200m^2 未満の居住用建物の賃貸借において，転勤，療養，親族の介護その他のやむを得ない事情により，賃借人が自己の生活の本拠として建物を使用することが困難となったときは，賃借人は，解約の申入をすることができ，その解約の申入の日から 1 ヶ月を経過すると賃貸借は終了する（同条 5 項）。

この 38 条 4 項・5 項に反する特約であって建物賃借人に不利なものは無効とされる（同条 6 項）。

さらに，この定期借家において借賃改訂に係る特約があるときは，借賃増減額請求に関する借地借家法 32 条は適用されない（借地借家 38 条 7 項）。

法令または契約により，一定の期間経過後に建物を取壊すべきことが明らかな場合には，建物を取壊すこととなる時に賃貸借が終了する旨を定めることができる（借地借家 39 条 1 項）。この特約は，その建物を取壊すべき事由を記載した書面によってしなければならない（同条 2 項）。

第 4 節　賃貸借の効力

I　賃貸人の義務

1　使用・収益の許容

賃貸人は，賃貸借の内容に応じ，賃借人に目的物の使用・収益をなさしめる義務を負う（601 条）。それゆえ，賃貸人は，目的物を賃借人に引渡して，その使用・収益に適するようにしてやる積極的な義務があり，それに関連して，第三者により賃借人の使用・収益が妨げられているときは，これを排除しなければならない。

2　修繕義務

賃貸人は，目的物を賃借人の使用・収益に適するような状態に置かなければ

第2部　契約法各論

ならないところ，その具体的な現れとして，目的物の修繕義務を負うことにな
る（606条1項）。

　修繕義務が発生するのは，目的物の使用・収益につき修繕が必要であり，か
つそれが可能な場合であるが，修繕しなければならなくなった原因については
問われない。賃借人の責に帰すべき事由によって修繕が必要となったときは，
もちろん賃貸人が修繕義務を負うことはない。

　賃貸人が修繕義務を履行しないときは債務不履行となるから，賃借人は，損
害賠償を請求することができ，告知もなし得る。

　また，賃貸人の修繕義務を免除する特約の有効性を否定する理由はないが，
賃借人が積極的に修繕義務を負わなければならないとされた場合に，賃借人が
その義務を負わなければならないことになるかどうかについては，慎重に決す
る姿勢が求められよう。

　なお，賃貸人が賃貸目的物の保存に必要な行為をしようと欲するときは，賃
借人においてこれを拒むことはでできない（同条2項）。

　新606条　賃貸人は，賃貸物の使用及び収益に必要な修繕をする義務
　　　　　を負う。ただし，賃借人の責めに帰すべき事由によってその修繕
　　　　　が必要となったときは，この限りでない。
　　2　賃貸人が賃貸物の保存に必要な行為をしようとするときは，賃
　　　　借人は，これを拒むことができない。（変更なし）

　本条1項は，606条1項の規定を維持しつつ，ただし書を付加して，
賃借人の責めに帰すべき事由によって修繕が必要になったときは賃貸人
には修繕義務がないとする，従前の通説的見解を明文化したものである。
　賃貸人に修繕義務がある場合，賃貸人が修繕しないときは，その修繕
されない期間に相当する賃料が減額されるし，賃借人が修繕したときに
は，賃貸人に対する費用償還請求権が発生する。
　さらに，賃貸人も賃借人も修繕を施さなかったときには，当該修繕が
必要な損傷部分については，賃借人の原状回復義務は生じないことにな
る。

208

第6章　賃　貸　借

〔賃借人による修繕〕
新607条の2　賃借物の修繕が必要である場合において，次に掲げる
　ときは，賃借人は，その修繕をすることができる。
　　　一　賃借人が賃貸人に修繕が必要である旨を通知し，又は賃貸
　　　　人がその旨を知ったにもかかわらず，賃貸人が相当の期間内
　　　　に必要な修繕をしないとき。
　　　二　急迫の事情があるとき。

　賃借物の修繕が必要であるといっても，その修繕をすることができる
のは，当該賃借物についての処分権限を有する者（賃貸人，所有権者）の
みであるはずである。しかし，一定の事由が認められる場合には，例外
的に賃借人による修繕が認められて然るべき場合もあろう。本条は，そ
の賃借人が修繕をすることができる場合について定める。すなわち，賃
借人に修繕権を認めたものとみることができる。
　　一号は，615条を受けたものであり，二号の場合に賃借人の修繕が認
められることには，それほどの異論はなかろう。
　　このように，賃借人に修繕権が認められたことによる影響が生ずる場
面も出てくることになろう。たとえば，期間の定めがある建物賃貸借に
おいて，賃貸人が，借地借家法26条1項の更新をしない旨の通知や解約
の申入をする際の正当事由（同法28条参照）として，建物の老朽化や耐
震性の問題を挙げたときに，賃借人が，本条の要件を満たしたとして自
ら必要な工事をなし，その工事費を賃貸人に請求すると共に，正当事由
の存否を争うことが考えられる。そのような場合には，当該工事が「必
要な修繕」に当たるかどうかの判断を迫られることになり，新たな争訟
の場が提供されることにもなろう。

3　費用償還義務

(1)　賃貸人が，賃借人に目的物の使用・収益をなさしめる義務を負っている
　ところから，そのための費用も賃貸人が負担しなければならない。した
　がって，賃借人が，そのための費用（必要費・有益費）を負担したときは，
　賃貸人は，これを償還しなければならない。

209

第2部　契約法各論

(2)　まず，賃借人が，賃借目的物につき賃貸人が負担すべき必要費（たとえば，破損した家屋の修理費，屋根葺替費用・土台取替費用等）を支出したときは，賃貸人に対し直ちにその償還を請求することができる（608条1項）とされているから，賃貸人は，賃借人の請求に応じてこれを償還しなければならない。この必要費の償還は，契約関係が終了した時ではなく，請求のあった時が履行期となる。

(3)　次に，賃借人が，有益費（目的物の改良費，目的物が店舗用建物の場合の内部模様替費用等）を支出したときは，賃貸人はそれによって利益を受けることになるので，やはりこれを償還しなければならない。しかし，この場合は，契約関係終了時において目的物の価格の増加が現存していることが要件とされており，しかも，賃貸人は，その選択により，賃借人が支出した費用か，目的物の増加額かのいずれかを償還すればよいとされている（608条2項本文）。なお，裁判所は，賃貸人の請求により，相当の期限を許与することができる（同ただし書）。

(4)　この費用償還請求につき，賃借人は，目的物に対する留置権を取得する（295条）。ただ，608条2項ただし書の場合には，その限りにおいて留置権は成立しない。

(5)　賃借人は，賃貸人が目的物の返還を受けてから1年以内に費用償還請求権を行使しなければならない（622条，600条）。この1年という期間は除斥期間と解されている。

4　担保責任

賃貸借も有償契約であるから，賃貸人は，やはり担保責任を負う（559条，560条以下）。

(1)　他人物賃貸借の場合

売買と同様，この場合にも賃貸借契約は有効に成立し，賃貸人は，その目的物を使用・収益させる債務を負担し，他方，賃借人の債務も発生することになる。それゆえ，賃貸人が，その債務を履行することができないときは，賃借人は，契約を解除したり，損害賠償を請求したりすることができる（559条，561条）。

なお，目的物の権利者たる他人がその権利を主張したため，目的物の使用・収益をすることができない危険が生じたときは，賃借人は，賃料の支払を拒否

することができる（559条，576条，最判昭和50・4・25民集29巻4号556頁）。

さらに，賃借人が，この他人と直接契約関係を結んで使用・収益することができるようになると，賃貸借は履行不能となって，契約関係は終了することになる（最判昭和49・12・20判時768号101頁）。

(2) 数量不足の場合

たとえば，土地賃貸借において，その面積が契約内容より小さいというように，数量が不足していたときは，賃借人は，賃料の減額や損害賠償の請求，あるいは契約目的を達成できないときは解除することができる（559条，563条，565条）。

(3) 目的物自体に瑕疵があるとき

売買における瑕疵担保責任と同様，賃借人は，損害賠償請求や契約目的を達成できない場合の解除をなし得る（559条，570条）。

なお，目的物が不特定物のときは，追完請求ができるとみるべきであるが，追完ができないとしても，修繕請求を認めるべきであろう。

II 賃借人の権利

1 賃借権の取得

賃借人は，約定の内容に従い，目的物を使用・収益する権利＝賃借権を取得する。

賃借権の実質的内容は，目的物を直接支配してこれを使用・収益することにあり，単に相手方に対して一定の行為をするよう請求することができるというにとどまるものではない。それゆえ，賃借権は物権であるとする見方もできないではない。しかしながら，民法は，賃借権に排他性を認めず，また賃貸人の承諾がなければ譲渡・転貸をすることもできないとしているので，やはりこれを物権とみることはできず，債権と捉えることになる。

ただ，前述したように，不動産賃借権の物権化に伴い，対抗要件を備えた不動産賃借権については，物権と同様，侵害に対する妨害排除請求が認められるようになっており（最判昭和29・2・5民集8巻2号390頁），その他の点においても，用益物権に似た性質を帯びてきていることが認められる。

> 新616条　第594条第1項の規定は，賃貸借について準用する。

第2部　契約法各論

> 616条では，594条1項，597条1項，598条を賃貸借について準用するとされていたのであるが，そこから597条1項と598条とを削除したものである。
>
> 594条1項は，借主は，契約またはその目的物の性質によって定まった用法に従ってその物の使用，収益をしなければならないと規定するものであって，これが準用されるのは当然といってよいであろう。

2　賃借権の対抗

(1) 総　説

賃貸借契約を締結した後，目的物が売買される等により賃貸人が替った場合であっても，賃借人は，なお，その目的物の使用・収益を続けることができるか。すなわち，目的物の新所有者に対しても賃借権を主張することができるのであろうか。また，目的物が譲渡されるわけではないが，もともとの賃貸人が，賃借人以外の者に利用させようとするときに，賃借人は，これを排除することができるか。

これらのことは，賃借人にとってきわめて重要な利害関係をもたらすことになり，とりわけ目的物が不動産であって，そこに生活の本拠が置かれているというような場合には重大な関心事とならざるを得ない。仮に，賃借人の保護が十分でないということになれば，これは賃借人個人の問題にとどまらず，広く

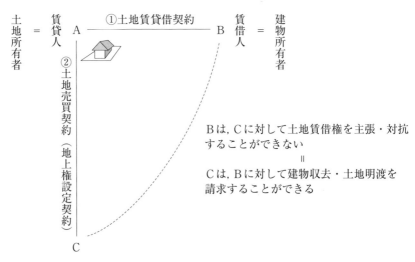

第6章　賃　貸　借

社会問題にも発展していくことになろう。

　民法は，賃借権を債権としているので，賃借権に排他性は認められず，「売買は賃貸借を破る」Kauf bricht Miete の原則が妥当することになる。

(2)　民法の規制

　民法は，全く賃借人の立場に配慮していないというわけではなく，賃借権が排他的な効力を備える途を用意している。すなわち，不動産の賃貸借は，これを登記すると，以後その不動産について物権を取得した者（買主，地上権者，抵当権者等）に対してもその効力を生ずる（605条）。

　新605条　不動産の賃貸借は，これを登記したときは，その不動産について物権を取得した者その他の第三者に対抗することができる。

　本条は，605条の規定を基本的に維持した上で，「……その後その不動産について物権を取得した者……」から「その後」という文言を削除し，それと共に，不動産賃貸借を対抗することができる相手方として「物権を取得した者」に「その他の第三者」を加えたものである。

　「その後」という文言を削除したのは，不動産賃貸借が登記される前に物権等を取得していた場合であっても，不動産賃貸借の登記後に対抗要件を備える場合もあるところ，そのような権利者に対しても対抗することができることを明らかにしたのである。

　たとえば，Ａ所有の土地につき，ＡＢ間で賃貸借がなされている場合において，ＡＣ間で同土地の売買契約が行われ，その後，ＡＢ間の賃貸借の登記がなされ，さらにその後，Ｃが所有権移転登記をしたという場合，あるいはＡＣ間の売買契約がなされた後にＡＢ間で賃貸借がなされ，それと同時に賃貸借の登記もされ，しかる後，Ｃが所有権移転登記をしたという場合のいずれについても，Ｂは，Ｃに対して賃借権を主張，対抗することができるということである。

　また，「その他の第三者」を加えたのは，不動産を二重に賃借した者や不動産を差押えた者に対しても対抗することができる旨を明確にしたものといえよう。

　賃借権の登記も不動産登記法の定めるところに従ってなされる（不登3条8号，81条）から，賃貸人と賃借人との共同申請が原則である（不登60条参照）。

213

第2部　契約法各論

しかしながら，賃借権は債権であるため，特約のない限り，賃借人に登記請求権は（もちろん，仮登記をする権利も）認められないとされている（大判大正10・7・11民録27輯1378頁）。それゆえ，賃貸人が積極的に賃借権の登記に協力しなければ，結局，登記はなされないことになる。

したがって，立法者は，この規定（605条）を置くことによって賃借人の保護が十分に図られると考えたもののようであるが，その意図は達成されなかったのである。

(3)　借地借家法の規制

①　借地権について

借地権は，その登記がない場合でも，借地権者が，その土地の上に登記されている建物を所有するときは，これをもって第三者に対抗することができる（借地借家10条1項）。

土地の賃借権は，賃貸人の協力がなければ登記することはできないが，借地上の建物は賃借人の所有する物であるから，賃借人が1人で（所有権の保存）登記をすることができるのである。

この点に関連して，借地上建物を所有する土地賃借人は，自己の名義で登記した建物を有することによって初めて同賃借権を第三者に対抗することができるとするのが判例である（最大判昭和41・4・27民集20巻4号870頁。ただし，6名の裁判官の反対意見がある）。ただ，この結論に対しては学説からの批判が強い。

②　借家権について

建物の賃貸借は，その登記がなくても，建物の引渡があったときは，その後その建物について物権を取得した者に対し，その効力を生ずる（借地借家31条1項）。

(4)　賃借権の対抗力の内容

①　新所有者との関係

賃借人は，新所有者に対しても賃借権を主張・対抗することができるが，この場合の新所有者には，競売や公売処分等によって所有権を取得した者も含まれる（大判昭和18・5・17民集22巻373頁）。

そして，賃借権を新所有者に対抗することができるという場合，新所有者は賃貸人の地位を承継し，旧所有者は賃貸借関係から離脱することになるのであるから，賃借人と新所有者との間に，従来の賃貸借関係がそのまま移行するこ

214

第6章　賃　貸　借

とになる（大判大正 10・5・30 民録 27 輯 1013 頁，最判昭和 39・8・28 民集 18 巻 7
号 1354 頁）。

　また，新旧所有者間での譲渡をなすについては，賃借人の承諾を要するもの
ではない（最判昭和 46・4・23 民集 25 巻 3 号 388 頁）。

　なお，新所有者は，自己が賃貸人になった旨を賃借人（借地上に登記ある建
物を有する賃借人）に対抗するためには，所有権取得について登記を備える必
要があるとされている（最判昭和 49・3・19 民集 28 巻 2 号 325 頁）。

　②　用益権との関係

　賃借権が対抗できるのは新所有者だけではなく，用益権（地上権，永小作権，
地役権，賃借権等）者に対しても対抗することができるようになるが，その際，
対抗し得るかどうかは，対抗要件具備の先後によって決せられる（最判昭和
28・12・18 民集 7 巻 12 号 1515 頁）。

　③　担保物権との関係

　基本的には，用益権に対する場合と同様に考えて差支えない。

---

　①'　不動産の賃貸人たる地位の移転

　新 605 条の 2　前条，借地借家法（平成 3 年法律第 90 号）第 10 条又は
　　　第 31 条その他の法令の規定による賃貸借の対抗要件を備えた場合
　　　において，その不動産が譲渡されたときは，その不動産の賃貸人
　　　たる地位は，その譲受人に移転する。

　　2　前項の規定にかかわらず，不動産の譲渡人及び譲受人が，賃貸
　　　人たる地位を譲渡人に留保する旨及びその不動産を譲受人が譲渡
　　　人に賃貸する旨の合意をしたときは，賃貸人たる地位は，譲受人
　　　に移転しない。この場合において，譲渡人と譲受人又はその承継
　　　人との間の賃貸借が終了したときは，譲渡人に留保されていた賃
　　　貸人たる地位は，譲受人又はその承継人に移転する。

　　3　第 1 項又は前項後段の規定による賃貸人たる地位の移転は，賃
　　　貸物である不動産について所有権の移転の登記をしなければ，賃
　　　借人に対抗することができない。

　　4　第 1 項又は第 2 項後段の規定により賃貸人たる地位が譲受人又
　　　はその承継人に移転したときは，第 608 条の規定による費用の償
　　　還に係る債務及び第 622 条の 2 第 1 項の規定による同項に規定す

215

第2部　契約法各論

　　　　　る敷金の返還に係る債務は，譲受人又はその承継人が承継する。

　1項は，対抗要件を備えた不動産賃貸借の賃借人は，賃貸不動産が譲渡された場合に，賃貸借の効力を同不動産の譲受人に主張することができる（605条）ことを前提として，賃貸不動産（の所有権）が譲受人に移転するだけではなく，賃貸人の地位も譲受人に当然に移転することを明らかにしたものであって，前掲大判大正10年5月30日の立場を明文化したものである。

　2項前段は，賃貸不動産を譲渡するに際して，譲渡人と譲受人との間で賃貸人たる地位を譲渡人に留保する旨を合意し，かつ，同不動産を，譲受人が譲渡人に賃貸する旨の合意をしたときは，賃貸人の地位は譲受人に移転しないことを定めた。

　この場合，たとえば，ＡＢ間で賃貸借契約が締結されている不動産をＡがＣに譲渡したとすると，Ｃ（譲受人〔新所有者〕）が賃貸人，Ａ（譲渡人〔旧所有者〕）が賃借人，Ｂ（もともとの賃借人）が転借人になるという関係が成立することになる。

　2項後段は，同項前段の場合において，譲受人（またはその承継人）と譲渡人との間の賃貸借が終了したときは，譲渡人に留保されていた賃貸人の地位が譲受人（またはその承継人）に当然に移転するとする。すなわち前例で，ＡＣ間の賃貸者が終了したときは，Ｃが当然に賃貸人となり，ＣＢ間で賃貸借が成立することになる。また，ＣがＤに同不動産（所有権を譲渡していて，そのＤとＡとの間の賃貸借が終了したときは，ＤＢ間で賃貸借が成立することになるのである。

　これにより，賃借不動産を巡る譲渡関係がどのようなものになるにせよ，賃借人は，賃借人としての地位を保持することができることになる。

　3項は，賃貸不動産が譲渡され，賃貸人たる地位が譲受人に移転する際，譲受人は，賃貸不動産についての所有権移転登記をしなければ，賃貸人の地位の移転を賃借人に対抗することができないとする。前掲最判昭和49年3月19日の立場を明文化するものである。

　4項は，賃貸不動産が譲渡され，賃貸人たる地位が譲受人に移転すると敷金返還債務と費用（必要費・有益費）償還債務も譲受人に承継される

216

第6章 賃 貸 借

ことを明らかにする。

　敷金の返還については，賃借人に，旧賃貸人に対する未払い賃料あるいは損害賠償義務等がある場合には，敷金は当然にそこに充当されることになるから，その分を控除した残額が譲受人（新賃貸人）に移転することになるとするのが判例であった（最判昭和44・7・17民集23巻8号1610頁参照）が，本条4項は，単に敷金返還債務・費用償還債務は譲受人（またはその承継人）に承継されるとのみ規定しており，充当関係については当事者間の合意または解釈に委ねられることになっている。

　ただ，有益費については，賃貸借終了時の賃貸人が償還義務を負っている（608条2項）から，本項に特別の意味があるわけではない。

新605条の3　不動産の譲渡人が賃貸人であるときは，その賃貸人たる地位は，賃借人の承諾を要しないで，譲渡人と譲受人との合意により，譲受人に移転させることができる。この場合においては，前条第3項及び第4項の規定を準用する。

　本条前段は，賃貸不動産の譲渡人と譲受人との合意により，その不動産賃貸人たる地位を譲受人に移転させることができる，要するに，賃借人の承諾ないし同意を要しないということであり，前掲最判昭和46年4月23日の立場を明文化したものである。

　後段で前条3項，4項が準用されていることにより，譲受人が，賃貸人たる地位を賃借人に対抗するためには，譲渡人から譲受人への所有権移転登記をする必要はあるし，敷金返還債務と費用償還債務も譲受人（またはその承継人）に移転することになる。

新605条の4　不動産の賃借人は，第605条の2第1項に規定する対抗要件を備えた場合において，次の各号に掲げるときは，それぞれ当該各号に定める請求をすることができる。
　一　その不動産の占有を第三者が妨害しているとき　　その第三者に対する妨害の請求
　二　その不動産を第三者が占有しているとき　　その第三者に対する返還の請求

第2部　契約法各論

　本条は，対抗要件を備えた不動産賃借権に基づく妨害排除請求権，返還請求権を認めるものであり，最判昭和30年4月5日（民集9巻4号431頁〔不法占拠に関する〕），最判昭和28年12月18日（民集7巻12号1515頁〔二重賃借に関する〕）の立場を明文化したものである。

　なお，対抗要件を備えていない不動産賃借権に基づく妨害排除請求・返還請求も必ずしも否定されるものではないが，その肯否は解釈に委ねられることになった。

　なお，本条の内容から明らかなように，不動産賃借権に基づく妨害予防請求権まで認められるわけではない。

Ⅲ　賃借人の義務

1　賃料支払義務

賃借人の最も主要な義務は，賃料の支払である（601条）。

(1)　賃料の内容・額

　賃料は，通常，金銭をもって支払われるが，民法上は金銭でなければならないとされているわけではなく，対価的意義を有する出捐であればよい。ただし，農地の賃貸借については必ず金銭で定め，支払うべきものとされている（農地21条参照）。

　また，賃料の額についても，特に制限があるわけではない。賃料が約定されておらず，争いが生じたときは，裁判によって決するほかない（最判昭和36・9・29民集15巻8号2228頁）。

(2)　賃料の支払時期

　賃料を何時支払うかについても，当事者間で自由に定めることができるが，その約定がないときは，動産，建物，宅地については毎月末，その他の土地については毎年末払いとなり（614条本文），収穫季節あるものについては，その季節後遅滞なく払わなければならないとされている（同条ただし書）。

(3)　賃料の増・減額請求

①　減収による減額請求

　収益を目的とする土地（宅地を除く）の賃借人が，不可抗力により，賃料より少ない収益を得たときは，その収益額に至るまで借賃の減額を請求することができる（609条）。なお，同様に収益を目的とする賃貸借において，不可抗力

により引続き2年以上，借賃より少ない収益を得たときは，賃借人は，契約を解除することができる（610条）。

これは凶作に適用されるものであり，小作料の減免を認めず，永小作権の放棄を認めた永小作権に関する規定（274条，25条）と比較すれば，その保護が厚いと思われるが，なお，賃借人には酷な規制であり，それゆえ，耕作を目的とする農地の賃貸借の場合には，小作料の額が，農産物の価格もしくは生産費の上昇等の経済事情の変動により，または近傍類似の農地のそれと比較して不相当となったときは，将来に向かって，その減額（賃貸人からは増額）を請求することができるとされている（農地20条）。

② 目的物の一部滅失による減額請求

賃借物の一部が，賃借人の過失によらないで滅失したときは，賃借人は，その滅失した部分の割合に応じて借賃の減額を請求することができる（611条1項）。

また，残存部分だけでは賃貸借をした目的を達することができないときは，賃借人は，契約を解除することができる（同条2項）。

新609条　耕作又は牧畜を目的とする土地の賃借人は，不可抗力によって賃料より少ない収益を得たときは，その収益の額に至るまで，賃料の減額を請求することができる。

609条は減収による賃料の減額請求，610条は減収による解除を定めているが，収益を目的とする土地の賃借人が，当該賃貸借契約の下で収益をあげることができるかどうかは，文字通り，当該賃借人の才覚によるものであるところ，収益を目的とする賃貸借一般について，減収による賃料の減額請求や解除を認めることには，ある種の抵抗があった。

そこで，本条は，農地法の規制と歩調を合わせる意味でも，農地および採草放牧地（その意義については農地法2条1項参照）の賃借人を保護する必要性に鑑み，賃借人の収益活動に伴う減収のリスクを賃貸人に負担させるのが相当ではないかとの観点から，「耕作又は牧畜を目的とする土地」の賃貸借に限定して，609条，610条の規制を維持することとしたのである。

なお，610条については，「前条の場合において」とされていることか

219

第2部　契約法各論

ら，609条を改正すれば足りると考えられたものである（従って，610条
を改正する要をみなかった）。

> 新611条　賃借物の一部が滅失その他の事由により使用及び収益をす
> 　　　　ることができなくなった場合において，それが賃借人の責めに帰
> 　　　　することができない事由によるものであるときは，賃料は，その
> 　　　　使用及び収益をすることができなくなった部分の割合に応じて，
> 　　　　減額される。
> 　　2　賃借物の一部が滅失その他の事由により使用及び収益をするこ
> 　　　　とができなくなった場合において，残存する部分のみでは賃借人
> 　　　　が賃借をした目的を達することができないときは，賃借人は，契
> 　　　　約の解除をすることができる。

　611条は，賃料が減額される（賃借人が減額を請求することができる）場
合として，賃借物の一部が滅失した場合のみを挙げていた。しかし，こ
れを賃借物の一部滅失の場合に限定する必然性は乏しいことから，本条
1項は，「賃借物の一部が滅失その他の事由により使及び収益をすること
ができなくなった場合」として賃料の減額を認める範囲を拡張する姿勢
を示した。
　また，611条は，「賃借人は，……賃料の減額を請求することができ
る」としていたのであるが，本条1項は「減額される」とし，賃借人の
減額請求を待たず，賃借人の責めに帰すべき事由によらない限り，当然
に賃料が減額されるものとしている。
　そして，611条が「賃借人の過失によらないで」としていたところを
「賃借人の責めに帰することができない事由」と改め，「その滅失した部
分に応じて」減額を請求し得るとしていた部分を「その使用及び収益を
することができなくなった部分の割合に応じて」減額されると改めてい
る。
　なお，一部滅失等が賃借人の責めに帰することができない事由によるも
のであることの主張，立証は賃借人において行わなければならない。
　611条2項は，冒頭に「前項の場合において」という文言を置くこと
により，賃借物の一部が賃借人の過失によらないで滅失した場合に限っ

220

て，残存する部分のみでは賃借人が賃借をした目的を達成できない場合
に（賃借人に）解除権を与えていた。

　しかし，この点についても，本条2項は，この限定を外している。す
なわち，賃借人の過失によって賃借物の一部が減失等し，残存部分のみ
では賃借の目的を達成できない場合にも，賃借人は，解除することがで
きるということである。

　賃借人に帰責事由がある場合には，賃借人に対する損害賠償請求の問
題となる。

　賃借人の責めに帰すべき事由により，賃借物の一部を使用収益するこ
とができなくなった場合には，賃料は減額されないが，これにより賃貸
人が利益を得ることがあった場合（たとえば，当該部分に対する修繕義務を
免れた等）には，賃貸人は，その利益を賃借人に償還すべきことになろう
（新536条2項後段参照）。

　賃料の減額事由が，賃借人の過失によらない減失に限定されることが
なくなり，かつ，一部減失により当然に減額されることになったことから，
賃貸人・賃借人共に賃料が減額されるべき事実を認識しないまま，従前
通りの賃料が支払われ続けるという事態も生ずることが考えられ，そう
すると，過払い賃料の返還請求という問題が現れることも考えられる。

③　物価変動による増・減額請求

　物価（とりわけ地価）や税額の高騰・低落による賃料の増・減額請求につい
ては，民法上特に規制がなされているわけではない。しかし，実際上，これは
頻繁に行われているものであり，一般に，これを否定する理由はない。判例も，
古くからこれを認めている（大判明治40・7・9民録13輯811頁は慣習法がある
とし，大判大正3・10・27民録20輯818頁は事実たる慣習がある，すなわち，92条
の慣習が存する場合において，通常，その慣習に基づいて取引を行うべき地位にあ
る者は，特に反対の意思を表示しない限り，その慣習に従う意思を有するものと推
定するのは当然であるとした）。

　借地については，租税その他の公課の増減，地価の上昇・低下等経済事情の
変動，または近傍類似の地代等と比較して不相当となったときは，契約の条件
に関わらず，当事者は，将来に向かって地代等の増・減額を請求することがで
きるとされている（借地借家11条1項本文）。

第 2 部　契約法各論

借家についても，ほぼ同内容の規定がある（借地借家 32 条 1 項本文）。

この借地借家法の請求権は，一般に，形成権と解されている。

これに関連して，賃料自動増額特約のあるサブリース契約に借地借家法 32 条の適用を肯定し，減額請求の余地を認めたものがある（最判平成 15・10・21 民集 57 巻 9 号 1213 頁）。

2　目的物保管・返還義務

賃借人は，善良なる管理者の注意をもって目的物を保管しなければならないことはいうまでもない（400 条）が，その他，賃借物が修繕を要するとき，賃借物につき権利を主張する者がいるときには，遅滞なく賃貸人にこれを通知する義務を負い（615 条本文），また，賃貸人のする保存に必要な行為を認容すべき義務を負う（606 条 2 項）。もっとも，賃貸人が，賃借人の意思に反して保存行為をしようとし，このため賃貸借をした目的を達することができないときは，賃借人は，契約を解除することができる（607 条）。

賃借人は，契約または目的物の性質によって定まった用法に従って目的物を使用・収益しなければならず（616 条，594 条 1 項），賃貸人の同意なく第三者に賃借権を譲渡したり，目的物を転貸することはできず（612 条），契約が終了したときには，もちろん目的物を返還する義務があり，その際，目的物を原状に復さなければならない（616 条，597 条 1 項，598 条）。

第 5 節　賃借権の譲渡・転貸

I　総　説

他人から借りた土地に建物を建てて居住するという場合には，建築費という多額な資本が投下され，建物を賃借した場合でも造作を施したりして結構な投資をすることが考えられる。ところが，そうした後に，転居する必要が生じたりした場合に，常に賃貸借を解除して，土地であれ，建物であれ，賃借物を現状に復して賃貸人に返還しなければならないとすると，賃借人が投下した資本を回収することがはなはだ困難になるか，およそ不可能になることもあり得よう。そこで，賃借人としては，自己の有する賃借権を他人に譲渡したり，あるいは賃借物を他人に転貸したりして，資本の回収を欲するということもあり，このようなこと（賃借権の譲渡，賃借物の転貸）が容易にできることが望ましい

222

ということになる。

　しかしながら，これを賃貸人の側からみるとどうか。

　賃借権の譲渡・転貸が行われれると，賃借人として前面に登場してくる者が替わり，賃貸人・賃借人間の信頼関係に基づいた継続的関係である賃貸借の内容に大きな変容をもたらすことになる。したがって，賃貸人とすれば，賃借人の勝手気まま自由に賃借権の譲渡・転貸が行われて一向に差支えないということにはならなず，一定の制約が用意されてしかるべきだということになる。

　なお，賃借権譲渡の有無が問題となることもある。最判平成 8 年 10 月 14 日（民集 50 巻 9 号 2431 頁）は，賃借人が法人である場合において，その法人の構成員や機関に変動が生じても，法人格の同一性が失われるものではないから，賃借権の譲渡には当たらないと解すべきであって，小規模で閉鎖的な有限会社において持分の譲渡，役員の交代により実質的な経営者が交代しても，賃借権の譲渡には当たらないとした。

Ⅱ　無断譲渡・転貸

　民法は，賃借人が賃借権の譲渡，賃借物の転貸をするには，賃貸人の承諾を得なければならないとした（612 条 1 項）。

　もっとも，賃貸人の承諾を得ないで行われた賃借権の譲渡・転貸は，全く無効であるというわけではなく，賃借人・譲受人間（譲渡の場合）あるいは賃借人・転借人間（転貸借の場合）では有効であって，ただそれらを賃貸人に対抗することができないものと解されている。

　そして，賃借人が承諾を得ないで第三者に賃借物の使用・収益をさせたときは，賃貸人は，賃貸借契約を解除することができる（612 条 2 項）。

　しかし，民法がこの解除権を認めた理由は，賃貸人の承諾を得ないで賃借権の譲渡・転貸が行われると，個人的信頼を基礎とする賃貸借関係においては背信的行為に当たるからであり，したがって，形式的には，このような無断譲渡・転貸に当たる場合であっても，背信行為と認めるに足りない特段の事情があるときは，賃貸人の解除権は発生しないものと解されている（最判昭和 28・9・25 民集 7 巻 9 号 979 頁）。なお，背信的行為と認めるに足りない特段の事情の立証責任は賃借人にあるとされる（最判昭和 41・1・27 民集 20 巻 1 号 136 頁）。

　また賃借人が，賃貸人の承諾を得ないで賃借権の譲渡・転貸をした場合，賃貸人は，原賃借人との間の賃貸借契約を解除して，賃借人・譲受人・転借人の

第2部　契約法各論

すべてに対して明渡請求をすることができるだけでなく，原賃借人との間の賃貸借契約をそのままにしておいて，譲受人・転借人に対して明渡請求をすることもできる。

さらに，後者の場合，賃貸人は，直接自己（賃貸人）に対して引渡すべきことを請求し得るとするのが判例である（最判昭和26・4・27民集5巻5号325頁）が，賃借人に引渡すべきことを請求し得るにとどまるとする学説も有力である。

Ⅲ　承諾を得た譲渡・転貸の効果

賃借人が，賃貸人の承諾を得て賃借権を譲渡した場合は，賃借人の権利義務は，すべて譲受人（新賃借人）に移転し，譲渡人（旧賃借人）は賃貸借関係から離脱する。

また，賃貸人の承諾を得て賃借物の転貸が行われた場合は，賃貸人と賃借人との間ではそれまでと同様の関係が継続し，賃借人と転借人との間に（原賃貸借に従属する）新たな賃貸借関係が生ずることになる。

この場合，賃貸人と転借人との間には直接何らの法律関係も生じていないが，便宜上，転借人は，賃貸人に対して直接義務を負うとした。したがって，賃貸人は，転借人に対して直接賃料を請求することができ，転借人は，前払をもって賃貸人に対抗することはできない（613条1項）。ここでいう「前払」とは，転貸借契約で定められた弁済期より前に支払うことであると解されている（大判昭和7・10・8民集11巻1901頁）。

他方，賃貸人は，賃借人に対するもともとの権利を失うわけではない（同条2項）。また，賃貸借が合意解除されたときでも，賃貸人は，これをもって転借人に明渡を求めることはできないとされ（大判昭和9・3・7民集13巻278頁，最判昭和62・3・24判時1258号61頁），賃借人の債務不履行によって賃貸借が解除されたときは，適法な（賃貸人の承諾のある）転貸借は，原則として，賃貸人が転借人に対して目的物の返還を請求した時に，転貸人の転借人に対する債務の履行不能により終了する（最判平成9・2・25民集51巻2号398頁）。

新613条　賃借人が適法に賃借物を転貸したときは，転借人は，賃貸人と賃借人との間の賃貸借に基づく賃借人の債務の範囲を限度として，賃貸人に対して転貸借に基づく債務を直接履行する義務を

第6章 賃　貸　借

　　　　負う。この場合においては，賃料の前払をもって賃貸人に対抗す
　　　　ることができない。
　　　2　前項の規定は，賃貸人が賃借人に対してその権利を行使するこ
　　　　とを妨げない。（変更なし）
　　　3　賃借人が適法に賃借物を転貸した場合には，賃貸人は，賃借人
　　　　との間の賃貸借を合意により解除したことをもって転借人に対抗
　　　　することができない。ただし，その解除の当時，賃貸人が賃借人
　　　　の債務不履行による解除権を有していたときは，この限りでない。

　　1項では，適法な転貸借が行われた場合において，転借人が賃貸人に
対して直接履行すべき義務の範囲を，原賃貸借（賃貸人と賃借人との間の
賃貸借）における賃借人の債務の範囲を限度とすることが明確にされた。
　　本条1項後段は，613条1項後段と同じで変更はない。そこにいわゆ
る「賃料の前払をもって賃貸人に対抗することができない」とは，転貸
借契約において定めた賃料をその弁済期（支払時期）の前に支払ったこと
を以て賃貸人に対抗することはできないことを意味し，これは従前から
の解釈と同様である。
　　3項は，適法な転貸借が行われている場合において，原賃貸借契約が
合意解除された場合，その解除当時に，賃貸人が賃借人の債務不履行に
よる解除権を有していたときを除き（最判昭和62・3・24判時1258号61
頁），賃貸人は，その合意解除の効力を転借人に対抗することができない
という判例法（前掲大判昭和9・3・7，最判昭和38・2・21民集17巻1号
219頁）を明文化したものである。
　　また，これは，賃借人（転貸人）の債務不履行を理由とする賃貸借契約
の解除は，これを以て転借人に対抗することができるとする判例法理
（大判昭和10・11・18民集14巻1845頁等）を前提としている。

Ⅳ　借地借家法上の規制

1　建物買取請求権

　第三者が，借地上建物等を取得した場合において，借地権設定者が賃借権の
譲渡・転貸を承諾しないときは，その第三者は，借地権設定者に対して当該建

225

第2部　契約法各論

物等を時価で買取るべきことを請求することができる（借地借家14条）。この請求権は一種の形成権であり，これにより建物の買取を望まない借地権設定者に譲渡・転貸を承諾させようとしたものである。

　しかし，ここでの時価とは，材木の値段ではなく建物価格とされ，しかも借地権価格を含まないものと解されたので，この建物買取請求権を特約で排除することはできないとした（借地借家16条）にも拘わらず，結局，賃貸人の承諾を促すことにはつながらなかった。

2　賃貸人の承諾に代わる裁判所の許可

　借地上建物の譲渡に伴う借地権の譲渡または転貸がなされても借地権設定者に不利となるおそれがないにもかかわらず，借地権設定者が，その借地権の譲渡・転貸に承諾を与えないときは，裁判所は，借地権者の申立により，借地権設定者の承諾に代わる許可を与えることができる（借地借家19条1項前段）。その際，当事者間の衡平を図るために必要があるときは，借地条件の変更を命じたり，財産上の給付を条件としたりすることができる（同後段）。その際，裁判所は，賃借権の残存期間，借地に関する従前からの経過や譲渡・転貸を必要とする事情等一切の事情を考慮しなければならない（借地借家19条2項）。

　さらに，前述の借地権者の申立があった場合，借地権設定者は，裁判所の定める期間内に自ら建物の譲渡および賃借権の譲渡または転貸を受ける旨の申立をすることができ，これに対して裁判所は，相当の対価および転貸の条件を定めてこれを命ずることができる（同条3項前段）。

　そして，これらの場合，裁判所は，原則として，鑑定委員会の意見を聴かなければならない（同条6項）。

第6節　賃貸借の終了

I　合意による終了

　存続期間の定めがあるとないとにかかわらず，当事者（賃貸人・賃借人）の合意によって終了することはもちろんである。

第6章 賃貸借

Ⅱ　民法の定める終了事由

1　存続期間の定めがある場合

　賃貸借は，存続期間の満了によって終了する（616条〔新622条〕，597条1項）。当然の規定である。

　しかし，期間満了によって常に確定的に賃貸借が終了するものとすると，期間延長（契約継続）の意思があると認められる場合であっても，契約を再度締結しなければならないことになって不合理である。そこで，既に述べたように，黙示の更新が認められることとなった（619条1項）。

　ただ，これは，あくまでも推定される（同条1項前段）にとどまるものであって，賃貸人が，後になって更新の意思がなかったことを証明すると，更新の効果は生じないことになり，紛争のもとになる可能性は残る。

　新619条　賃貸借の期間が満了した後賃借人が賃借物の使用又は収益を継続する場合において，賃貸人がこれを知りながら異議を述べないときは，従前の賃貸借と同一の条件で更に賃貸借をしたものと推定する。この場合において，各当事者は，第617条の規定により解約の申し入れをすることができる。（変更なし）
　2　従前の賃貸借について当事者が担保を供していたときは，その担保は，期間の満了によって消滅する。ただし，第622条の2第1項に規定する敷金については，この限りでない。

　　619条2項ただし書は，「ただし，敷金については，この限りでない。」としていたが，改正法では，敷金に関する規定が置かれることになったので，本条2項ただし書も，それとの関係で修正されたものである。

　なお，期間の定めがある場合であっても，当事者の一方または双方がその期間内に解約（告知）する権利を留保しているときは，その告知は，期間の定めがない場合（後述）に準ずることになる（618条）。

2　存続期間の定めがない場合

　各当事者は，いつでも解約の申入をすることができ，その解約申入後，一定の期間（土地については1年，建物については3ヶ月，貸席および動産については1日）が経過した後，賃貸借は終了することになる（617条1項）。

227

第2部　契約法各論

なお，収穫季節のある土地については，その季節の後，次の耕作に着手する前に解約の申入をしなければならない（同条2項）。告知後1年の猶予期間内にもう一度収穫することができるようにとの配慮である。

3　一定の事由がある場合の告知
(1)　賃借人から告知できる場合

①　賃貸人が，賃借人の意思に反して保存行為をしようと欲し，これにより賃借をした目的を達することができないとき（607条）。

②　収益を目的とする土地（宅地を除く）の賃貸借において，不可抗力によって引続き2年以上借賃より少ない収益を得たとき（610条）。

③　賃借物の一部が賃借人の過失によらないで滅失し，残存部分だけでは賃借をした目的を達することができないとき（611条2項）。

(2)　賃貸人から告知できる場合

①　賃借人が無断譲渡・転貸したとき（612条2項）。ただし，無断譲渡・転貸が行われたときでも，それが賃貸人に対する背信的行為と認めるに足りない特段の事情があるときは，賃貸人は解除することができないとされている（前掲最判昭和28・9・25）。

②　賃借人に使用方法違反，保管義務違反，賃料不払等の債務不履行があるときは，賃貸人は，一般原則に従い，催告をした上で解除することができる（541条）。なお，ここでも債務不履行の程度が両当事者の信頼関係を破壊するに至らないものであるときは，解除することはできないとされている（最判昭和39・7・28民集18巻6号1220頁は，賃借人が賃料を延滞したとしても，それが少額であり，賃借人の側にも修繕費償還請求権がある等の事情の下では，信頼関係を破壊する程度の不誠意は認められず，賃料不払を理由とする解除権の行使は信義則に反して許されないとした）。

4　そ　の　他
建物が火災により全体として効用を失ったときは滅失に帰したとして，建物賃貸借は終了したと解するのが相当であるとしたものがある（最判昭和42・6・22民集21巻6号1468頁）。

新616条の2　賃借物の全部が滅失その他の事由により使用及び収益

第6章　賃　貸　借

をすることができなくなった場合には，賃貸借は，これによって
終了する。

　本条も判例法理（最判昭和 32・12・3 民集 11 巻 13 号 2018 頁，前掲最判昭
和 42・6・22）を明文化したものである。

Ⅲ　借地借家法上の規制

1　借地契約の更新請求等

① 　借地権の存続期間満了の場合において，借地権者が契約の更新を請求し
　たときは，建物がある場合で，借地権設定者が遅滞なく異議を述べない限
　り，従前の契約と同一の条件で更新したものとみなされる（借地借家 5 条
　1 項）。

② 　借地権の存続期間が満了した後，借地権者が土地の使用を継続するとき
　も，建物がある場合で，借地権設定者が異議を述べない限り，従前の契約
　と同一の条件で更新したものとみなされる（同条 2 項）。

　　ここで，借地権設定者は，借地権設定者，借地権者が土地の使用を必要
　とする事情のほか，借地に関する従前の経過および土地の利用状況ならび
　に借地権設定者が土地の明渡の条件として，あるいは土地の明渡と引換に
　借地権者に対して財産上の給付をする旨を申出た場合におけるその申出を
　考慮して，正当の事由があると認められる場合でなければ異議を述べるこ
　とはできない（借地借家 6 条）。

　　これに関連して，借地契約が当初から建物賃借人の存在を容認したもの
　である等の特段の事情のない場合には，借地人側の事情として建物賃借人
　の事情を斟酌することは許されないとするのが判例である（最判昭和 58・
　1・20 民集 37 巻 1 号 1 頁）。

2　建物買取請求権

借地権の存続期間が満了した場合において，契約が更新されないときは，借
地権者は，借地権設定者に対し，借地上建物等の（時価での）買取を請求する
ことができる（借地借家 13 条 1 項）。そして，この建物買取請求権を特約で排
除することはできないとされている（借地借家 16 条）。

229

第2部　契約法各論

3　借家契約の更新

① 存続期間の定めがある場合において，当事者が，期間満了の1年前から6ヶ月前までの間に，相手方に対して更新しない旨の通知または条件を変更しなければ更新しない旨の通知をしなかったときは，従前の契約と同一の条件で（ただ，期間については定めがないものとして）契約を更新したものとみなされる（借地借家26条1項）。

② ①の通知をした場合であっても，期間満了後に賃借人が使用を継続していて，賃貸人が遅滞なく異議を述べなかったときも，契約は①と同様に更新したものとみなされる（同条2項）。

　　ここでの賃貸人の異議も，前述の借地権設定者の場合と同様に，正当事由があると認められる場合でなければ，これを述べることはできない（借地借家28条）。

4　造作買取請求権

建物賃貸人の同意を得て建物に付加した畳，建具その他の造作がある場合には，賃借人は，建物賃貸借が期間満了または解約申入によって終了するときに，賃貸人に対して，その造作を時価で買取るべきことを請求することができる（借地借家33条1項）。

かつては，この造作買取請求権も特約で排除することはできないとされていた（借家6条）が，この点が改められた。したがって，今日では，建物賃貸人が，賃借人の造作付加に際し，造作買取請求権を行使しないことを条件に同意することも有効なものとなる（借地借家37条参照）。

Ⅳ　終了の効果

賃貸借の終了は，将来に向かってのみ効果を生ずる（620条前段）。

継続的契約関係は，義務違反（債務不履行）を理由とする場合であっても，将来に向かって契約関係を終了させれば，その目的を達することができるので，遡及効を認めなかったのである。

民法は，或るところでは「解約」（の申入）といい（617条〜619条），或るところでは「解除」といっているが（607条，610条，611条2項，612条2項，620条前段），その効果内容は異ならない。

なお，過失ある当事者の損害賠償義務は，解除に遡及効がないことによって

230

第6章　賃　貸　借

何ら影響を受けるものではない（620条後段）。

> 新620条　賃貸借の解除をした場合には，その解除は，将来に向かっ
> 　　てのみその効力を生ずる。この場合においては，損害賠償の請求
> 　　を妨げない。

　本条前段は，620条前段と変わりがないが，後段において，「当事者の
一方に過失があったときは，その者に対する」という文言を削除したも
のである。
　これは，損害賠償をなし得るか否か，およびその免責事由については
新415条1項の債務不履行の一般規定によって処理することを明らかに
するための修正である。
　なお，新415条1項ただし書において，「……その債務の不履行が契約
その他の債務の発生原因及び取引上の社会通念に照らして債務者の責め
に帰することができない事由によるものであるとき……」とされている
趣旨は，債務者の責めに帰すべき事由＝債務者の過失を意味するわけで
はなく，債務者の責めに帰すべき事由は，債務の発生原因や取引上の社
会通念≒契約の趣旨に照らして判断されるべきであることを示している。

　また，建物賃貸借終了に際し，賃借建物の通常の使用に伴い生ずる損耗につ
いて賃借人が原状回復義務を負うのは，賃借人が同損耗の補修費用を負担する
旨の特約が明確に合意されている場合であるとしたものがある（最判平成17・
12・16判時1921号61頁）。

> 新621条　賃借人は，賃借物を受け取った後にこれに生じた損傷（通
> 　　常の使用及び収益によって生じた賃借物の損耗並びに賃借物の経年変化
> 　　を除く。以下この条において同じ。）がある場合において，賃貸借が
> 　　終了したときは，その損傷を原状に復する義務を負う。ただし，
> 　　その損傷が賃借人の責めに帰することができない事由によるもの
> 　　であるときは，この限りでない。

　前掲最判平成17年12月16日に基づき判例法理を明文化したものであ
るが，その現状回復義務には，価格償還によるものも含まれるとみてお

第2部　契約法各論

いてよい。

> 新622条　第597条第1項，第599条第1項及び第2項並びに第600
> 　　条の規定は，賃貸借について準用する。

　新597条1項は，使用貸借につき期間の定めがある場合には，その期間の満了によって使用貸借が終了する旨の規定，新599条1項・2項は，借用物に附属させた物についての収去義務・収去権に関する規定，新600条は，損害賠償請求権および費用償還請求権についての期間制限についての規定である。

　新599条1項が準用される結果，賃借人は，賃借物を受け取った後にこれに付属させたものがある場合において，賃貸借が終了したときは，その付属させた物を収去する義務を負うことになる（賃貸人は，収去請求権を有することになる）。ただし，その付属させた物が，賃借物から分離することができない物または分離するのに過分の費用を要する物については，この限りでないということになる。

　また，新599条2項が準用される結果，賃借人は，賃借物を受け取った後にこれに付属させた物を収去することができる（賃借人の収去権）。もちろん収去が可能であることが前提であり，収去不能である場合は，費用償還請求の問題となる。

　新600条2項は，使用貸借においては，借主の用法違反による損害賠償請求権等の消滅時効は，貸主が返還を受けた時から1年を経過するまでは完成しないとするものである（時効の完成猶予）。

　これが賃貸借に準用されるのは以下の理由による。すなわち，賃貸人の損害賠償請求権は，賃貸人が，賃借人による用法違反の事実を知らなくとも，賃借人による用法違反の時から10年で時効が完成する（新166条1項2号）。

　しかし，賃貸借が存続している間は，賃貸人が（賃借人の）用法違反の事実を知らないでいることもあり得るところ，賃貸人が賃貸目的物の返還を受けた時には既に消滅時効が完成しているという事態も生じ得る。

　そこで，このような事態に対処するために，新たに時効停止（完成猶予）事由を定めたものである。

232

第6章 賃 貸 借

新622条の2 賃貸人は，敷金（いかなる名目によるかを問わず，賃料債
務その他の賃貸借に基づいて生ずる賃借人の賃貸人に対する金銭の給付
を目的とする債務を担保する目的で，賃借人が賃貸人に交付する金銭を
いう。以下この条において同じ。）を受け取っている場合において，
次に掲げるときは，賃借人に対し，その受け取った敷金の額から
賃貸借に基づいて生じた賃借人の賃貸人に対する金銭の給付を目
的とする債務の額を控除した残額を返還しなければならない。
　　一　賃貸借が終了し，かつ，賃貸物の返還を受けたとき。
　　二　賃借人が適法に賃借権を譲り渡したとき。
　2　賃貸人は，賃借人が賃貸借に基づいて生じた金銭の給付を目的
とする債務を履行しないときは，敷金をその債務の弁済に充てる
ことができる。この場合において，賃借人は，賃貸人に対し，敷
金をその債務の弁済に充てることを請求することができない。

　これまで敷金に関する規定は存せず，したがって，敷金の機能等を
巡って争われることが少なくなかった。
　本条は，判例や通説的見解における理解をもとに，敷金の定義をなし
（1項柱書括弧書），①賃貸借に基づく，賃借人の賃貸人に対する金銭債務
が残存するときは，敷金は，その債務に当然に充当されること，②賃貸
借が終了し，かつ，賃借目的物が返還されたときに賃貸人の敷金返還債
務が生ずること（最判昭和48・2・2民集27巻1号80頁参照），③賃借人が
適法に賃借権を譲渡したときにも賃貸人の敷金返還債務が生ずること
（最判昭53・12・22民集32巻9号1768頁は，賃借人が適法に賃借権を譲渡し
たときは，賃貸人と旧賃借人との間に別段の合意がない限り，その時点で敷金
返還債務が生ずるとしていた）を明文化したものである。
　2項は，敷金による充当をすることができるのは賃貸人であって，賃
借人が充当を請求することができるわけではないことを明確にした。こ
れも従来の通説的見解を明文化したものといえる。

233

第7章 雇　傭

第1節 意　義

　雇傭とは，当事者の一方（労務者）が労務に服することを約し，相手方（使用者）がこれに対して報酬（賃金）を与えることを約することによって成立する双務・有償・諾成・無方式の契約である（623条）。

　他人の労力を利用する契約（労務供給契約）には，雇傭のほか，請負，委任，寄託がある。

　雇傭は，労働者を指揮・命令の下において，労働に従事させるものであるが，仕事の完成自体が目的とされるわけではないのに対し，請負は，仕事の完成を目的とし，請負人が注文者の指揮・命令の下に置かれるわけではない点で雇傭と異なる。

　委任は，受任者がその知識や技術等に基づき自己の裁量で一定の事務処理をすることを目的とし，仕事の完成は債務の内容とされず，したがって，無償を原則とする。

　寄託は，他人の物を保管するという特定の労務を目的とするものである。

　これらのうち，寄託を除く三種のものは，それぞれの特徴が実際の契約において混合して現れることも少なくなく，場合によっては，その区別が必ずしも容易ではない。

　なお，雇傭については各種の労働法制や判例法理による規制が広く妥当するところとなっており，その意味で民法上の雇傭に関する規定が直接的に適用される場面が大幅に減少しているということができる。

　とりわけ，労働契約については労働契約法（平成20年3月1日施行）6条が，「労働契約は，労働者が使用者に使用されて労働し，使用者がこれに対して賃金を支払うことについて，労働者及び使用者が合意をすることによって成立する。」と定めていることから，そこにいう労働契約は民法上の雇傭契約とほぼ同義であると考えられる。それ故，民法上の雇傭に関する規定が直接適用される場面は減少の一途を辿っているといえる。

235

第2部　契約法各論

第2節　雇傭の成立

　雇傭は，諾成・無方式の契約であるから，その成立については，民法上，特に言及すべきことはない。

　しかし，労働契約につき，労働基準法上，特別の規制がある。

　労働契約締結に際して，使用者は，賃金，労働時間その他の労働条件を労働者に対して明示しなければならず（労基15条1項），原則として，年少者を（満15歳に達した日以後の最初の3月31日が終了するまでは）使用してはならないとされ（労基56条），親権者または後見人は，未成年者に代わって労働契約を締結してはならない（労基58条1項）等とされている。

　また，労働の内容についても，民法上，特に制限はなく，賃金については，原則として，毎月1回以上，通貨で支払わなければならないとされている（労基24条）。

第3節　雇傭の効力

I　使用者の義務

1　報酬支払義務

　使用者は，労働者が労働に従事したことに対し，契約に定められた報酬を支払う義務を負う（623条）。

　この報酬の支払時期については，原則として，後払いとされているが，期間をもって報酬を定めたときは，その期間の経過した後に請求することができる（624条）。

> 新624条の2　労働者は，次に掲げる場合には，既にした履行の割合に応じて報酬を請求することができる。
> 　　一　使用者の責めに帰することができない事由によって労働に従事することができなくなったとき。
> 　　二　雇用が履行の中途で終了したとき。

　これまでも，いわゆるノーワーク・ノーペイ原則により，労働者の報酬請求権は，労務を提供しなければ発生しないとされてきている（最判

昭和 63・3・15 民集 42 巻 3 号 170 頁等）ところ，本条は，労働者は，履行の割合に応じて報酬を請求することができる旨を明確に定めるために新設されたものである。

ノーワーク・ノーペイということは，ワークに対してはペイがある，すなわち労務の対価として報酬請求権が発生するのであるから，労務の提供が中途で終了した場合であっても，労務の履行がなされた部分については，その履行された部分の割合に応じて算定される報酬を請求することができると解すべきであり，これまでの実務においてもそのような取扱がなされてきたといってよいであろう。しかし，報酬の支払時期に関する 624 条においては，これらのことが明確であったとはいえないことから，本条が設けられたともいえる。

なお，本条 1 号の意義についても確認しておこう。

雇傭契約において，債権者（使用者）の責に帰すべき事由により債務を履行する（労務を提供する）ことができなくなったときは，債務者（労働者）は，反対の給付（報酬の全部請求）を受ける権利を失わないとされている（536 条 2 項前段）ところ，本条 1 号は，使用者の責に帰すことができない事由によって労務の提供をなすことができなかった場合であっても，既に履行がなされた部分については，その割合に応じて報酬を請求することができるとするものである。

そして，新 536 条 2 項前段は，「債権者の責めに帰すべき事由によって債務を履行することができなくなったときは，債権者は，反対給付の履行を拒むことができない。」と定めるものとなっているところ，本条 1 号が設けられたことにより，使用者の責に帰すべき事由によって労務の提供ができなくなったときは，労働者は，報酬の全部を請求することができ，使用者の責に帰すことのできない事由によって労務の提供ができなくなった場合であっても，既に履行の終わった部分については，その割合に応じて報酬を請求することができるとされたことになる。

また，報酬の支払を確保するために，先取特権が認められており（306 条 2 号，308 条，311 条 8 号，324 条），一定の限度で差押が禁止され（民執 152 条 1 項 2 号，2 項），相殺も禁止されている（510 条）。さらに，労働基準法には，次のような規定も置かれている。

第2部 契約法各論

賃金は，毎月1回以上，一定の期日を定め，原則として，通貨で，直接労働者に全額を支払わなければならず（労基24条），前貸と賃金との相殺（労基17条）ならびに強制貯金を禁じ（労基18条），労働者が，出産・疾病・災害等の場合の費用に充てるために賃金を請求するときの，既往の労働に対する賃金の期日前支払を義務付け（労基25条），使用者の責に帰すべき事由による休業の場合の休業手当ての支払も義務付け（労基26条），出来高払制その他の請負制の場合の，労働時間に応じた定額の賃金の保障をすべきこと（労基27条）等を定めている。

2 保護義務

民法上特に定められているわけではないが，使用者は，労働者の生命，身体，健康の安全を図り，これを保護すべき義務があると解されている。使用者は，他人を自己の指揮・命令の下において労務に服させるものであるところから，当然にこのような義務が導かれるものである。この点については，労働安全衛生法が具体的な定めを置いており，災害については，労働者災害補償保険法が用意されている。

II 労働者の義務

労働者は，使用者の指揮・命令・監督の下に，善良なる管理者の注意をもって誠実に労働に従事すべき義務を負う。その具体的内容は，労働（雇傭）契約，就業規則，労働協約等によるのが一般である。なお，この点につき，労働者が疾病（バセドウ病）のため命じられた特定の業務につき労務の提供が十分にできないとしても，それだけで直ちに債務の本旨に従った労務の提供をしなかったとものと断定することはできないとした判例がある（最判平成10・4・9判時1639号130頁）。

雇傭においては，労働者の個性が重視されるのは当然のことといえるから，労働者は，使用者の承諾がなければ，第三者を自己に代わって労働に従事させることができない（625条2項）。この義務に反すると，解雇の原因となる（同条3項）。

他方，使用者も，労務者の承諾なくして，その（労働に従事させる）権利を第三者に譲渡することはできない（同条1項）。これに違反した場合，その権利の譲渡は無効であって，本来の雇傭契約には何ら影響を及ぼさない。

238

第7章 雇　傭

第4節　雇傭の期間

　契約において，雇傭期間を定めてもよいし，定めなくてもよいというのが基本である。

1　最長期間について

　最長期間については，民法上，直接の制限はない。しかしながら，普通の雇傭で5年，商工見習で10年を超えるとき，または当事者の一方もしくは第三者の終身を期間とするときは，当事者の一方は，それぞれ5年または10年を経過した後いつでも，3ヶ月前に予告して，契約を解除（告知）することができる（626条1項，2項）とされているので，間接的に最長期間が制限されているといえる。

　なお，労働基準法においては，労働者の自由が不当に拘束されることを防止するために，一定の事業の完了に必要な期間を定めるもののほかは，原則として3年を超えることができないとされている（労基14条，ただし，70条に留意）。

2　最短期間について

　最短期間についても，民法上特に定めはなく，したがって，毎日毎日雇傭するということも妨げられない。しかし，実際上は継続して雇傭しているにもかかわらず，解雇の責任を免れるためにこうした形式を採るのは脱法行為であって違法である。それゆえ，期間の定めのない雇傭契約として告知に対する制約を受けることになる。

第5節　雇傭の終了

1　期間の定めがあるとき

(1)　契約において期間が定められているときは，その期間の満了によって雇傭が終了することはもちろんである。

　　しかし，期間満了後引続き労働者が労働に従事するとき，使用者がこれを知りながら異議を述べないときは，従前の雇傭と同一の条件（期間については定めのないものとなる）でさらに雇傭をしたものと推定される（629条1項前段）。賃貸借の場合と同様，黙示の更新と呼ばれる。ただし，身

239

第2部　契約法各論

元保証金以外の担保は，身元保証も含めてことごとく更新された契約には
移らず，期間の満了によって消滅することになる（同条2項）。

(2)　期間の定めがある場合であっても，普通雇傭で5年，商工見習で10年
を超えるものであるとき，または当事者の一方もしくは第三者の終身を期
間とするときは，当事者の一方は，それぞれ5年または10年を経過した
後いつでも，3ヶ月前に予告して告知することができる（626条）ことは既
に述べた。

(3)　労働基準法では，原則として，3年を超える期間を定める契約の締結が
禁止されている（労基14条）ことも既に述べた。

新626条　雇用の期間が5年を超え，又はその終期が不確定であると
きは，当事者の一方は，5年を経過した後，いつでも契約の解除
をすることができる。

2　前項の規定により契約の解除をしようとする者は，それが使用
者であるときは3箇月前，労働者であるときは2週間前に，その
予告をしなければならない。

626条1項が，「……雇用が当事者の一方若しくは第三者の終身の間継
続すべきときは……」としていた部分を，本条1項は「……その終期が
不確定であるときは……」とした。

628条前段は，期間の定めのある雇用契約にあっては，やむを得ない
事由がない限り契約を（直ちに）解除することができないとしていところ，
これは，一旦，長期間の定めのある雇用契約を締結してしまうと，その
後，各当事者において，契約締結当時には予想もしていなかった事態が
生じて契約を解除する必要が生じた場合であっても，やむを得ない事由
がなければ5年を経過するまでは，意に反する契約を維持せざるを得な
いことを意味するものである。626条は，まさにそのような事態を阻止
するための規定であった。

ところが，626条1項は「当事者の一方若しくは第三者の終身の間継
続すべき……」と定めて，恰も終身という極めて長期の雇傭契約の成立
を認めることを前提とする規定となっていたことから，その妥当性が疑
われ，「終期が不定」という内容（文言）に置き換えられたものである。

240

第7章 雇　傭

同時に,「商工業の見習い」についてのみ10年としている点については, その必要性も, その合理性も乏しいことから626条1項ただし書は削除されることとなった。

626条2項は, 解除の予告期間として, 使用者, 労働者のいずれから解除をする場合であっても3ヶ月要求していたところであるが, これを使用者から解除する場合には3ヶ月という期間を維持しつつ, 労働者から解除する場合には2週間という期間に短縮した。

これは, いうまでもなく労働者からの解除＝労働者の退職の自由性を高めることを目的としている。新627条1項とも整合することになる。

2　期間の定めがないとき

(1)　契約で期間を定めなかったときは, 各当事者は, いつでも解約の申入（告知）をすることができ, この解約申入の日から2週間を経過することによって契約は終了する（627条1項）。

(2)　期間をもって報酬を定めたときは, 当期の前半において, 次期以降について解約の申入をしなければならない（同条2項）。要するに, 1ヶ月の期間をもって給料を定めたときは, 月の15日までででなければ, 翌月の初めから解雇（退職）することはできず, その月の15日を過ぎて解約の申入をしたときは, 翌月の16日からではなく, 翌々月の初めから解雇（退職）することができるに過ぎないということである。

もっとも, 6ヶ月以上の期間をもって報酬を定めたときは, 解約申入は3ヶ月前になされなければならない（同条3項）。したがって, この場合は, 必ずしも, 当期の前半に解約申入をしなければならないわけではないことになる。このことは, たとえば, 1年の期間で報酬を定めたときを想定すれば, 容易に理解できよう。

新627条　当事者が雇用の期間を定めなかったときは, 各当事者は, いつでも解約の申入れをすることができる。この場合において, 雇用は, 解約の申入れの日から2週間を経過することによって終了する。（変更なし）

　2　期間によって報酬を定めた場合には, 使用者からの解約の申入れは, 次期以後についてすることができる。ただし, その解約の

241

第2部　契約法各論

　　　申入れは，当期の前半にしなければならない。
　　3　6箇月以上の期間によって報酬を定めた場合には，前項の解約
　　　の申入れは，3箇月前にしなければならない。（変更なし）

　627条2項前段が「……解約の申入れは，次期以後についてすること
ができる。」として，使用者，労働者のいずれから解約の申入れをする場
合についても同様に扱っていたのであるが，本条2項は，「使用者からの
解約の申入れは……」として，主語を使用者に限定した。
　これは新626条2項と同趣旨に出るものであり，労働者の退職の自由
性を高めようとするものである。すなわち，期間の定めのない雇用契約
であっても，期間によって報酬を定めたときは，使用者からの解約申入
れについてのみ，申入期間が限定されることとなる。
　これを受けて3項は，（627条3項が，使用者・労働者双方からの解約申し
入れについて3ヶ月前にしなければならないとしていたのを）使用者からの解
約申し入れに限って3ヶ月前にしなければならないとするものである。
　他方，労働者からの解約申入れは，本条2項，3項が適用されない結
果，本条1項により2週間の予告期間を以ていつでも解約の申し入れを
なすことができる。
　なお，労働基準法が適用される労働契約については労働基準法20条が
適用されるため，そのような契約については，本条は殆ど意味を有しな
いことになる。

(3)　労働基準法の規制

民法の規定にかかわらず，労働基準法には，とりわけ使用者の告知について
重要な規制が置かれている。

①　天災事変その他やむを得ない事由のために事業の継続が不可能となった
　場合または労働者の責に帰すべき事由に基づいて解雇する場合を除いて，
　使用者は，30日前に予告するか，30日分以上の平均賃金（予告手当）を
　支払わなければならない（労基20条1項）。

②　業務上の負傷または疾病で療養中の者または産前産後の休業中の者は，
　原則として，その期間中およびその後30日間は解雇してはならない（労
　基19条1項本文）。ただし，使用者が，打切補償を支払う場合または天災

242

事変その他やむを得ない事由のために事業の継続が不可能となった場合は，この限りでない（同ただし書）。

3　一定の事由があるとき

民法上，一定の事由があるときは，期間の定めがあるとないとに関わらず告知することができる。

(1)　労働者が，使用者の承諾を得ることなく，第三者を自己に代わって労働に従事せしめた場合（625条3項）。

(2)　やむを得ない事由があるとき（各当事者）（628条前段）。ただし，その事由が当事者の一方の過失によるものであるときは，損害賠償責任が生ずる（同条後段）。

(3)　使用者が破産手続開始決定を受けたとき（労働者または破産管財人）（631条前段）。この場合には，627条と同様の猶予期間が認められており，また，両当事者には損害賠償請求権がない（同条後段）。

(4)　一般的な債務不履行があるときは，541条以下に従って解除（告知）することができる。

(5)　労働契約が未成年者に不利と認められるときは，親権者もしくは後見人または行政官庁は，これを解除（告知）することができる（労基58条2項）。

第6節　身元保証

I　意　　義

雇傭は，人的信頼関係の存在が不可欠なものといえるが，その関係が長期にわたるのが通常であり，使用者としては，労働者の何らかの行為（債務不履行にとどまらない）によって損害を受ける可能性も小さくないので，第三者による担保を望むことになる。そこで，雇傭契約に伴って身元保証契約が締結されることが多いのであるが，使用者としては，これにより一定の安心を得ることができるのに対し，保証した側からすれば，その責任があまりに過大になることもあり得るので，その保護を如何に図るかが問題となる。

身元保証には，債務者がその債務不履行によって負担する損害賠償を担保することを目的とするもの（通常の保証と同一の性格）と或る労働者を雇傭したこ

第 2 部　契約法各論

とによって使用者が被るすべての損害を担保するという性格を有するものとがある。

II　身元保証契約

身元保証については，「身元保証ニ関スル法律」が規制している。

その主な内容は以下のとおりである。

(1)　まず，本法の規制の対象となるのは，その名称の如何にかかわらず，被用者の行為により，使用者が受けた損害を賠償することを目的とする身元保証契約である。

(2)　期間の定めのない身元保証契約の効力は 3 年間，商工業見習の場合は 5 年間に限られる（身元保証 1 条）。

　　なお，この契約は，原則として，身元保証人の死亡によって終了し，相続されることはない（大判昭和 2・7・4 民集 6 巻 436 頁）。

(3)　身元保証契約の期間は 5 年を超えることができず，これより長い期間を定めても 5 年に短縮される（同 2 条 1 項）。この契約は更新することができるが，更新についても 5 年を超えることができない（同条 2 項）。

(4)　使用者は，労務者の業務上不適任や不誠実な事跡等，身元保証人の責任を生じさせるおそれがあることを知ったときや，被用者の任務または任地の変更により保証人の責任を加重させ，監督を困難にしたりするときは，遅滞なくこれを保証人に通知しなければならない（同 3 条）。

　　保証人が，使用者から，このような通知を受けたと否とを問わず，こうした事実を知ったときは，身元保証契約を解除（告知）することができる（同 4 条）。

(5)　身元保証人の責任や損害賠償額については，被用者の監督に関する使用者の過失の有無，保証人が身元保証をするに至った事由，その際の注意の程度，被用者の任務または身上の変化その他一切の事情を考慮して判断される（同 5 条）。

(6)　本法の規定に反する特約であって，身元保証人に不利益なものはすべて無効とされる（同 6 条）。

第8章 請　負

第1節　意　義

　請負とは，当事者の一方（請負人）が或る仕事を完成することを約し，相手方（注文者）がその仕事の結果に対して報酬を与えることを約することによって成立する双務・有償・諾成・無方式の契約である（632条）。

　ここでいう仕事とは，有形（建物の建設等が典型）・無形（演奏，運送，清掃等）を問わない。

　なお，建設業法においては，建設工事の請負契約の場合，所定の事項を書面で明示すべきこととしている（建設19条）が，これは契約内容を明らかにしておいて後日の紛争発生を予防しようとするものであるから，書面の作成が成立要件とされているわけではない。

第2節　請負の効力

Ⅰ　請負人の義務

1　仕事完成義務

　請負人は，契約によって定められた期日までに仕事を完成すべき義務を負う。この義務に違反したときは履行遅滞または履行不能となる。

　請負は仕事の完成を目的するものであるから，特約があるかまたは請負人自身でしなければ本旨にしたがった履行とならないという特別な場合を除いて，請負人自身が仕事を完成する義務はない。補助者を用いるのはもちろんのこと，下請負をさせることも差支えない。

　もともとの請負契約と下請負契約とは，基本的には，別個・独立のものであり，互いに他に影響を及ぼすことはない（大判明治41・5・11民録14輯558頁）。

　下請負させることが特約で禁止されていたにもかかわらず下請負契約がなされたという場合であっても，請負自体が無効になることはなく，ただ特約違反の責任が生ずるにとどまるとされている（大判明治45・3・16民録18輯255頁）。

　ただし，建設業法においては，特約なき限り，一括下請負が禁止されており

245

第 2 部　契約法各論

（建設 22 条），注文者は，原則として，著しく不適当と認められる下請負人の変更を請求できるとされている（建設 23 条）。

2　目的物引渡義務

(1)　義務の内容

請負の目的が物を製作・完成させることである場合は，請負人は，約束の時期に，その完成した物を注文者に引渡す義務がある。これは当然の義務といってよいが，ここでは，その目的物の所有権の帰属が問題となる。もし，それが請負人に帰属していたならば，その所有権を注文者に移転する行為が特別に必要とされるし，注文者に帰属していたならば，引渡義務のうちに所有権移転も含まれていることになる。

(2)　目的物の所有権の帰属

①　注文者が材料の全部を供給したとき

この場合には，特約のない限り，目的物の所有権は，初めから注文者に帰属していたものとされる（大判昭和 7・5・9 民集 11 巻 824 頁は，家屋建築請負契約において，請負人が建築材料の主要部分たる木材を供して建物を完成させたときは，その建物は，注文者に引渡すまでは請負人の所有に属するが，注文者が所要材料を供したときは，建物の所有権は，その竣工と同時に当然に注文者に帰属するとした）。

ここでは，請負契約が存在することにより，加工に関する規定（246 条 1 項）の適用は排除される。

②　請負人が材料の全部を供給したとき

この場合は，請負代金債権を保護する見地から，特約のない限り，完成時に請負人の所有に属し，注文者への引渡と共に，その物の所有権は注文者に移転する（大判大正 3・12・26 民録 20 輯 1208 頁，大判大正 4・5・24 民録 21 輯 803 頁）。

③　注文者・請負人の双方が材料を供したとき

この場合は，どちらが材料の主要な部分を供したかによって決せられることになる。すなわち，加工の規定にしたがうのが原則となる。

④　注文者が請負代金を分割払いしているとき

棟上時までに全工事代金の半額以上が支払われ，その後も工事の進行に応じて逐次代金が支払われているという場合には，完成した建物の所有権は，引渡を待つまでもなく，完成と同時に原始的に注文者に帰属するとされている（最判昭和 44・9・12 判時 572 号 25 頁）。

246

第8章 請　負

⑤　特約がある場合

当事者間の特約により，初めから目的物（完成物）の所有権が注文者に帰属するとされているときは，その特約にしたがう（最判昭和46・3・5判時628号48頁）。

⑥　最近の考え方

請負契約の性質や当事者の意思からすると，少なくとも，建築請負契約においては，特約があるかないかに関わらず，原則として，完成した物の所有権は，初めから注文者に帰属するという主張が有力に展開されている。

完成した物の所有権を一旦請負人に帰属させるべきであるとした従来の見解は，それにより，請負代金債権の確保を目的としていたものと考えられるが，そのためには，留置権や先取特権等を用いることができるから，完成物の所有権が初めから注文者に帰属すると解して差支えないとするのである。

なお，契約が中途で解除された際の出来型部分の所有権は注文者に帰属する旨の約定がある建物建築工事請負契約において，同契約が中途で解除されたときは，元請負人から一括して当該工事を請け負った下請負人が自ら材料を提供して出来型部分を築造したとしても，下請負人は，注文者との関係では，元請負人のいわば履行補助者的な地位に立つに過ぎないから，元請負人と異なる権利関係を主張し得る立場にないとして，注文者と下請負人との間に格別の合意がある等特段の事情のない限り，当該出来型部分の所有権は注文者に帰属するとしたものがある（最判平成5・10・19民集47巻8号5061頁）。

⑶　**危険負担**

仕事の完成前に請負人の責に帰すべからざる事由によって履行不能となったときには危険負担の問題が生ずる。

注文者の責に帰すべき事由によって履行不能になったときは，請負人は報酬請求権を失わないが，債務を免れたことによって得た利益があるときは，これを注文者に償還しなければならない（536条2項，最判昭和52・2・22民集31巻1号79頁）。

両当事者の責に帰すべからざる事由による履行（給付）不能の場合，請負人は，仕事の完成義務は免れるが，報酬を請求することもできなくなる（536条1項）。

247

第 2 部　契約法各論

3　請負人の担保責任

仕事の目的物に瑕疵があるときは，請負人は，一定の責任を負わなければならない。その担保責任の内容は，注文者が，次の権利を取得することである。

(1)　瑕疵修補請求権

仕事の目的物に瑕疵があるときは，注文者は，相当の期限を定めてその瑕疵の修補を請求することができるが，瑕疵が重要ではなく，しかもその修補に過分の費用を要するときは，損害賠償請求権があるのみである（634 条 1 項, 2 項前段）。

(2)　損害賠償請求権

注文者は，瑕疵の修補に代え，または修補とともに常に損害賠償を請求することができる（同条 2 項前段）。また，注文者は，瑕疵の修補が可能なときであっても，その瑕疵修補を請求せずに直ちに瑕疵修補に代わる損害賠償を請求することができる（最判昭和 54・3・20 判時 927 号 184 頁）。

そして，この場合の損害賠償請求権と請負人の報酬請求権とは同時履行の関係に立つ（同後段）が，瑕疵の程度や各当事者の交渉態度等から，瑕疵修補に代わる損害賠償請求権をもって報酬全額の支払を拒むことが信義則に反すると認められるときは，同時履行の関係に立たないとされる（最判平成 9・2・14 民集 51 巻 2 号 337 頁）。

---

634 条は削除される。その理由は以下のようである。

売買契約における買主の追完請求権に関する新 562 条において修補請求権が認められ，同条が新 559 条によって有償契約に準用される結果，634 条 1 項の規定は不要になったからである。

また，その 634 条 2 項（後段）では 533 条が準用されていたところ，新 533 条は「（債務の履行に代わる損害賠償の債務の履行を含む。）」と明記するに至ったので，同項も削除されることになったものである。

---

(3)　契約解除権

瑕疵が重大であって契約の目的を達することができないときに限り，契約の解除をなすことができる（635 条本文）。ただ，修補が可能であるときは，まず，修補を請求すべきものといえよう。さらに，建物その他の土地工作物の請負においては，解除することはできない（同条ただし書）。

248

第8章　請　負

635条も削除される。

635条は，仕事の目的物に瑕疵があってそのために契約をした目的を
達することができないときは，注文者は，契約の解除をすることができ
るが，目的物が建物その他の土地工作物であるときは，解除することが
できないとしていたところ，これも削除される。

仕事の目的物が契約の内容に適合しないことを理由とする解除につい
ては，新564条が準用する債務不履行を理由とする解除に関する規制が
（新559条を介して）請負にも準用されるので，請負について特に規定を
置く必要がなくなったのである。その結果，請負契約の目的が建物その
他の土地工作物であるか否かを問わず，解除については，解除の一般原
則となる新541条に服することになる。

635条ただし書も削除されるが，これは，請負人が建築した建物その
他の土地工作物に重大な瑕疵があって建替えるほかないという場合に，
建替に要する費用相当額の損害賠償請求することを認めても，635条た
だし書の趣旨に反するものとはいえないとして実質的に635条ただし書
を修正したと評価されている判例（最判平成14・9・24判時1801号77頁）
を勘案した故であるとも捉えられる。

⑷　担保責任の免除

瑕疵が，注文者の供した材料の性質または注文者のなした指図によって生じ
たときは，担保責任を負わないのを原則とするが，請負人が，その材料または
指図の不適当なことを知っていて告げなかったときは，責任を免れることはで
きない（636条）。

新636条　請負人が種類又は品質に関して契約の内容に適合しない仕
事の目的物を注文者に引き渡したとき（その引渡しを要しない場合
にあっては，仕事が終了した時に仕事の目的物が種類又は品質に関して
契約の内容に適合しないとき）は，注文者は，注文者の供した材料
の性質又は注文者の与えた指図によって生じた不適合を理由とし
て，履行の追完の請求，報酬の減額の請求，損害賠償の請求及び
契約の解除をすることができない。ただし，請負人がその材料又
は指図が不適当であることを知りながら告げなかったときは，こ

249

第2部　契約法各論

の限りでない。

636条は，注文者が供した材料または注文者の与えた指図によって仕事の目的物に瑕疵が生じたときは，請負人が，その材料または指図の不適切であることを知りながら告げなかった場合を除き，請負人は，担保責任を負わない旨規定している。

新636条は，その636条と同趣旨に出，同内容を規定するものであるが，売買契約における担保責任の規定が（瑕疵から契約不適合へ）変わったことから，これに伴い文言等が変更されたものである。

(5)　**担保責任の存続期間**

① 担保責任（瑕疵修補請求，損害賠償請求，契約解除）の存続期間は，仕事の目的物を引渡した時（仕事の目的物の引渡を要しないときは，仕事の終了の時）から1年を原則とする（637条1項，2項）。

新637条　前条本文に規定する場合において，注文者がその不適合を知った時から1年以内にその旨を請負人に通知しないときは，注文者は，その不適合を理由として，履行の追完の請求，報酬の減額の請求，損害賠償の請求及び契約の解除をすることができない。

2　前項の規定は，仕事の目的物を注文者に引き渡した時（その引渡しを要しない場合にあっては，仕事が終了した時）において，請負人が同項の不適合を知り，又は重大な過失によって知らなかったときは，適用しない。

637条は，請負人の担保責任の存続期間を「仕事の目的物を引き渡した時，仕事の目的物の引渡しを要しない場合には仕事が終了した時」から1年と定めていたが，本条1項は，「注文者がその不適合を知った時」から1年とした。

同時に，637条は，瑕疵修補・損害賠償請求，契約解除は……1年以内に「しなければならない」として，その期間内に権利を行使しなければならないとしていたが，本条1項は，その不適合を……「請負人に通知」すればよいこととしている。新566条本文と同趣旨に出るものである。したがって，請負人の契約不適合責任を問う意思を明確に告げて損

250

第8章　請　負

害額の根拠まで示す必要はない。

　同様に，本条2項は，新566条ただし書に対応するものといえよう。

②　建物その他土地の工作物の請負において，その土地の工作物または地盤の瑕疵については，普通は引渡後5年，とくに堅固な工作物（石造，土造，煉瓦造，コンクリート造，金属造等）については10年とする（638条1項）。

③　工作物が，その工作物または地盤の瑕疵によって滅失または損傷したときは，注文者は，その滅失または損傷の時から1年以内に瑕疵修補請求・損害賠償請求をしなければならない（同条2項）。

④　①，②の期間は，滅失・損傷の場合を除き，普通の時効期間，すなわち10年内に限り伸長することができる（639条）。

(6)　**免 責 特 約**

634条または635条の担保責任を負わない旨の特約は有効であるが，請負人は，その知っていて告げなかった事実については責任を免れることはできない（640条）。

　638条ないし640条は削除される。

　638条は，建物その他の土地工作物の請負人が，その工作物または地盤の瑕疵について担保責任を負わなければならない期間についての定めであるが，新637条において，注文者が契約不適合を知ってから1年以内に請負人に対して通知しなければ履行の追完等の権利を行使することができなくなるとしたことから，土地工作物についてのみこれ（新637条）と異なる長期の期間を定める必要性が乏しいと考えられたものである。

　639条は，その冒頭において「第637条及び前条第1項の期間は……」と定めていたところ，637条が改正され，638条が削除されることになった結果，規定としての存在意義を失ったものといえ，削除されることになった。

　640条は担保責任を負わない旨の特約をした場合に関する規定であるが，新572条と同趣旨の規定であり，新572条は新559条により有償契約に準用されるので，640条は不要とされたのである。

251

第2部　契約法各論

Ⅱ　注文者の義務

1　報酬支払義務

注文者は，報酬（請負代金）を支払う義務を負う（632条）。

報酬の支払時期については，原則として，後払いとされている（633条ただし書，624条1項）が，仕事の目的物を引渡すことが内容となっているときは，その引渡と同時に支払うことを要する（633条本文）。

新634条　次に掲げる場合において，請負人が既にした仕事の結果のうち可分な部分の給付によって注文者が利益を受けるときは，その部分を仕事の完成とみなす。この場合において，請負人は，注文者が受ける利益の割合に応じて報酬を請求することができる。
　　一　注文者の責めに帰することができない事由によって仕事を完成することができなくなったとき。
　　二　請負が仕事の完成前に解除されたとき。

本条は，注文者が受ける利益の割合に応じた報酬に関して新設される規定である。

従前から存していた判例法理「建物その他の土地の工作物の工事請負契約につき，工事全体が未完成の間に注文者が請負人の債務不履行を理由に右契約を解除する場合において，工事内容が可分であり，しかも当事者が既設工部分の給付に関し利益を有するときは，特段の事情のない限り，既設工部分については契約を解除することができず，ただ未施行部分について契約の一部解除をすることができるに過ぎない」（最判昭和56・2・17判時996号61頁──これにより，請負人は，既に完成した部分に対応する報酬を請求することができることになる）を明文化したものである。一部解除事案として実務上も取り扱われてきたところである。

1号は，請負人の債務が履行不能となった場合に関する規定であるが，「注文者の責めに帰することができない事由によって」とあるのは，注文者の責めに帰すべき事由によって仕事の完成が不能となった場合には，新536条2項前段に基づき，請負人は報酬の全部を請求することを可能にする趣旨である。

252

第8章 請　負

2　目的物受領義務

目的物の引渡によって請負人の義務が履行されるという場合は，その限りにおいて，売買と共通するところがあり，それゆえ，売買におけると同様，注文者には，目的物の受領義務が認められるべきである（ただし，最判昭和40・12・3民集19巻9号2090頁〔膨張タンク，屋上水槽等の製作についての請負契約の事例〕は，特段の事由のない限り，債務者が債権者の受領遅滞を理由として契約を解除することは許されないとしている）。

第3節　請負の終了

I　仕事の完成

請負は，通常，仕事が完成することによって終了する。これは問題ないであろう。

II　注文者の解除

1　仕事が完成しない間は，注文者は，いつでも損害を賠償して契約を解除することができる（641条）。
2　仕事の目的物に重大な瑕疵があって契約の目的を達することができないときは，注文者は，契約を解除することができる（635条本文）。ただし，建物その他の土地工作物についてはこの限りでない（同条ただし書）。

> 635条が削除されることは前述したとおりである。

III　注文者の破産

注文者が破産手続開始決定を受けたときは，請負人または破産管財人が契約の解除をすることができる（642条1項前段）。この場合，請負人は，既にした仕事の報酬等につき破産財団の配当に加入することができる（同後段）。

そして，契約解除によって生じた損害の賠償は，破産管財人が契約の解除をした場合における請負人に限って請求することができ，請負人は破産財団の配当に加入する（同条2項）。

> 新642条　注文者が破産手続開始の決定を受けたときは，請負人又は

253

第2部　契約法各論

　　　破産管財人は，契約の解除をすることができる。ただし，請負人
　　　による契約の解除については，仕事を完成した後は，この限りで
　　　ない。
　　2　前項に規定する場合において，請負人は，既にした仕事の報酬
　　　及びその中に含まれていない費用について，破産財団の配当に加
　　　入することができる。
　　3　第1項の場合には，契約の解除によって生じた損害の賠償は，
　　　破産管財人が契約の解除をした場合における請負人に限り，請求
　　　することができる。この場合において，請負人は，その損害賠償
　　　について，破産財団の配当に加入する。

　642条1項前段は，注文者が破産手続開始決定を受けたときは，請負
人または破産管財人は，契約の解除をすることができるとしていたが，
本条1項は，その内容を引き継ぎつつ，請負人が契約を解除することが
できるのは仕事を完成しない間に限ることとしたものである。
　642条のそもそもの趣旨は，注文者について破産手続開始決定がなさ
れると，請負人に対して報酬が支払われなくなる可能性が高くなるので
あるが，それにも拘わらず請負契約を解除することができないとしてお
くと，(請負人の仕事完成債務が先履行債務であることから)請負人が役務を
提供して仕事を完成させないと報酬を得ることができない一方，請負人
が仕事の完成のために更に費用等を支出せざるを得なくなることが請負
人にとって酷であることから，請負人に解除権を認めたものであるとこ
ろ，仕事が既に完成している場合には，請負人が仕事の完成のために更
に費用等を支出せざるを得なくなることはない。そこで，仕事の完成後
は，請負人が請負契約を解除することはできないとしたものである。
　また，売買契約において，買主につき破産手続開始が決定されても売
主に解除権が発生しないとされていることとの均衡を図ったものともい
える。
　2項は642条1項後段と同内容であり，642条2項が本条3項になる。

254

第9章 委　任

第1節　意　義

　委任とは，当事者の一方（委任者）が，法律行為をなすことを相手方（受任者）に委託し，相手方がこれを承諾することによって成立する諾成・無方式の契約である（643条）。

　法律行為に当たらない事務の処理を委託する場合を準委任と呼ぶ（653条）が，両者を区別することに格別の実益があるわけではない。

　受任者は，委任された範囲内において自由裁量の権限を有し，それゆえ，委任者との間に信頼関係を生じさせることになる。

　民法上，委任は，原則として，無償とされている（648条1項）が，今日においては，有償委任のほうが圧倒的に重要な機能を果たしている。無償であれば片務契約，有償であれば双務契約となる。

第2節　委任の効力

I　受任者の義務

1　事務処理義務

　受任者は，委任契約の本旨にしたがい，善良な管理者の注意をもって委任された事務を処理する義務を負う（644条）。

　委任契約の本旨に従うとは，契約の目的，委任事務の性質等に応じて合理的に行うということである。

　また，善良な管理者の注意とは，行為者の年齢，職業，社会的地位，その有する知識，経験等に応じて当該の行為をするに際して通常期待される程度の抽象的・一般的な注意をいう。

2　事務処理義務に付随する義務

(1)　報告義務

　受任者は，委任者の求めに従っていつでも事務処理の状況を報告し，委任終

第2部　契約法各論

了後は遅滞なくその顛末（経過および結果）を報告しなければならない（645
条）。

(2) **引 渡 義 務**

受任者は，委任事務の処理に当たって受取った金銭その他の物および収取し
た果実を委任者に引渡さなければならない（646条1項）。

(3) **権利移転義務**

受任者は，委任者のために自己の名で（代理によらないで）取得した権利を
委任者に移転しなければならない（同条2項）。

(4) **利息支払・損害賠償義務**

受任者は，委任者に引渡すべき金額またはその利益のために用いるべき金額
を自己のために消費したときは，その消費した日以後の利息を支払わなければ
ならず（647条前段），損害（実際の損害であって法定利率に限らない）がある
ときは，それを賠償しなければならない（同条後段）。

Ⅱ　自ら処理する義務

委任は，両当事者の信頼関係の上に成立つものであるから，受任者は，原則
として，自ら事務の処理に当たらなければならない。履行補助者を用いること
はもちろん差支えないが，第三者に事務を処理させることはできないのである。
ただ，これに全く例外を認めないとすると，委任者にとっても不利となること
があるから，復委任は認めるべきであるとされている（104条ないし108条参
照）。

> 新644条の2　受任者は，委任者の許諾を得たとき，又はやむを得な
> 　　　　　　　い事由があるときでなければ，復受任者を選任することができな
> 　　　　　　　い。
> 　2　代理権を付与する委任において，受任者が代理権を有する復受
> 　　　任者を選任したときは，復受任者は，委任者に対して，その権限
> 　　　の範囲内において，受任者と同一の権利を有し，義務を負う。
>
> これまで，委任については復委任に関する規定，すなわち，受任者は
> 復受任者を選任することができるかどうかについての明文規定が存して
> おらず，復代理に関する104条が類推適用されると考えられていたが，

第9章 委 任

ここに明文規定を置くこととした。

1項は，委任者の許諾を得たとき，またはやむを得ない事由があるときに限って復受任者を選任することができるとする，104条と同趣旨の定めをした。

また，復受任者の権利義務についても，従来は107条2項（新106条2項）が類推適用されると考えられていた。そして，同項は，代理という対外関係についてのみならず，委任に基づく受領物引渡義務といった内部関係についても妥当するものと解されていた（最判昭和51・4・9民集30巻3号208頁）。

そこで，2項は，代理権を付与する委任において，受任者が代理権を有する復受任者を選任したときは，復受任者は，委任者に対してその権限の範囲内において受任者と同一の権利を有し，義務を負うとする，107条2項（新106条2項）と同旨の規定とされた。

Ⅲ 委任者の義務

1 費用支払義務

委任者は，一般に報酬支払義務を負わないが，それ以外の点においては，受任者が委任により何らの損害も被ることがないようにしてやる義務を負う。すなわち，委任が有償であるか無償であるかを問わず，次のような義務を負担する。

(1) 費用前払義務

まず，委任者は，受任者の請求により，委任事務処理に必要な費用を前払しなければならない（649条）。

(2) 必要費償還義務

受任者が支出した（立替えた）必要費および支出した日以後の利息を償還すべき義務を負う（650条1項）。

(3) 債務弁済・担保供与義務

受任者が委任事務処理上負担した債務を弁済し，あるいはその債務が弁済期にないときは，担保を提供すべき義務を負う（同条2項）。

(4) 損害賠償義務

受任者が，委任事務処理のために過失なくして損害を被ったときは，委任者

257

第2部　契約法各論

の責に帰すべきものかどうかを問わず，その損害を賠償しなければならない（同条3項）。

2　報酬支払義務

委任が有償の場合は，委任者は，報酬を支払う義務を負う（648条1項）。

報酬の支払時期につき特約がないときは，後払となるが，期間をもって報酬を定めたときは，受任者は，その期間が経過した後に報酬を請求することができる（同条2項）。

委任が，受任者の責に帰すべからざる事由によって途中で終了してしまったときは，既になした履行の割合に応じて報酬を請求することができる（同条3項）。

新648条　受任者は，特約がなければ，委任者に対して報酬を請求することができない。（変更なし）

2　受任者は，報酬を受けるべき場合には，委任事務を履行した後でなければ，これを請求することができない。ただし，期間によって報酬を定めたときは，第624条第2項の規定を準用する。（変更なし）

3　受任者は，次に掲げる場合には，既にした履行の割合に応じて報酬を請求することができる。

一　委任者の責めに帰することができない事由によって委任事務の履行をすることができなくなったとき。

二　委任が履行の中途で終了したとき。

委任は無償を原則とし，有償委任の場合であっても後払いを原則とするという従来からの姿勢を維持しつつ，既にした履行の割合に応じて報酬を請求することができるとするだめに修正が加えられた。

すなわち，648条3項は，委任が，受任者の責めに帰することができない事由によって履行の途中で終了したときに限って，既にした履行の割合に応じて報酬を請求することができるとしていたのであるが，これを受任者の責めに帰すべき事由の有無に関わらず，履行の途中で委任事務処理ができなくなった場合または委任が終了した場合に，履行割合に

258

応じて報酬を請求することができるとした。

　これは，雇用に関する新624条の2，請負に関する新634条と同趣旨に出るものといってよいであろう。

　3項1号で「委任者の責めに帰することができない事由によって」委任事務を履行することができなくなった場合に履行割合に応じて報酬を請求することができるとされている趣旨は，委任者の責めに帰すべき事由によって委任事務を履行することができなくなった場合には，新536条2項前段に基づき，受任者は，報酬の全部を請求することができる可能性を否定しないということである。

　なお，本条3項が改正されたことにより，これを準用している1018条（遺言執行者の報酬の有無に関する）も改正される。

　新648条の2　委任事務の履行により得られる成果に対して報酬を支払うことを約した場合において，その成果が引渡しを要するときは，報酬は，その成果の引渡しと同時に，支払わなければならない。

　　2　第634条の規定は，委任事務の履行により得られる成果に対して報酬を支払うことを約した場合について準用する。

　有償委任における報酬の支払われ方につき，前条が履行割合型（履行した委任事務処理〔の割合〕に対して支払われる型）を，本条が成果完成型（委任事務処理の結果として表れた成果に対して支払われる型）を規定する。

　成果完成型については，その成果の引渡を要する場合とこれを要しない場合とがあるところ，本条1項は，引渡を要する場合には，その引渡と報酬の支払いとが同時履行の関係に立つことを明らかにした。633条本文と同趣旨である。

　2項で新634条が準用されていることにより，受任者が成果を得ることができなくなったとき，または成果を得る前に委任が解除されたときは，既になした事務処理の結果が可分であり，かつ，その結果を委任者に給付することによって委任者が利益を受けるときに限り，その可分の結果を得られた成果とみなし，受任者は，委任者が受ける利益の割合に応じて報酬を請求することができる。

第2部　契約法各論

> このように，有償委任には履行割合型と成果完成型とがあるということが明記されることになったことから，まずは，締結される委任契約が具体的にいずれであるかを明確にしておく必要があることになろう。そして，受任者の帰責事由の不存在が割合的報酬請求の要件ではなくなったことから，この報酬を巡る争いが増加することが予想される。
> 他方，成果完成型においては，成果の可分性の肯否も問題となろう。
> 本条も新1018条で準用される。

なお，受任者が商人であるときは，特約がなくとも相当な報酬を支払わなければならない（商512条）。

第3節　委任の終了

I　当事者の告知による場合

委任は，各当事者がいつでも任意に解除（告知）し得るところに一つの特徴を見出し得る（651条1項）。これは，委任が，当事者間の信頼関係を基礎に置いているからであるとされる。

ただし，やむを得ぬ事由があるときを除いて，相手方に不利な時期に告知したときは，それによって生じた損害を賠償しなければならない（同条2項）。

もっとも，委任が，受任者の利益を目的とする場合には，651条1項は適用されないと解されている（大判大正9・4・24民録26輯562頁——委任者〔債務者〕が，第三債務者に対する債権の取立を受任者〔債権者〕に委任し，その取立報酬（取立高の1割）を委任者〔債務者〕の受任者〔債権者〕に対する債務の弁済に

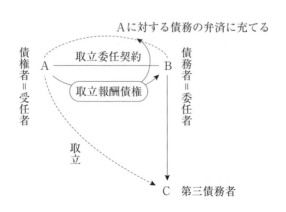

第 9 章　委　　任

充てる旨の特約がなされていたにもかかわらず, 委任者がその取立委任を解除した
という事案)。

　しかし, その後, 受任者の利益にもなっている委任といえども, 同人 (受任
者) が著しく不誠実な行動を取った等やむを得ない事由があるときには, 委任
者は解除し得るとされ (最判昭和 43・9・20 判時 536 号 51 頁), さらに, やむを
得ない事由がなくとも, 委任者が解除権を放棄したと解されない事情があると
きは, 同人 (委任者) による解除が認められるとされている (最判昭和 56・1・
19 民集 35 巻 1 号 1 頁)。

> 新 651 条　委任は, 当事者がいつでもその解除をすることができる。
> 　(変更なし)
> 　2　前項の規定により委任の解除をした者は, 次に掲げる場合には,
> 　相手方の損害を賠償しなければならない。ただし, やむを得ない
> 　事由があったときは, この限りでない。
> 　　一　相手方に不利な時期に委任を解除したとき。
> 　　二　委任者が受任者の利益 (専ら報酬を得ることによるものを除
> 　　く。) をも目的とする委任を解除したとき。

　1 項が維持されたのは, 信頼関係を基礎に置く委任契約において, そ
の信頼関係が失われた当事者間で委任関係を継続させることは意味がな
いからであり, このような委任の本質に変化がない以上, 改正の要をみ
ないと考えられたからである。

　また, 相手方にとって不利な時期に委任契約を解除したときは, 相手
方の損害を賠償しなければならないが, やむを得ない事由があったとき
は, この限りでないとする 651 条 2 項の規制も本条 2 項 1 号で維持され
た。

　さらに, ここに受任者の利益をも目的とする委任に関する判例法理を
取り込み, 2 項 2 号で明文化した。

　すなわち, 委任契約は, 通常, 委任者のために, 受任者が事務処理を
行うものであるが, 場合によっては, 受任者の利益をも目的として委任
契約が締結されることがある。

　そして, 受任者の利益をも目的とする委任契約の場合, 委任者が 651

261

第 2 部　契約法各論

条に基づいてこれを任意解除することができるかどうかについて，判例
は，かつてやむを得ない事由がある場合に限って任意解除が認められる
とした（最判昭和 40・12・17 集民 81 号 561 頁，前掲最判昭和 43・9・20）が，
その後，やむを得ない事由がない場合であっても任意解除することがで
きるとするに至っている（前掲最判昭和 56・1・19）。

　このように，受任者の利益をも目的とする委任契約を締結することも
可能であり，そのような委任契約を任意解除することもできるというこ
とを前提として，その契約を任意解除したときは，やむを得ない事由が
ある場合を除き，相手方の損害を賠償しなければならないとしたのであ
る。これは，受任者の利益は，任意解除権を制限することなく，損害賠
償で補塡されればよいとの考え方に基づくものといえよう。

　ところで，受任者の利益とは，事務処理の対価として支払われる報酬
以外の利益を意味すると理解しなければならず，委任契約が有償である
というだけでは，受任者の利益をも目的とする委任には当たらないとす
るのが判例（最判昭和 58・9・20 判時 1100 号 55 頁〔税理士顧問契約の事
例〕）であるが，本条は，2 項 2 号括弧書で「専ら報酬を得ることによる
ものを除く」とすることによって判例法理を明文化した。それでは，こ
こにいわゆる受任者の利益とはどのようなものを指すのか。

　たとえば，債権者 A，債務者 B，第三債務者 C という関係において，
B が，C に対して有する自己の債権につき，A に対し取立委任および代
理受領権限を付与する場合を挙げ得よう。この場合，A が，B の債権を
C から取立てる（回収する）ことは，A が B に対して有する債権の確実な
回収を意味し，受任者たる債権者の利益になるといえるであろう。

　なお，本条は任意規定であり，任意解除権を放棄する約定も有効であ
る。

　なお，委任の解除にも遡及効はない（652 条）。

II　告知によらない場合

委任は，告知されない場合であっても，委任者または受任者の死亡，委任者
または受任者の破産手続開始決定，受任者の後見開始審判によって当然に終了
する（653 条）。

第 9 章　委　　任

なお，当事者の特約によってこの終了原因を排除することも認められる。

Ⅲ　委任終了の通知

委任終了の事由は，それが委任者側・受任者側いずれから出たものであれ，それをことごとく相手方に通知し，または相手方がこれを知った後でなければ，これをもって相手方に対抗することができない（655 条）。

Ⅳ　委任終了後の特別処理

委任が終了して委任事務が行われなくなってしまうと，委任者側に不利益が生ずる場合があり得る。

そこで，委任終了の場合において急迫の事情があるときは，受任者またはその相続人もしくは法定代理人は，委任者またはその相続人もしくは法定代理人が委任事務を処理することができるようになるまで，必要な処分をしなければならないとされている（654 条）。

こうして，委任者側に不利益が生ずることを回避しようとするものであるが，これは信任を受けた者（受任者）としての当然の義務ともいえよう。

なお，委任者の死後の事務（葬儀に関わること，保管財産の相続人への引渡等）についても委任されることがあるが，判例は，その有効性を認めている（最判平成 4・9・22 金法 1358 号 55 頁）。そして，この判例を前提として，委任事務の内容や履行の負担等の「特段の事情」の有無によって，委任者の相続人の解除権に対する制限を規制した裁判例がある（東京高判平成 21・12・21 判時2073 号 32 頁——永代供養等を依頼した準委任の事例）。

263

第10章　寄　　託

第1節　意　　義

　寄託とは，当事者の一方（受寄者）が，相手方（寄託者）のために保管することを約して或る物を受取ることによって成立する要物契約である（657条）。

　物は，不動産でも動産でもよく，他人の物についての寄託も有効に成立する。

　また，保管とは，目的物を自己の支配内においてその原状を維持することであり，倉庫営業等がその典型といえよう。

　保管料を支払う場合と支払わない場合とがあり，前者は有償・双務契約，後者は無償・片務契約となる。

　消費貸借のところで述べたように，寄託についても，これを要物契約としなければならない特別の理由は見出し難い。したがって，寄託の予約も諾成的寄託契約も認められる。

　また，現実の取引社会において重要な機能を営むのは，やはり保管料を支払う有償寄託であるが，それらについては商法典（商593条以下）で規定されているので，民法典の寄託という制度は，それほど重要な働きをするわけではない。

　新657条　寄託は，当事者の一方がある物を保管することを相手方に
　　　　委託し，相手方がこれを承諾することによって，その効力を生ず
　　　　る。

　本条は，寄託契約を要物契約から諾成契約へと変更することを明らかにするものである。前述のように，寄託を要物契約としなければならない特別の理由は見出しがたいのみならず，現実の取引社会において諾成的な寄託契約が広く行われてきており，それによって何らかの不都合を生じているということもない。諾成契約に変更することとした所以である。

　なお，この諾成契約に基づいて，受託者の受託物（寄託物）返還義務が

第2部　契約法各論

生ずるか否かについては，本条は何ら述べるところではない。新593条
（使用貸借），新601条（賃貸借）ではそれぞれ返還義務に言及していると
ころ，寄託については，何故同様の義務について言及しなかったのか定
かでない。

　当事者の一方が保管を委託し，委託された相手方がこれを承諾したと
いうことを以て，保管した物を返還することを約するという意味が含ま
れていると理解することになろうか。

　新657条の2　寄託者は，受寄者が寄託物を受け取るまで，契約の解
　　除をすることができる。この場合において，受寄者は，その契約
　　の解除によって損害を受けたときは，寄託者に対し，その賠償を
　　請求することができる。
　2　無報酬の受寄者は，寄託物を受け取るまで，契約の解除をする
　　ことができる。ただし，書面による寄託については，この限りで
　　ない。
　3　受寄者（無報酬で寄託を受けた場合にあっては，書面による寄託の
　　受寄者に限る。）は，寄託物を受け取るべき時期を経過したにもか
　　かわらず，寄託者が寄託物を引き渡さない場合において，相当の
　　期間を定めてその引渡しの催告をし，その期間内に引渡しがない
　　ときは，契約の解除をすることができる。

　1項は，寄託契約を諾成契約としたことに伴い，当該寄託契約が有償
か無償かを問わず，受寄者が寄託物を受け取るまでは，寄託者が寄託契
約を解除することができるとするものである。ただ，その解除によって
受寄者に損害が生じたときは，受寄者は，寄託者に対してその損害の賠
償を請求することができるとされた。

　寄託契約は，寄託者のためになされるものであることから，寄託者は，
受寄者に生ずる損害を賠償しさえすれば，任意に寄託契約から離脱して
差し支えないと考えられたものである。

　この場合の損害は，契約が解除されていなければ受寄者が得ることが
できたと認められる利益から，受寄者が，受寄者としての債務を免れる
ことによって得た利益を控除して導き出す。

266

第10章 寄　託

2項は，書面による寄託を除き，無償寄託の受寄者は，寄託物を受け取るまでは契約を解除することができるとする。書面による寄託を除いたのは，書面によって契約を締結する場合には，受寄者が，安易にあるいは軽率に契約を締結したであろうとは考えられないことから，受寄者に契約解除権を与えて契約の拘束力を弱める必要性が乏しいと考えられたからである。

なお，書面による寄託契約であっても，寄託者は，いつでもその返還を請求することができる（新662条1項）。

3項は，有償寄託と書面による無償寄託の場合において，寄託物を受け取る時期が過ぎたにも拘わらず，寄託物が引き渡されない場合に，受寄者に解除権（相当の期間を定めて催告をした上での解除権）を与えることとしたものである。

これは，有償寄託ないし書面による寄託においては，寄託物が引き渡されないにも拘わらず，契約関係を維持して受寄者を拘束し続けることは適切でないと考えられたことによる。

なお，書面によらない無償寄託においては，寄託物が引き渡されない場合，受寄者は，本条2項に基づいて契約を解除することができる。

第2節　寄託の効力

I　受寄者の義務

1　受寄物の保管義務

(1)　注意義務の程度

受寄者が受寄物を保管しなければならないのは当然であるが，その保管のために要求される注意の程度は，寄託が有償か無償かで異なる。

有償寄託の場合には善良なる管理者の注意をもって保管しなければならない（400条参照）が，無償寄託の場合には自己の財産に対するのと同一の注意をもって保管すれば足りるとされる（659条）。無償のときは注意義務が軽減されるのである。

> 新659条　無報酬の受寄者は，自己の財産に対するのと同一の注意をもって，寄託物を保管する義務を負う。

267

第2部　契約法各論

> 本条は，659条が「無報酬で寄託を受けた者」としていた部分を「無報酬の受寄者」と表現を変えただけであって，内容は659条と変わらない。

(2)　保管義務に付随する義務

① 　受寄者は，寄託者の承諾なしに目的物（受寄物）を使用したり，または第三者に保管させたりすることはできない（658条1項）。寄託者の承諾を得て第三者に保管させる場合は，復代理に関する規定（105条，107条2項）が準用される（658条2項）。

> 　新658条　受寄者は，寄託者の承諾を得なければ，寄託物を使用することができない。
> 　　2　受寄者は，寄託者の承諾を得たとき，又はやむを得ない事由があるときでなければ，寄託物を第三者に保管させることができない。
> 　　3　再受寄者は，寄託者に対して，その権限の範囲内において，受寄者と同一の権利を有し，義務を負う。

　1項は，658条1項と同趣旨の規定であり，受寄者は，原則として寄託物を使用することができない旨を定めるものである。

　2項は，受寄者が自ら保管しなければならないという原則の下，658条1項が規定していた寄託者の承諾を得たときのほか，やむを得ない事由がある場合にも第三者に保管させることができるとして，再寄託をなし得る場合を拡張するものである。復委任に関する新644条の2第1項と同趣旨に出るものである。

　3項は，適法に再受寄者が選任された場合の法律関係を定めるものである。658条2項は，105条を準用して，受寄者は，再受寄者の選任・監督について寄託者に対して責任を負うとしていたが，これを削除した。すなわち，（再受寄者の行為に基づく）受寄者の寄託者に対する責任は，債務不履行の一般規定によって処理することとされたのである。

　また，658条2項は，107条2項を準用して，再受寄者は，寄託者および第三者に対して受寄者と同一の権利を有し，義務を負うとしていたが，これを寄託者に対する関係においてのみ，その権限の範囲内において受寄者と同一の権利を有し，義務を負うとした。

268

第10章　寄　　託

② 第三者が寄託物について権利を主張して，受寄者に対し訴を提起し（た
とえば，自己のの所有物であるとして返還請求する等），または差押，仮差押
もしくは仮処分をしたときは，受寄者は，この事実を遅滞なく寄託者に通
知しなければならない（660条）。

新660条　寄託物について権利を主張する第三者が受寄者に対して訴
　　えを提起し，又は差押え，仮差押え若しくは仮処分をしたときは，
　　受寄者は，遅滞なくその事実を寄託者に通知しなければならない。
　　ただし，寄託者が既にこれを知っているときは，この限りでない。
　　2　第三者が寄託物について権利を主張する場合であっても，受寄
　　　者は，寄託者の指図がない限り，寄託者に対しその寄託物を返還
　　　しなければならない。ただし，受寄者が前項の通知をした場合又
　　　は同項ただし書の規定によりその通知を要しない場合において，
　　　その寄託物をその第三者に引き渡すべき旨を命ずる確定判決（確
　　　定判決と同一の効力を有するものを含む。）があったときであって，
　　　その第三者にその寄託物を引き渡したときは，この限りでない。
　　3　受寄者は，前項の規定により寄託者に対して寄託物を返還しな
　　　ければならない場合には，寄託者にその寄託物を引き渡したこと
　　　によって第三者に損害が生じたときであっても，その賠償の責任
　　　を負わない。

1項は，660条の内容を維持しつつ，そこに，寄託者が当該事実を知っ
ているときは通知義務を負わないとする「ただし書」を加えたものであ
る。新615条と同趣旨に出るものといえよう。

2項本文は，寄託物について権利を主張する第三者がいる場合であっ
ても，寄託者の指図がない限り，寄託者にその寄託物を返還しなければ
ならないとするものであり，したがって，権利を主張する第三者に対し，
寄託物の引渡しを拒絶することができるということになる。

2項ただし書は，受寄者が1項の通知をしたか，または寄託者が当該
事実を知っていることにより通知をする必要がないという場合において，
その寄託物を第三者に引き渡すべき旨を命ずる確定判決（裁判上の和解等，
確定判決と同一の効力を有するものを含む）があり，それにしたがって受寄

第2部　契約法各論

者が第三者に寄託物を引き渡したときは，受寄者は，寄託者に対し，寄託物の返還義務不履行による責任を負わない旨を定めるものである。

　3項は，寄託者に対し寄託物を返還しなければならない義務の履行として寄託物を引き渡した受寄者は，これによって第三者に損害が生じたとしても，その第三者に対して損害賠償責任を負わないとするものである。

　したがって，受寄者が，寄託者に対して寄託物を返還したことによって第三者に生じた損害については，第三者と寄託者との間で調整されることとなる。注意しなければならないのは，受寄者は，寄託物を寄託者に返還したことによって第三者に生じた損害について責任を免れるだけであって，寄託物を保管していたことによって第三者に生じた損害について免れるわけではないという点である。

③　受寄者は，保管に当たって受取った金銭その他の物を寄託者に引渡し，取得した権利を寄託者に移転し，自己のために消費した金額の利息を支払い，かつ損害を賠償しなければならない（665条）。委任に関する規定の準用である。

2　受寄物の返還義務

受寄者は，寄託が終了したときは受寄物（受取って保管した物＝同一物）を返還しなければならない。これも当然のことである。

　返還の場所は，その保管をなすべき場所であることを原則とするが，受寄者が正当の事由によってその物を転置したときは，その現在の場所で返還してもよい（664条）。

　なお，有償寄託の場合，受託者は，その保管料につき留置権を有する。

II　寄託者の義務
1　費用支払義務
(1)　費用前払義務

寄託者は，受寄者の請求により，保管のために必要な費用を前払しなければならない（665条，649条）

270

第10章 寄 託

(2) 必要費償還義務

受寄者が支出した（立替えた）必要費および支出した日以後の利息を償還すべき義務を負う（665条，650条1項）。

(3) 債務弁済・担保供与義務

受寄者が保管のために負担した債務を弁済し，その債務が弁済期にないときは担保を提供する義務を負う（665条，650条2項）。

(4) 損害賠償義務

寄託者は，寄託物の性質または瑕疵から生じた損害を賠償しなければならない（661条本文）が，過失なくしてその性質または瑕疵を知らなかったとき，または受寄者がこれを知っていたときは，損害賠償責任を免れる（同条ただし書）。委任者の損害賠償責任に関する650条3項との違いに注意。

新662条 当事者が寄託物の返還の時期を定めたときであっても，寄託者は，いつでもその返還を請求することができる。（変更なし）

 2 前項に規定する場合において，受寄者は，寄託者がその時期の前に返還を請求したことによって損害を受けたときは，寄託者に対し，その賠償を請求することができる。

 2項が新設された。ここに所謂損害は，約定の期限通りに返還すれば受寄者が得ることができたと認められる利益から，受寄者が期限前に返還することによって得た利益を控除したものになる。

新664条の2 寄託物の一部滅失又は損傷によって生じた損害の賠償及び受寄者が支出した費用の償還は，寄託者が返還を受けた時から1年以内に請求しなければならない。

 2 前項の損害賠償の請求権については，寄託者が返還を受けた時から1年を経過するまでの間は，時効は，完成しない。

 1項は，寄託物の一部滅失・損傷によって寄託者に生じた損害の賠償請求権および受寄者の費用償還請求権につき，寄託者が返還を受けた時から1年という行使期間を設けたものである。

 2項は，寄託者の損害賠償請求権については，寄託者が返還を受けた

第2部　契約法各論

時から1年を経過するまでは時効が完成しない（時効の完成猶予）とした
ものであるが，これは，新600条（使用貸借），新622条（賃貸借）にお
けるのと同様の考慮が働いているものである。

2　報酬支払義務

有償寄託の場合には，寄託者は，報酬を支払う義務を負う（665条，648条1
項）。

その報酬の内容についてはとくに制限はないが，支払時期は，原則として後
払である（665条，648条2項）。

寄託が，受寄者の責に帰すべからざる事由によって途中で終了してしまった
ときは，受寄者は，既になした履行の割合に応じて報酬を請求することができ
る（665条，648条3項）。

> 新665条　第646条から第648条まで，第649条並びに第650条第1
> 　　項及び第2項の規定は，寄託について準用する。
>
> 　665条は，646条から650条（3項を除く）を寄託について準用すると
> していたが，新たに648条の2が設けられたので，それに合わせる形で
> 準用する規定の表現が代わった。

第3節　寄託の終了

寄託の制度は寄託者の利益に資するものであり，また寄託者の地位はそれほ
ど弱いものではないから，民法の規定によって寄託者を保護しなければならな
いという要請もない。したがって，寄託の終了に関する民法の規定はすこぶる
おおらかである。

なお，民法は，「目的物の返還」とのみ表現して規制しているが，これは
「告知」を前提とするものである。

第10章　寄　　託

I　告知による終了

1　寄託物返還時期の定めがあるとき

このように返還時期を定めておいたときでも，寄託者は，いつでも自由に返還請求することができる（662条）。もはや保管させておく必要がなくなったにもかかわらず，寄託を継続させることは無意味だからである。ただ，経過した期間の割合に応じて保管料は支払わなければならない（665条，648条3項）。

受寄者のほうは，期間の定めがある以上，その期間は保管しなければならず，告知することはできないといわなければならないが，契約当時予想されなかったようなやむを得ない事由があるときには，定められた返還時期の前に返還することができる（663条2項）。

2　寄託物返還時期の定めがないとき

この場合には，寄託者はいつでも返還を請求できるし（662条参照），また，受寄者もいつでも返還をすることができる（663条1項）。

II　告知以外による終了

期間満了や目的物の滅失等，契約終了についての一般原因によっても寄託契約は終了する。

第4節　特殊な寄託

I　消費寄託

1　意　　義

受寄者が受寄物を消費し，これと種類・品質・数量の同じ物を寄託者に返還することを内容とする契約を消費寄託という。銀行等に金銭を預ける等がその典型である。

銀行取引等を想起すれば明らかなように，消費寄託は，実際の取引経済社会においてきわめて重要な機能を営んでいるといえるが，民法上は，非常に簡単な規定が置かれているにとどまり，商法典でも特別な規制がなされているわけではない。

273

第2部　契約法各論

2　成立と効果

消費貸借の法的性質については，消費貸借に関する規定が準用される（666条1項）。それゆえ，消費寄託も要物契約となり，準消費寄託も認められる（588条の準用）。

目的物の返還については，返還時期が定められているときは，それによる。通常の寄託の場合とは異なり，寄託者はいつでも返還を請求することができるというわけにはいかない（662条参照）。他方，受寄者のほうも期限前に返還することはできない。

これに対して，返還時期が定められていないときは，寄託者はいつでも返還を請求することができる（666条2項）。

なお，消費寄託においては，目的物が滅失したようなときでも，受寄者の返還義務には影響がないと解されている。

新666条　受寄者が契約により寄託物を消費することができる場合には，受寄者は，寄託された物と種類，品質及び数量の同じ物をもって返還しなければならない。

　2　第590条及び第592条の規定は，前項に規定する場合について準用する。

　3　第591条第2項及び第3項の規定は，預金又は貯金に係る契約により金銭を寄託した場合について準用する。

666条は，消費寄託については消費貸借に関する規定を準用することとしていた。

これに対し，本条1項・2項は，消費寄託には寄託に関する規定が適用されることを前提として，消費寄託と消費貸借とは，目的物の占有とその処分権が移転するという共通項を有していることから，その限度において消費貸借に関する規定を準用することとしたものである。具体的に準用されるのは，貸主の引渡義務，借主の価値償還義務に関する規定である。

3項は，預貯金契約について，消費貸借に関する591条2項・3項を準用するとしている。すなわち，受寄者（金融機関）は，いつでも返還することができるとするのである。

第 10 章 寄　　託

　金融機関は，預かった金銭を運用することで利益を得るのであり，預貯金契約はこれを前提とする契約である。それゆえ，預貯金契約は，受寄者である金融機関にとっても利益がある点において，専ら寄託者の利益を目的とする他の消費寄託とは趣を異にする。したがって，受寄者にとって不利と思われる 663 条 2 項を適用するのは適切ではないと考えられたのである。

II　混合寄託

　受寄者が，2 人以上の者から寄託を受けた種類・品質の同じ物を保管しているという場合，その物と種類・品質・数量の同じ物を返還すればよいという内容の寄託を混合寄託という。たとえば，倉庫業者が，複数の人から米等を預かっているというような場合を想定すればよい。この混合寄託の目的物は，代替物であって，客観的に種類・品質を特定することができる物であることを要する。

　寄託者の預けた物が他人の寄託物と混ざりあうことになるが，受寄者は，その物の所有権を取得するわけではなく，したがって，それを消費することが認められるものではない（消費寄託ではない）。

> 新 665 条の 2　複数の者が寄託した物の種類及び品質が同一である場合には，受寄者は，各寄託者の承諾を得たときに限り，これらを混合して保管することができる。
> 　2　前項の規定に基づき受寄者が複数の寄託者からの寄託物を混合して保管したときは，寄託者は，その寄託した物と同じ数量の物の返還を請求することができる。
> 　3　前項に規定する場合において，寄託物の一部が滅失したときは，寄託者は，混合して保管されている総寄託物に対するその寄託した物の割合に応じた数量の物の返還を請求することができる。この場合においては，損害賠償の請求を妨げない。

　混合寄託の意義は，上述したとおりであるが，本条 1 項は，混合寄託をなすためには「各寄託者の承諾」を要するものとした。
　寄託においては，目的物は個別に保管することが原則であることから，

275

第2部　契約法各論

このような要件が設けられたものである。

ただ，やむを得ない事由があるときは，事後の通知で足りるとすることができるかは具体的な事案における解釈によることになろう。

受寄者は，承諾した複数の寄託者から寄託された種類・品質が同一である物（寄託物）を混合して保管することができるのであるが，ここにいう保管とは混和（245条）を意味すると理解しておいてよい。

2項は，各寄託者が，他の寄託者とは無関係に単独で，寄託した物（種類・品質の同じ物）の返還を請求することができることを明記する。寄託者が返還請求することができるのであるから，必ずしも寄託物の所有者であることを要しない。

混合寄託の場合，寄託物に関する権利関係はどうなるのか。前述のように，受寄者が寄託物の所有権を取得するわけではないから，その所有権はあくまでも寄託者にあることになるが，寄託者は，寄託した数量に応じた持分により共有する状態を生ずることになる。したがって，寄託者の返還請求権は，寄託した物の数量に応じた共有持分に対するものとなる。

3項が意味するところは何か。目的物（寄託物）の所有権は寄託者にあるのであるから，目的物が滅失等する危険は寄託者が負担しなければならないことになる。そして，その危険は，複数の寄託者が，持分に応じて負担することになる。

たとえば，受寄者が倉庫で保管していた果物ないし野菜が腐ってしまったという場合，残った物に対し，各寄託者は寄託した物の数量に応じた数量の物（按分した物）の返還を請求することができるにとどまるということである。

具体的にみてみよう。A・B・Cがそれぞれ30づつの種類物を混合寄託していた場合（全部で90）において，その寄託物のうち30が滅失したときは，各寄託者は，残りの（90−30＝）60につき20づつ返還請求することができるということである。

ただ，この場合，寄託者は，受寄者の目的物保管義務不履行を理由として新415条1項による損害賠償請求をすることは妨げられない。

276

第11章 組 合

第1節 意 義

　組合とは，2人以上の当事者（組合員）が，出資して共同の事業を営むことを約することによって成立する諾成・無方式の契約である（667条1項）。

　ここでいう「事業」にはとくに制限はなく，営利事業に限らず，公益を目的とするものでも，あるいは単なる親睦を目的とするものでもよいし，一時的なものでもよい。しかし，「共同」の事業でなければならないから，一般的には各当事者が何らかの形でその事業に関与することになると思われるが，少なくとも利益は全員が受けるものでなければならない。

　そこで，組合契約に基づいて成立した「組合」という言葉から，具体的にどのような団体が組合ということになるのか，わかりにくい面がある。そもそも，組合には多様な形態が存するところから尚更である。一般的には，家族による家業の経営，大型建物を建築する場合の建築業の共同事業体（最大判昭和45・11・11民集24巻12号1854頁），ある作品（たとえば，映画）を制作するための制作委員会，ヨットクラブ（最判平成11・2・23民集53巻2号193頁）等がこれに当たると考えられている。

　また，ここでいう「出資」にも特に制限はなく，金銭に限らず労務でもよい（667条2項）とされているから，結局，財産的価値があるものであれば，およそ何でもよいということになる。

第2節 組合の性質

　前述したように，組合は，民法上，一種の契約として取扱われている。そして，出資に関する債務や出捐が，相互に対価的関係に立っているから，その意味では双務・有償契約となる。

　これに対しては，組合は，相対立する意思表示の合致によって成立するものではなく，或る目的事業を営むための団体を結成するという一つの方向に向け

られた意思表示からなる合同行為であると解する立場も有力である。

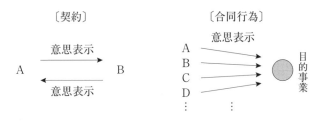

　組合を合同行為とみる立場からは当然，これを契約とみる立場においても，次のような契約総則の規定は原則として適用されないこととなる。

① 　組合契約（法律行為）の瑕疵

　組合を契約とみる場合はもちろん，これを合同行為をみる場合であっても，一種の意思表示であることに変わりはないから，当事者の意思無能力，制限行為能力や錯誤，詐欺・強迫があった場合，これにより組合（法律行為）が無効になったり取消されたりする可能性がある。しかし，無効や取消が認められて組合契約自体の効力が失われると，他の当事者および第三者の利益が害されることとなる。したがって，こうした瑕疵に基づく効果を他に及ばさないようにする必要がある。そこで，無効や取消の原因のある者のみが組合契約の拘束を脱し，組合契約自体には影響を及ぼさないものとすることになる。

> 新667条の3　組合員の1人について意思表示の無効又は取消しの原因があっても，他の組合員の間においては，組合契約は，その効力を妨げられない。
>
> 　本条は，組合の団体的性格を考慮して，組合員の1人について意思表示の無効または取消の原因があっても，他の組合員の間においては，その無効または取消の効果は及ばず，組合関係は存続する旨を定める。
> 　このことは，組合が第三者と取引を行っているか否かを問わず妥当する。
> 　なお，意思表示の無効または取消の原因がある組合員は，既に出資をしていた場合には，組合に対しその返還を求めることができる。

② 　同時履行の抗弁権（533条）

第11章　組　　合

　各組合員（契約当事者）は，既に出資した組合員から出資を請求されたら，
たとえ，他に出資しない組合員がいる場合であっても，同時履行の抗弁権を行
使することができない。これを認めると，組合財産の充実が図れず，事業の執
行に支障をきたすことになり，既に出資した組合員とのバランスを失すること
にもなるからである。

　③　危険負担（534条以下）

　当事者の或る者の出資義務が，不可抗力によって履行（給付）不能となった
ときは，本来であれば，危険負担の債務者主義によって他の当事者も出資義務
を免れ（536条1項参照），その出資の内容が特定物の給付であるときは，債権
者主義によりその者の出資義務は履行済みとして取扱われたり（534条1項参
照）するはずである。しかし，それでは，やはり組合財産の充実が妨げられる
ことになって目的の実現も不可能になるから，この危険負担も適用されないも
のとする必要がある。そこで，他の当事者の出資義務は消滅せず，出資義務の
履行が不可能となった者のみが契約関係から脱退する等の方法で処理されるこ
とになる。その出資義務が履行されないために組合がその目的を達することが
できなくなって解散するのは，また別問題である（682条参照）。

　新667条の2　第533条及び第536条の規定は，組合契約については，
　　適用しない。
　　2　組合員は，他の組合員が組合契約に基づく債務の履行をしない
　　　ことを理由として，組合契約を解除することができない。

　組合契約の締結に際しては，組合員になろうとする者が出資の義務を
負担することになるが，本条1項は，その際，同時履行の抗弁権および
危険負担（履行拒絶権構成）に関する規定が組合契約には適用されないと
する。

　ここで（同時履行や危険負担が問題になると）想定されているのは，専ら
出資義務の履行に関してである。

　すなわち，ある組合員が，組合契約に基づく出資義務（債務）を履行
しない場合，業務執行者が出資義務（債務）の履行を求めることになる
が，その際，出資していない組合員は，ほかにも出資義務を履行してい
ない組合員がいるではないか，その組合員が出資義務を履行するまでは，

279

第2部　契約法各論

自らも履行しないと主張して，同時履行の抗弁権を行使することができるわけではなく，また，ある組合員の出資義務が履行不能になったからといって，他の組合員が，そのことを理由に自己の出資債務の履行を拒絶することができるわけではないということである。

2項は，組合の団体としての性格を考慮し，また，各組合員が組合の解散を請求することができるのは「やむを得ない事由があるとき」に限られている（683条）ことから，ある組合員が組合契約に基づく債務を履行しないからといって，（その債務不履行を理由として）他の組合員が組合契約を解除することができるものではないことを明らかにする。

ここでの債務不履行は，出資債務の不履行に限られるものではない。

④　契約解除

当事者の或る者が出資義務を履行しなかったという場合，通常の契約であれば，他の当事者は債務不履行を理由として契約を解除することができるはずである（541条，543条）。しかし，この場合においてもやはり，その1人の不履行のために解除し，組合を消滅させることは適切ではないといわざるを得ず，それゆえ，解除はできないものとされることになる。そして，組合に独自の方法（組合員の脱退，組合の解散等）で処理されることになる。

⑤　担保責任

組合契約は有償契約であり，したがって売買の規定が準用されるから（559条），担保責任も認められるはずである。しかし，組合契約の性格からすれば，出資した物や権利に瑕疵がある場合，その瑕疵に応じて損害賠償請求や解除をすることは不適切であるといわざるを得ず，それゆえ，出資の評価を変更したり，脱退させる等の方法で処理すべきこととなる。

第3節　団体としての組合の規制

I　組合の業務執行

組合の業務執行は，内部（対内）的な業務執行と対外的な業務執行とに分かれる。前者は，組合員からの出資を受取るという事務や事業による利益を各組合員に分配する事務等を，後者は，事業執行のために外部の者との間で法律行為等をなし，それによる効果が組合に帰属すること等を意味する。

280

第11章　組　　合

ただ，現実問題としては，組合の業務として行われた一つの行為が対内的・対外的双方の側面をもつ場合も少なくなく，それゆえ，対内的業務執行と対外的業務執行との間には密接な関係があるということができる。

1　対内関係

(1)　各組合員が業務執行に当たる場合

組合契約において業務を委任された者がおらず，各組合員が業務執行に当たる場合は，組合の意思決定は，組合員の過半数で決する（670条1項）。

組合の常務（組合の目的のために普通になすべき業務であって特別に重要というほどではないもの）については，各組合員がそれぞれ行うことができるが，その決了（業務完了）前に他の組合員が異議を述べたときは，全組合員の過半数でその意思を決する（同条3項）。

(2)　業務執行の委任を受けた者（業務執行者）がいる場合

組合契約により業務の執行を一部の組合員や第三者に委任することもできるが，その受任者が複数人いるときは，やはりその過半数で意思決定を行う（同条2項）。

また，組合の常務については，各受任者（業務執行者）がそれぞれこれをなすことができるが，その決了前に他の業務執行者が異議を述べたときは，業務執行者全員の過半数で決することになる（同条3項）。

新670条　組合の業務は，組合員の過半数をもって決定し，各組合員がこれを執行する。

2　組合の業務の決定及び執行は，組合契約の定めるところにより，1人又は数人の組合員又は第三者に委任することができる。

3　前項の委任を受けた者（以下「業務執行者」という。）は，組合の業務を決定し，これを執行する。この場合において，業務執行者が数人あるときは，組合の業務は，業務執行者の過半数をもって決定し，各業務執行者がこれを執行する。

4　前項の規定にかかわらず，組合の業務については，総組合員の同意によって決定し，又は総組合員が執行することを妨げない。

5　組合の常務は，前各項の規定にかかわらず，各組合員又は各業務執行者が単独で行うことができる。ただし，その完了前に他の

281

第2部　契約法各論

　　　組合員又は業務執行者が異議を述べたときは，この限りでない。

　1項は，670条1項が「組合の業務の執行は，組合員の過半数で決する」としていたところに，「組合員がこれを執行する」という文言を付加したものである。
　組合の業務につき，何をなすかについての決定（業務決定方法）と誰がどのようになすかの決定（業務執行権）についての規制である。
　2項ないし4項は，業務執行者がある場合における組合の業務決定および業務執行に関する規定である。
　まず2項は，組合の業務の決定および執行は，組合契約の定めるところにより，1人または数人の組合員に委任することができるとする。その委任をされた者を業務執行者という。
　3項は，その業務執行者がある場合の業務の決定およびその執行の方法について規定する。
　4項は，組合の業務の決定および執行を業務執行者に委任した場合であっても，なお，総組合員の同意によって業務を決定し，または執行することを妨げないこととする。この場合，各組合員は，単独で業務を行うことはできなくなる（1項で「各組合員がこれを執行する」とされているところ，その業務執行権を失うということである）。
　5項は，670条3項が「……前二項の規定……」としていたところを「……前各項の規定……」と変えただけで，内容に変わりがあるわけではない。

　新670条の2　各組合員は，組合の業務を執行する場合において，組合員の過半数の同意を得たときは，他の組合員を代理することができる。
　　2　前項の規定にかかわらず，業務執行者があるときは，業務執行者のみが組合員を代理することができる。この場合において，業務執行者が数人あるときは，各業務執行者は，業務執行者の過半数の同意を得たときに限り，組合員を代理することができる。
　　3　前二項の規定にかかわらず，各組合員又は各業務執行者は，組合の常務を行うときは，単独で組合員を代理することができる。

第 11 章　組　　合

　本条は，従来，明文規定が存しなかった，組合の業務執行に際しての
代理に関するものである。

　1 項は，業務執行者がない場合において，各組合員は，組合員の過半
数の同意を得たときは，他の組合員を代理することができるとし，業務
執行者がある場合は，その業務執行者のみが組合員を代理することがで
きる旨を 2 項前段で規定する。

　そして 3 項で，組合の常務については，各組合員または各業務執行者
は，単独で組合員を代理することができるとする。

　なお，この組合における代理も代理である以上，代理に関する民法総
則の規定も適用されることになる。

　組合規約等で，業務執行者の対外的権限を内部的に制限した場合で
あっても，その制限を善意の第三者に対抗することはできないという判
例法理（最判昭和 38・5・31 民集 17 巻 4 号 600 頁）は維持される。

　今次の民法改正に併せて，有限責任事業組合契約に関する法律 14 条の
2 や投資事業有限責任組合契約に関する法律 7 条の 2 にも組合代理に関
する規定が新たに設けられる。

組合の業務執行を委任された組合員については，委任に関する 644 条ないし
650 条が準用される（671 条）。

　新 671 条　第 644 条から第 650 条までの規定は，組合の業務を決定し，
　　又は執行する組合員について準用する。

　本条は，671 条が「……組合の業務を執行する組合員について準用す
る」としていたところを「……組合の業務を決定し，又は執行する組合
員について準用する」としたものである。

しかし，組合契約により業務執行を委任された組合員が辞任するには正当の
事由がなければならなず（672 条 1 項），これを解任するには，正当事由がある
場合に限り，他の組合員の全員一致によらなければならない（同条 2 項）。こ
こでいう正当事由とは，病気，職務上の非行等である。

　新 672 条　組合契約の定めるところにより 1 人又は数人の組合員に業
　　務の決定及び執行を委任したときは，その組合員は，正当の事由

283

第 2 部　契約法各論

> 　がなければ，辞任することができない。
> 　　2　前項の組合員は，正当の事由がある場合に限り，他の組合員の
> 　　一致によって解任することができる。（変更なし）
>
> 　1 項は，672 条 1 項が「……業務の執行を委任したときは……」として
> いたところを「業務の決定及び執行を委任したときは……」と変えたも
> のである。

　これに対し，組合員以外の者が業務執行を委任された場合の辞任・解任は委
任契約に従う。

　業務執行を委任した場合は，業務執行者ではない組合員は業務執行権うを失
うが，業務と組合財産の状況を検査する権限は失わない（673 条）。

> 　新 673 条　各組合員は，組合の業務の決定及び執行をする権利を有し
> 　　ないときであっても，その業務及び組合財産の状況を検査するこ
> 　　とができる。
>
> 　本条も，673 条が「……組合の業務を執行する権利を有しないとき……」
> としていたところを「……組合の業務の決定及び執行をする権利を有し
> ないとき……」と変えたものである。

2　対外関係（組合代理）

　組合は法人格を有しておらず，契約による複数人の結合体と構成されている
ことから，組合が対外的に法律行為をするためには，組合員全員の名前でこれ
をしなければならないことになる。しかし，それでは大変な手間をかけなけれ
ばならないことになり，およそ合理的とはいえない。そこで，通常は，或る組
合員（1 人または複数人）が他の組合員から代理権を得て法律行為をすることに
なろう。これを組合代理という。

(1)　業務執行者が定められていない場合

　組合員全員が共同して対外的な法律行為をするのであれば問題はない。また，
組合の常務については，どの組合員であれ，組合全体に効果が及ぶ行為を単独
でなし得る（670 条 3 項参照）のであるから，これも問題はない。

284

第 11 章　組　合

組合の常務に属さない事項についてはどうか。1 人の組合員が，全組合員の過半数の同意を得て行った法律行為（大判明治 40・6・13 民録 13 輯 648 頁——組合員の 1 人が全組合員の過半数の決議に基づかずに組合を代理して金銭の借入等を行った場合は，組合を拘束しないとした），あるいは過半数以上の組合員が行った法律行為（最判昭和 35・12・9 民集 14 巻 13 号 2994 頁——組合員 7 名のうちの 4 名が締結した売買契約は組合を拘束する〔同契約に基づく債務は組合の債務となり，組合員全員が支払うべき責任を負う〕とした）は，全組合員に法的効果が及ぶとされている。したがって，そうでない少数者の行った法律行為は他の組合員に効力を及ぼさないこととなる。そして，この場合における相手方の保護については表見代理による余地があるというにとどまることになる。

(2)　**業務執行者が定められている場合**

業務執行者が選任されているときは，特別の事情がない限り，その者に対外的な業務執行権も与えられていると解して差支えない。

それゆえ，業務執行者が複数人いる場合でも，組合の常務に関する事項はそれぞれ単独で組合を代理することができる。これに対して，常務以外の事項につき過半数の同意を得ないで代理行為をした場合については，考え方が分かれている。

一つは，これを無権代理として扱い，相手方の保護は表見代理（110 条）の問題として処理していこうとするものであり，他の一つは，代理行為自体は有効であり，過半数の同意を得ていない点は内部的責任の問題を生じさせるに過ぎないとするものである。

なお，組合の事業目的の範囲を超えない限り，組合の規約で業務執行者の権限を制限しても，これをもって善意・無過失の第三者に対抗することはできない（最判昭和 38・5・31 民集 17 巻 4 号 600 頁）。

(3)　**組合代理と顕名**

前述のように，組合には法人格がないのであるから，組合代理をする場合，理論的に考えれば全組合員の名で法律行為をしなければならないはずである。しかし，この点についても，組合名だけの表示や組合名と肩書を付した代表者名の表示で十分であるとされている（最判昭和 36・7・31 民集 15 巻 7 号 1982 頁…△△組合理事長○○の名義で振出された約束手形については，全組合員の氏名を表示して振出された場合と同様，各組合員とも共同振出人としての責任を負うとした）。

285

第 2 部　契約法各論

3　組合と訴訟行為

　組合のために訴訟行為をすることも組合の対外的業務執行の一つであるといえるから，やはり組合員全員が共同して訴訟当事者となることが原則であるが，これも代表者の定めのある組合では，組合に訴訟上の当事者能力があるとされている（最判昭和 37・12・18 民集 16 巻 12 号 2422 頁は，民法上の任意組合につき，民訴法 46 条所定の「権利能力なき社団にして代表者の定めのあるもの」として訴訟上の当事者能力があるとした）。

II　組合の財産関係

　組合は，組合員からの出資（667 条）や出資請求権，遅滞にある金銭出資者への利息・損害賠償請求権（669 条）あるいは事業執行を通して取得した各種の権利・義務を組合財産として有する。この場合，その積極財産，消極財産の帰属がどうなるのか，また組合の業務執行から生ずる損益をどのように分配するかという問題がある。

　まず，組合には法人格がないところから，組合財産は，総組合員の共有に属する（668 条）。しかし，共有とはいえ，各共有者がその持分権を自由に処分することができ，いつでも自由に分割請求できるとすると，組合としての共同事業の遂行に支障をきたすこととなる。それゆえ，組合員は，清算（組合関係の終了）前においては，組合財産の分割を求めることはできないとされ（676 条 2 項），また，組合員は，組合財産に対するその持分を処分することはできるが，これをもって組合および組合と取引をした第三者に対抗することはできないとされる（同条 1 項）。

　このように，組合財産については，持分の処分と分割請求権（256 条参照）とが制限されているところから，249 条以下にいうところの「共有」とはかなりその性質を異にするものといえる。それゆえ，理論的には，一般に，これを共有ではなく，合有とみるべきであるとの主張が有力である。

　　新 676 条　組合員は，組合財産についてその持分を処分したときは，その処分をもって組合及び組合と取引をした第三者に対抗することができない。（変更なし）

　　2　組合員は，組合財産である債権について，その持分についての権利を単独で行使することができない。

286

第 11 章　組　　合

　　3　組合員は，清算前に組合財産の分割を求めることができない。
　　（変更なし）

　　本条2項は，組合財産に属する債権は総組合員が共同してのみ行使す
ることができるものであって，個々の組合員がその債権を自己の持分割
合に応じて分割して行使することができるものではないという判例法理
（大判昭和13・2・12民集17巻132頁）を明文化するものある。
　　これにより，組合財産に属する債権には分割主義の原則（427条）が妥
当しないことを明らかする。

1　積 極 財 産

(1)　物権的な権利

　所有権等の物権的な権利も総組合員の共有に属し（668条），各組合員は，そ
の出資額の割合に応じてその権利の上に持分権を有する。しかし，分割請求に
ついては前述のような制限がある（676条2項）。ただ，組合員全員の合意で分
割することは可能であるとされる（大判大正2・6・28民録19輯573頁）。また，
持分権の処分についても前述のような制限がある（同条1項）。

　しかし，組合財産たる不動産に対する不法占拠等がなされている場合には，
各組合員は，単独で妨害排除請求ができるとされる（最判昭和33・7・22民集
12巻12号1805頁──組合所有の不動産につき権利なくして登記簿上所有名義を有
する者に対する登記抹消請求は保存行為であるとして，組合員の1人でもできると
した）。252条ただし書の適用があるとするのである。

(2)　債　　権

　組合が他人に物を売却して取得した代金債権や他人に対する損害賠償請求権
等の債権も総組合員の共有に属する。しかし，ここでも総組合員に合有的に帰
属すると捉えると理解しやすいであろう。すなわち，可分給付を内容とする債
権（金銭債権が典型）であっても，持分割合で分割されて個々の組合員に帰属
するのではなく，したがって，個々の組合員が持分割合で分割した一部につい
て単独で請求することができるものとはならない（大判昭和13・2・12民集17
巻132頁他）。すなわち，各組合員は全額につき潜在的な持分を有するにとど
まり，その請求は組合代理の方法によらなければならない。

287

また，組合の債務者は，その債務と組合員に対する債権とを相殺することはできない（677条）。

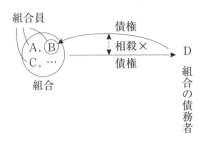

2 消極財産

組合の債務も組合員全員に共有（合有）的に帰属し，損失分担割合に応じた各組合員の分割債務になるものではない。すなわち，債務全額として組合に帰属するのである。

また，債権者が組合員のうちの1人であったとしても，組合債務が当該組合員の負担部分の限度において混同により消滅することはないとされている（大判昭和11・2・25民集15巻281頁）。

ここでは，組合としての責任と組合員個人としての責任が問題となる。

(1) **組合としての責任**

組合の債権者は，組合＝組合員全員を相手に債権全額につき，組合財産からの弁済を請求する権利を有する。その給付の訴に勝訴すれば，組合財産に対して執行することができる。

(2) **各組合員の個人的責任**

組合の債権者は，その債権が発生した当時における損失分担割合に基づいて，各組合員個人に対して弁済を訴求し，その個人財産に対して執行することもできる。この損失分担割合は組合契約等によって定まる（後述）が，債権者が，債権発生当時にこの割合を知らなかったときは，均等に債権を分割して各組合員に訴求していくことができる（675条）。

(3) **(1)の責任と(2)の責任との関係**

この二つの請求権は，理論上，その間に主従の関係はなく，債権者側は，いずれを行使するも自由である。

第11章　組　　合

> 新 675 条　組合の債権者は，組合財産についてその権利を行使するこ
> 　　　とができる。
> 　　2　組合の債権者は，その選択に従い，各組合員に対して損失分担
> 　　　の割合又は等しい割合でその権利を行使することができる。ただ
> 　　　し，組合の債権者がその債権の発生の時に各組合員の損失分担の
> 　　　割合を知っていたときは，その割合による。
>
> 　本条1項は，組合の債権者が，組合財産に属する個々の財産に対して，
> その権利を行使することができる旨を定める。
> 　組合の債務は，各組合員に分割されて帰属するものではなく，組合に
> 対する一個の債務として総組合員に合有的に帰属するのであって，組合
> 財産が引き当てとなるものである。
> 　なお，組合の債権者が，組合財産に対して権利を行使しようとすると
> きは，権利行使の対象となる個々の財産が組合財産に属することを立証
> しなければならない。
> 　本条2項は，675条の内容を維持しつつ，組合債権者の権利行使につ
> き具体的に定める。すなわち，組合の債権者は，その債権の発生時にお
> いて各組合員の損失分担割合を知っていたときは，その割合によって権
> 利を行使しなければならないが，そうでないときは，その選択に従い，
> 損失分担割合または等しい割合で，その権利を行使することができると
> する。
> 　なお，組合債権者が，債権発生時には各組合員の損失分担割合を知ら
> なかったが，その後これ（損失分担割合）を知ったときは，2項本文によ
> り，その損失分担割合で権利を行使することもできるし，等しい割合で
> 権利を行使することもできる。

⑷　組合員の債権者と組合財産

> 新 677 条　組合員の債権者は，組合財産についてその権利を行使する
> 　　　ことができない。

　本条は，組合員の債権者は，組合財産に属する個々の財産に対しては，

第2部　契約法各論

> その権利を行使することができない旨を定めるものである。
>
> 　ここにいう「権利を行使する」ことの具体例としては，組合員の債権者が，当該（債務者たる）組合員の組合財産上の持分を差押さえることが考えられる。組合員の債権者が，これを差押さえるという挙に出てきたときは，組合が，第三者異議の訴を提起すること等によって，これを阻止することになろう。
>
> 　なお，677条に規定されている，組合の債務者が，その債務と組合員に対する債権とを相殺することができないとする趣旨は，本条にいうところの「組合財産についてその権利を行使することができない」とすることの中に含まれているとみておいてよい。

3　損益分配

　組合事業によって利益を生じたときは，これを全組合員に分配し，逆に損失が生じたときは，これを全組合員が分担する。

　この場合の損益分配割合は，それぞれ組合契約で定められるが，利益と損失の一方についてのみ分配割合を定めたときは，それは両者に共通の割合と推定され，全く定めがないときは，出資の価額に応じて分配される（674条）。

Ⅲ　脱退，加入

　組合が純粋な契約であるという立場に立つと，組合員の1人が組合から脱退しようとすれば，それは契約当事者の変更をもたらすものであるから，組合契約自体を解消しなければならないことになる。しかし，それでは，やはり組合の事業遂行に支障をきたすことになるので，組合の同一性を維持しつつ，組合からの脱退を認めることとしている。

1　脱　　退
(1)　任 意 脱 退

　任意脱退とは，脱退しようとする組合員の意思に基づく脱退をいうが，これは組合契約の告知であると考えてよく，その告知は他のすべての組合員に対する意思表示によってなされる。

　組合契約で組合の存続期間を定めなかったとき，または或る組合員の終身間

存続すべきものと定めたときは，各組合員は，いつでも脱退することができるが，やむを得ない事由がある場合を除き，組合に不利な時期に脱退することはできない（678条1項）。

組合の存続期間を定めてある場合でも，各組合員は，やむを得ない事由があるときは，脱退することができる（同条2項）。

なお，678条は，やむを得ない事由があるときは，組合の存続期間の定めがあると否とに関わらず，組合員が常に組合から任意に脱退し得ることを定めたものであるが，この部分は強行規定と解すべきであり，これに反する組合契約における約定（やむを得ない事由があっても任意の脱退を許さない旨の約定）は無効であるとした判例がある（最判平成11・2・23判時1671号71頁）。

(2) 非任意脱退

非任意脱退とは，本人の意思に基づかない脱退である。もともと，組合は，組合員個人の資質や能力に基づき，その信頼関係に基礎を置いているものであるから，それが失われることになったときは，本人の意思によることなく脱退が生ずることになる。その脱退事由は，次のように厳格に定められている（679条）。

① 死亡
② 破産手続開始決定を受けたこと
③ 後見開始の審判を受けたこと
④ 除名

なお，除名は，正当の事由がある場合に限り，他の組合員の全員一致によって（したがって，2名以上の組合員を同時に除名することは，この要件を満たさない）これをすることができ，その除名した組合員に除名した旨の通知をしなければ，これをもって除名した組合員に対抗することはできない（680条）。

(3) 脱退の効果

脱退があったときは，任意・非任意を問わず，脱退組合員と残存組合員との間で，財産関係を清算しなければならない（681条1項）。

清算は，脱退当時の組合財産の状況に基づいてするが，事業の収支が黒字であるときは，出資の種類を問わず，脱退組合員の持分割合を金銭で払戻し（組合財産に対する持分払戻請求権），収支が赤字であるときは，脱退組合員の損失分担の割合でその負担額を払込ませることになる（同条2項）。脱退時に未だ完了していない事項については，その完了後に計算することができる（同条3

第2部　契約法各論

項)。

　組合員の脱退があっても，組合は，残存組合員のみにより，同一性を保って存続する。そして，組合財産に対する脱退組合員の持分は，残存組合員に対し，その持分に応じて自動的に分配されるから，残存組合員の持分比率は当然に拡大することになる。

　また，脱退した組合員は，脱退以後の事業には何ら責任を負わないが，脱退以前に生じていた組合債務については，その当時の組合員としての個人責任を負わなければならない。

　新680条の2　脱退した組合員は，その脱退前に生じた組合の債務について，従前の責任の範囲内でこれを弁済する責任を負う。この場合において，債権者が全部の弁済を受けない間は，脱退した組合員は，組合に担保を提供させ，又は組合に対して自己に免責を得させることを請求することができる。

　　2　脱退した組合員は，前項に規定する組合の債務を弁済したときは，組合に対して求償権を有する。

　組合員が組合の債務について責任を負うのは当然といえるが，組合員が組合を脱退した後も責任を負わなければならないかについては明文の規定が存しなかった。仮に，脱退した組合員が組合の債務を免れるということになれば，組合の債権者にとって不利益を生ずると考えられる。

　そこで，本条1項は，組合員は，組合を脱退するまでに発生していた組合債務については，組合脱退後も従前の責任の範囲内で責任を負うこととし，その際，債権者が全部の弁済を受けない間は，脱退組合員は，組合に対し，担保を提供させ，または自己の責任を免れさせるよう求めることができるとしている（新461条1項と同趣旨に出るものである）。

　組合員は，組合を脱退するに際して，脱退時の組合財産の状況に応じた計算に基づき，その持分割合による払戻を受けているはずであるところ，組合との関係では，既存債務を考慮した持分の払戻がなされているわけであるから，それとは別に，組合員が，自己固有の財産を以て組合債務について責任を負うということは，恰も他人の債務を弁済するに等しいことであると考えられる。それゆえ，1項後段において，担保の提

292

供，自己の免責を得させることを請求することができるとしているのである。

　2項において求償権を認めたのも同様の趣旨に基づくものである。

　ただ，組合員が，組合を脱退した後も債権者に対し固有の財産を引き当てとして責任を負い続けることを想定して持分の払戻がなされている場合は，脱退した組合員が，組合債務を自らの債務として履行すべき旨の合意がなされていたものと考えることができ，その場合は，求償権が放棄されていると捉えることができよう。

2　加　　入

　加入とは，新たに組合員となって組合に加わることをいう。民法上，規定は存しないが，可能であると解されている。

　加入は，組合契約に別段の定めがない限り，加入希望者と組合員全員との間の契約でなされる。

　加入した新組合員は，組合財産に対する持分を自動的に取得し，その結果として，既存の組合員の持分は縮少することになる。

　加入者は，加入前に生じていた組合債務については，持分に応じた責任を分担しなければならないが，個人責任は負わない。

　　新677条の2　組合員は，その全員の同意によって，又は組合契約の
　　　定めるところにより，新たに組合員を加入させることができる。
　　　2　前項の規定により組合の成立後に加入した組合員は，その加入前
　　　に生じた組合の債務については，これを弁済する責任を負わない。

　これまで，組合員の脱退，除名に関する規定（678条～680条）はあったが，組合成立後の組合員の加入についての規定は存しなかったところ，前述のように，それは可能であると解されていた。

　組合員が全員同意している場合，組合契約において加入の要件が定まっている場合等は，組合員の加入を否定する理由はない。そこで，組合員全員の同意または組合契約の定めによって新たに組合員が加入することができる旨の規定を置くこととした。それが本条1項である。

　この組合成立後に加入した組合員は，加入した時から組合契約に従っ

第2部　契約法各論

て業務執行権を取得すると共に，組合財産を合有する者の1人となると解される。

2項は，その組合成立後に加入した組合員の責任について規定する。

組合成立後に新たに組合員が加入しても，組合の同一性が変わるものではないから，組合財産に対する持分については，既存の債務の引当になるとされる。これに対し，加入前に発生した組合債務については，加入者の固有財産で弁済する責任を負わないとするものである。

本条は，任意規定であるから，組合契約において，加入前に生じた債務についても，新たに加入した組合員が責任を負わなければならない旨の定めをすることは妨げられない。

なお，有限責任事業組合契約に関する法律24条3項にも，同様の規定が新設される。

3　組合員たる地位の譲渡

組合員たる地位の譲渡についても，民法上，規定はない。組合契約によって認められているとき，または組合員全員の同意があれば，組合員の地位を譲渡することもできると解されている。

Ⅳ　組合の解散・清算

1　解　　散

組合の解散とは，組合事業の終了＝組合契約の解消をいう。組合契約の解消は解散によるものとされており，通常の契約解除は認められない。民法の定める解散事由は次のとおりである。

①　目的たる事業の成功または成功不能が確定した場合（682条）

②　やむを得ない事由があって組合員から解散請求があった場合（683条）

しかし，これ以外に，③組合契約で定めた解散事由の発生，④存続期間を定めておいたときの期間満了，⑤全組合員の合意，⑥組合員が1人になった場合，にも解散が認められる。

新682条　組合は，次に掲げる事由によって解散する。
　　　　一　組合の目的である事業の成功又はその成功の不能
　　　　二　組合契約で定めた存続期間の満了

294

第 11 章　組　　合

　　　三　組合契約で定めた解散の事由の発生
　　　四　総組合員の同意

　　682条は，組合の解散事由として「目的である事業の成功又はその成
　功の不能」を挙げていたが，本条は，それに加えて2号ないし4号を付
　加するものである。
　　なお，組合員が1人になったとき，これが解散事由になるかどうかに
　ついては，解釈に委ねられている。

なお，解散の効果は遡及しない（684条）。

2　清　　算

　組合が解散すると，組合財産を整理して残余財産を分配するために清算手続
に入る。それゆえ，組合は，解散したときでも，清算が終わるまでは，その限
度で存続することになる。
　清算は，清算人が行う。清算人になるのは，原則として，組合員全員である
が，1人または複数人の清算人を選任することもできる（685条，687条参照）。

　　新685条　組合が解散したときは，清算は，総組合員が共同して，又
　　　はその選任した清算人がこれをする。（変更なし）
　　　2　清算人の選任は，組合員の過半数で決する。

　　685条2項が「……総組合員の過半数……」としていたところを，本
　条2項は「……組合員の過半数……」と変えただけである。

清算事務の執行または清算人の地位はすべて業務執行に準じて考えて差支え
ない（686条，687条）。

　　新686条　第670条第3項から第5項まで並びに第670条の2第2項
　　　及び第3項の規定は，清算人について準用する。

　　686条は，清算人が数人ある場合について670条を準用していたので
　あるが，本条は，これを関係条文の準用へと変更したものである。

295

第2部　契約法各論

> 新687条　第672条の規定は，組合契約の定めるところにより組合員
> の中から清算人を選任した場合について準用する。
>
> 　本条は，687条が「……組合契約で組合員の中から……」と定めてい
> たところを「組合契約の定めるところにより組合員の中から……」と微
> 妙に表現を変えたものである。

清算人の職務権限は，次のとおりである（688条1項）。

① 　現務の決了

② 　債権の取立および債務の弁済

③ 　残余財産の引渡

そして，清算人は，これらの職務を行うために必要な一切の行為をすること
ができる（同条2項）。

　組合の債務をすべて弁済してなお残余財産があるときは，これを各組合員に
出資の割合に応じて分配する（同条3項）。

296

第12章　終身定期金

Ⅰ　意　義

　終身定期金契約とは，当事者の一方（定期金債務者）が，或る特定人（自己，相手方または第三者）の死亡に至るまで，定期に金銭その他の代替物を相手方または第三者に給付することを約することによって成立する諾成・無方式の契約である（689条）。

　Aが，長年にわたって自分の会社に勤めたBに感謝と慰労の気持ちを込め，Bの死亡に至るまで毎月10万円を給付するとか，Cが，Dに対して一定の金額を払い込み，そこからEに毎月10万円給付させるというような場合がこれに当たる。

　これは無償で行われることもあれば，何らかの反対給付がなされる（有償で行われる）場合もある。無償の場合は贈与となり，550条の準用があるとされる。

　退職年金，年金保険等が終身定期金の例として思い浮かべられるが，これらは，企業，保険会社等が管掌するものであって，民法が予定するものとはいささか性質を異にする。また，それらの内容も特別法や約款等に詳細が定められているので，民法の規定が適用される余地はほとんどないといって差し支えない。

　終身定期金債務は遺言で成立させることもできる（たとえば，Aが，全財産を長男のBに譲るが，Bは，Aの妻Cに対し，Cが死亡するに至るまで毎月一定額を送金せよとの遺言をしたような場合）。その際は，契約によって成立したものと同一の規定が準用される（694条）。

Ⅱ　効　力

1　基本権たる債権と支分権たる債権

　終身定期金契約により，定期金債務者は，一定の人が死亡するに至るまで，定期的に一定の金銭その他の物を給付をしなければならないという，いわば抽象的な内容の債務を負う。そして，毎月末とか毎年末とか給付すべきと定められた時期が到来すると，「一定の金銭その他の物を給付」すべき債務を現実に負うことになる。前者の抽象的な内容の債務に対応する債権を基本権（たる債

297

第2部　契約法各論

権）といい，後者の現実に発生する債務に対応する債権を支分権（たる債権）
という。

支分権たる債権は，基本権たる債権とは別に独立して消滅時効にかかるもの
であり，譲渡その他の処分も独立になすことができるものである。

2　日割計算

終身定期金契約が標準とされた期間の中途で終了したときは，その期の金額
は日割で計算される（690条）。たとえば，毎月末に30万円給付するという場
合に，10日に死亡したようなときは，日割計算をして10万円を給付すべきこ
ととなる。

Ⅲ　終　　了
1　指定された特定人の死亡

終身定期金契約は，その死亡に至るまで定期金が給付されるべきことと指定
された特定人の死亡によって終了する（689条）。終身の意味は，まさにそこに
ある。

ただし，その死亡が定期金債務者の責に帰すべき事由によるときは，債権者
またはその相続人の請求により，裁判所が，相当の期間につき債権が存続する
旨を宣告することができる（693条1項）。この場合にも，終身定期金契約を
解除し，損害賠償を請求することができる（同条2項）。

2　解　　除

定期金債務者が，定期金の元本を受取っている場合に，その定期金の給付そ
の他の義務を怠るときは，相手方は元本の返還を請求することができる（691
条1項前段）。民法上明言されているわけではないが，この元本の返還は，一
種の解除とみるべきである。それゆえ，元本の返還と共に損害賠償も請求する
ことができるのである（同条2項）。ただ，相手方は，既に定期金を受取って
いたときは，その受取った定期金の中から，その元本の利息を控除した残額を
債務者に返還しなければならない（691条1項後段）。

元本の返還や損害賠償の請求と受取った定期金の返還とは同時履行の関係に
立つ（692条）。

第13章 和　　解

I　意　　義

　和解とは，当事者が互いに譲歩して，両者の間に存する争いをやめることを約する，諾成・無方式の契約である（695条）。相互にそれぞれの主張を或る程度引っ込め，何らかの不利益を被ることを認める（約する）という内容をもつことから，双務・有償の契約であるともされる。したがって，当事者のうちの一方のみが譲歩するものは和解ではない。いわゆる示談は，和解を意味する場合もあれば，一方のみがその主張を放棄するという場合を意味することもあるところ（大判明治41・1・20民録14輯9頁），後者の場合は和解類似の無名契約ということになる。

　和解の対象となる争いは，権利関係の存否，その内容や範囲に関するものに限られず，権利関係が不明確である，あるいは権利を行使し得るかどうか不安定である等の場合も含まれるとされる。

　和解は裁判上でなされることもある（民訴89条〔和解の試み〕，264条〔和解条項案の受諾〕，267条〔和解調書等の効力〕，275条〔訴提起前の和解〕）。

　これら和解契約において，その合意に瑕疵があることを争い得るかについては議論が存するが，判例は，無効や取消が認められ得るとしている（大判大正6・9・18民録23輯1342頁，前掲最判昭和33・6・14）。

II　効　　力

　和解の効力は，和解の対象となった争い＝権利関係について，たとえそれが真実と違っていたとしても，和解の内容に従った権利関係が当事者間に存することになるということである。それゆえ，和解が成立した後に反対の（和解された内容とは異なる）確証が出てきたとしても，和解によって確定された権利関係が覆るものではない（696条）。

　たとえば，相隣接する土地を所有するＡＢが，その境界線をめぐって争っており，Ａは現在柵が存する所が境界だと主張し，Ｂはそれよりも1mほどＡの方に入った所が境界だと主張していたが，和解により，その中間をとって現在柵があるところから50cmほどＡの方に入った所を境界線と定めた。これに

第2部　契約法各論

より両者の所有権の範囲は確定する。仮に，後になって，もともと柵のあった所が真実の境界線であったということが明らかになったとしても，和解の効果に変わりはないということである。

このような場合，争いの目的となっていた権利関係そのものについて錯誤があったとしても95条は適用されない。これを和解の確定効と呼んでいる。

ただ，争いの対象以外のことで，単に和解の前提または基礎となっている事実に錯誤があった，あるいは譲歩の手段とされた事柄に錯誤があったという場合には，95条の適用がある（前掲大判大正6・9・18——債権関係について和解がなされた事案で，その和解の前提となった債権譲渡による権利取得の有効性に錯誤があった場合，前掲最判昭和33・6・14——和解において合意された代物弁済の目的物について錯誤があった場合）。また，和解前の法律関係が公序良俗に反していて無効であるときは，これを基礎として成立する和解も無効である（最判昭和46・4・9民集25巻3号264頁）。

なお，交通事故等による損害につき事故後比較的早い段階で示談がなされたような場合，示談当時予期することができなかった損害（再手術の必要性，後遺障害の拡大等）がその後発生したときは，その損害についてまで損害賠償請求権を放棄した趣旨と解するのは，当事者の意思に合致するものとはいえず，したがって，その損害については改めて請求することができる（最判昭和43・3・15民集22巻3号587頁）。

300

第3部　消費者契約法

I　消費者契約法の趣旨

1　法の目的

消費者契約法は，2000（平成12）年5月に成立し，2001（平成13）年4月1日から施行されている法律であり，労働契約を除くすべての消費者契約に適用されるものである。

民法は，もともと自由・平等な関係にある当事者が，その自ら欲するところを表明する意思表示の合致による契約の成立を認めることを本旨としているが，或る契約が消費者と事業者との間で結ばれる場合を想定すると，両者の間には，その力量（交渉力，情報量等）に大きな差があることが少なくない。否，その差は歴然としていよう。そこで，消費者と事業者との間で締結される契約にあっては，その差を予め考慮した法理が要請されることとなる。その要請に応えたものが消費者契約法である。

すなわち，消費者と事業者との間の情報の質・量ならびに交渉力の格差に鑑みて，事業者の一定の行為によって消費者が誤認し，または困惑した場合には，その契約の申込または承諾の意思表示を取消し得るものとし，事業者の免責に係る条項その他消費者の利益を不当に害することとなる条項の全部または一部を無効とするほか，消費者の被害の発生または拡大を防止するため適格消費者団体が事業者等に対し差止を請求することができるこことすることにより，消費者の利益を擁護することを目的とする（同法1条）。

消費者と事業者との間のこうした格差の存在を明確に認めたものとしても，消費者契約法は画期的な要素を含んでいる。

2　定　　義

この法律で用いられる以下の用語は，次のような意味で用いられる（同法2条）。

(1)　消費者とは，個人（事業としてまたは事業のために契約当事者となる場合におけるものを除く）をいう（同法2条1項）。

　　「個人」とは，一般に自然人を意味するとみてよいと思われるが，事業者のほうでは「法人」という文言を用いながら，消費者のほうでは自然人という文言を用いず，わざわざ個人という文言を用いたということは，自然人に限ることなく，個人と同視することができる団体（消費者団体）についても，これを消費者とみることができるという余地を残していると捉

第 3 部　消費者契約法

えることができよう。

(2)　事業者とは，法人その他の団体および事業としてまたは事業のために契約の当事者となる個人をいう（同法同条 2 項）。

　「法人」とは，法律によって法人格を認められているものであり，「その他の団体」とは，法人格を有しない人または財産の集合体を意味すると捉えておいてよい。

　また，「事業として」とは，契約を締結すること自体が事業の遂行とみられる場合であり，「事業のために」とは，契約の締結自体は事業の遂行とはいえないが，事業の用に供するために契約を締結することである。

(3)　消費者契約とは，消費者と事業者との間で締結される契約をいう（同法同条 3 項）。

　ちなみに，消費者契約法施行後に締結された在学契約等は同法 2 条 3 項の消費者契約に該当することが明らかであるとされている（最判平成 18・11・27 民集 60 巻 9 号 3431 頁）。

(4)　適格消費者団体とは，不特定かつ多数の消費者の利益のために同法に基づく差止請求権を行使するのに必要な適格性を有する法人である消費者団体として内閣総理大臣の認定を受けた者をいう（同法同条 4 項）。

　このように，消費者契約そのものについては，その目的や内容等により何ら制約が加えられていないので，ここにはきわめて多様なものが含まれることになり，およそ消費者と事業者との間で締結される契約である限りは，消費者契約法の適用対象になると解してよい。

　なお，明文の定義規定は置かれていないが，「事業」とは，一定の目的をもってなされる同種の行為の反復継続的遂行をいうとされている。

Ⅱ　当事者の義務

1　事業者の義務

　事業者は，消費者契約の条項を定めるに当たり，消費者契約の内容（消費者の権利義務等）が消費者にとって明確かつ平易なものになるよう配慮するとともに，消費者契約締結の勧誘に際しては，消費者の理解を深めるために消費者契約の内容（消費者の権利義務等）についての必要な情報を提供するよう努めなければならない（同法 3 条 1 項）。

　事業者が，この努力義務を尽くさなかったときはどうなるのか。

304

本条は，あくまでも努力を求めるものであって，この努力義務が尽くされな
かったとしても，何ら私法上の効果をもたらすものではない，すなわち，契約
が取消されたり，損害賠償責任が生ずるというものではないという解釈も可能
であろう。しかし，この消費者契約法が，真実，意義あるものとして機能する
ためには，そのような消極的な姿勢でとどめるべきではなく，積極的に私法上
の効果をもたらすものとして理解すべきであろう。

2　消費者の義務

消費者は，消費者契約締結に際しては，事業者から提供された情報を活用し，
消費者契約の内容（消費者の権利義務等）について理解するよう努めるものと
する（同法3条2項）。

消費者が努力義務を尽くさなかったときも，1と同様に私法上の効果がもた
らされると解すべきであるが，事業者と消費者との間には，もともとその情報
の質と量との間に格差があるということに鑑み，消費者がこの努力を怠ったが
ゆえに契約を取消すことができなくなるのは，それが故意または重過失に基づ
く場合に限定されるべきであり，一般的には，消費者が損害賠償請求する場合
において過失相殺の判断対象になるにとどまると解するのが望ましい。

Ⅲ　消費者契約の取消

1　消費者の誤認による場合

消費者は，事業者が消費者契約締結の勧誘に際し，重要事項につき，①事実
と異なることを告げ，②価格や受取額等の将来における変動が不確実な事項に
ついて断定的判断を提供し，③消費者にとって利益となる事実のみを告げ，不
利益となる事実を故意に告げないことにより，消費者を誤認させ契約を締結さ
せた場合は，その契約を取消すことができる（同法4条1項，2項本文）。

まず，ここでの「勧誘」とは，事業者が消費者に対して契約締結を働きかけ
る最初の段階から契約締結に至るまでの時間的経過全般を指すとみるべきであ
り，その働きかけが特定の個人に向けられたものか不特定多数人に向けられた
ものかを問わず，また口頭によると書面によるとも問わない。

そして，消費者が誤認したことについては，過失の有無を問わない。

また，ここにいわゆる重要事項とは，物品，権利，役務等の消費者契約の目
的となるものの質，用途等の内容ならびに対価等の取引条件であって，消費者

第3部　消費者契約法

が当該契約を締結するか否かの判断に通常影響を及ぼすものをいう（同法4条4項）。

　そして，重要事項に当たるかどうかの判断基準は，一般的平均的な消費者が，そのような契約を締結するか否かを決定する際に，その判断を左右すると客観的に認められるかどうかによる。すなわち，事実と異なることが告げられていなければ（事実が告げられていれば），そのような契約は締結しなかったであろうと，一般的平均的消費者が判断するかどうかということによる。

　①においては，詐欺の場合と異なり，欺罔して錯誤に陥らせようとする故意の立証を要しない。

　②の将来における変動が不確実な事項とは，契約目的物自体（商品先物取引における商品，株，不動産，絵画，会員権等）の価額，連鎖販売（マルチ）取引等による利益のみならず，資格取得講座の受講による資格取得，エステ痩身コース受講による痩身等の金銭的利益以外のものも含まれる。

　ここでの断定的判断の提供とは，不確実なものであるにもかかわらず，あたかも確実であるかのように消費者を誤解させる言い方を指す。

　③について，消費者契約が金融取引である場合には，この消費者契約法と金融商品の販売等に関する法律の双方が適用される。したがって，消費者にとって利益となる事実のみが告げられ，不利益となる事実が故意に告げられなかったときは，消費者契約法で契約を取消し，金融商品の販売等に関する法律（5条）に基づいて損害賠償を請求することができることになる。

2　勧誘時の態様により消費者が困惑した場合

　消費者は，事業者が消費者契約締結の勧誘に際し，①消費者の住居またはその業務を行っている場所から退去するよう消費者が求めたにもかかわらず退去せず，あるいは②事業者が勧誘している場所から消費者が退去する旨の意思を表明したにもかかわらず退去させず，消費者を困惑させ契約を締結させた場合は，その契約を取消すことができる（同法4条3項）。

　①の消費者の住居については問題ないであろう。その業務を行う場所とは，会社員等の勤務先，自営業者の仕事場等を思い浮かべればよい。

　そして，退去すべき旨の意思表示とは，帰ってくれ（帰ってください）と口頭ではっきり述べる場合に限られず，たとえ無言ではあっても，帰って欲しい，迷惑だ，居続けたって契約するつもりはない等の意思を態度で示した場合も含

まれると解すべきであろう。

②の消費者が退去する旨の意思表示をしたという点についても，同様に解してよい。

3 取消の対抗

同法4条1項ないし3項による取消は，善意の第三者に対抗することができない（同法同条5項）。

4 事業者の受託者，代理人の行為による場合

消費者は，事業者の代理人（復代理人を含む）または事業者から契約締結媒介の委託を受けた第三者が1，2の行為をしたときも，同様に，その契約を取消すことができる（同法5条）。

5 取消権の消滅時効

この消費者の取消権は，追認をすることができる時（消費者が事実と異なることを告げられて誤認したことに気づいた時）から6ヶ月，当該消費者契約締結の時から5年を経過すると，時効により消滅する（同法7条1項）。

Ⅳ　消費者契約の無効

1 事業者の免責に関する条項

消費者契約の条項のうち，次のものは無効とする（同法8条1項）。

① 事業者の債務不履行または不法行為による損害賠償責任を全部免除する条項（1号，3号），

② 事業者（当該事業者，その代表者またはその使用する者）の故意もしくは重大な過失による債務不履行または不法行為による損害賠償責任の一部を免除する条項（2号，4号），

③ 有償契約において事業者の瑕疵担保責任を全部免除する条項（5号）。

ただし，瑕疵担保責任に係る条項については，（瑕疵のない）代物を提供する，瑕疵を修補する，第三者が損害賠償する等の救済措置が施されているときは，第1項を適用しない（同法同条2項）。

①については，たとえば，通常の損害についてのみ損害賠償責任を負い，特別な損害については責任を負わないとしている条項は，損害賠償の額を制限し

第3部　消費者契約法

ているものとみることができるから，これは全部免除している場合に当たらない。

　②については，損害賠償額の上限額，基準額を定める条項が，一部免除の典型といえよう。

　免責条項が無効になれば，民法の一般原則にしたがって損害賠償責任が生ずることとなる。

2　予定された損害賠償額等が不相当な場合

(1)　消費者契約の解除に伴う（消費者が支払うべき）損害賠償額の予定または違約金（いわゆるキャンセル料）を定める条項で，それらを合算した額が，当該条項において設定された解除の事由，時期等の区分に応じ，当該消費者契約と同種の消費者契約の解除に伴って事業者に生ずる平均的な損害の額を超えるものは，その超える部分について無効とする（同法9条1号）。

(2)　消費者が，契約に基づいて支払うべき金銭の全部または一部を支払期日までに支払わない場合における損害賠償額の予定または違約金を定める条項で，それらを合算した額が，未払額に年14.6％を乗じた額を超えるときは，その超える部分を無効とする（同法9条2号）。

　まず，(1)でいうところの「事業者に生ずる平均的な損害の額」がどのような内容のものであるのかが不明である。具体的な紛争が生じた場合に，一々その事案に即してこれを定めていくということが意図されているわけではなかろうから，何らかの方法でこの額が導かれていることが必要であるが，どのようにするのか定かではない。

　次に，(2)の14.6％という数字のもつ意味が問題とされてよいであろう。

　損害賠償額の予定についての制限を設けるものとしてよく知られているのは利息制限法である。すなわち，金銭消費貸借上の債務不履行による賠償額の予定につき，同法1条1項に定める制限利率の1.46倍（元本10万円未満の場合は年29.2％，10万円以上100万円未満の場合は年26.28％，100万円以上の場合は年21.9％）を超えるときは，その超える部分につき無効とされている（同法4条1項）。

　1.46倍と14.6％というように，単位こそ違え，数字上は共通性があるとみることもできるが，そこに何か意味があるのかは定かでない。

308

国税通則法 60 条 2 項本文，地方税法 56 条 2 項等のように 14.6％という数値を遅延損害金の算定基準として用いるものもある。しかし，それらと私人間の契約における債務不履行に基づく遅延損害金とを同じレヴェルで考えることは，およそ適切であるとはいえないのではなかろうか。この 14.6％の根拠が明確にされてしかるべきであろう。

3 消費者の利益を一方的に害する条項

民法，商法その他の法律の公の秩序に関しない規定（任意規定）を適用する場合に比べて，消費者の権利を制限し，またはその義務を加重する条項で，信義則上，消費者の利益を一方的に害するものは無効とする（同法 10 条）。

同条にいう任意規定には，明文の規定のみならず，一般的な法理も含まれるとし，建物賃貸借契約に付されることの多い更新料条項（契約更新時に賃借人が賃貸人に一定の金員を支払う旨定める条項）は，一般的には賃貸借契約の要素を構成しない債務を特約により賃借人に負わせるという意味において，任意規定の適用による場合に比し消費者である賃借人の義務を加重するとしつつ，更新料の支払いには経済的合理性がないとはいえないとして，これを無効とはいえないとした判例がある（最判平成 23・7・15 民集 65 巻 5 号 2269 頁）。ただ，この判決には批判的な学説も少なくない。

V　消費者団体訴訟制度

適格消費者団体（同法 13 条 1 項参照）は，事業者等が，消費者契約の締結につき勧誘するに際し，不特定かつ多数の消費者に対して同法 4 条 1 項ないし 3 項に規定する行為を現に行い，または行うおそれがあるときは，その事業者等に対し，当該行為の停止もしくは予防または当該行為に供した物の廃棄もしくは除去その他の当該行為の停止もしくは予防に必要な措置をとることを請求することができる（同法 12 条 1 項本文）。

事 項 索 引

あ 行

相手方選択の自由	18
イェーリング	28
遺産分割協議	90
意思推定説	126
意思と表示との不一致	7
意思の欠缺	7
意思の実現	26
意思の不存在	7
意思表示	6
一部不能	100
一般定期借地権	205
一方の予約	23, 143
委 任	235, 255
委任者の義務	257
違約手付	144
請 負	245
請負人の義務	245
請負人の担保責任	248
売主の義務	146
売主の担保責任	147

か 行

解除契約	86, 122
解除権者	108
解除権の不可分性	108
解除条件	86
解除の遡及効	112
買主の義務	167
買 戻	172
解約告知	87
解約手付	144
隔地者間の契約	31
隠れたる瑕疵	161
瑕 疵	159
——ある意思表示	7

瑕疵拡大損害	163
瑕疵担保責任	159
過失責任主義	11
割賦払約款付売買	169
割賦販売	169
割賦販売法	169
過払い賃料の返還請求	221
間接効果説	111
勧 誘	305
期限の利益喪失約款	87
危険負担	47, 58, 247
寄 託	235, 265
寄託者の義務	270
基本権（たる債権）	297
旧民法	4
脅 迫	7
虚偽表示	7
近代市民法の三大原則	8
クーリングオフ	88, 170
組 合	277
——の解散	294
——の常務	281
組合代理	284
形式的意味での民法	5
継続的契約	24
競 売	38
軽微性の抗弁	98
契 約	6
——の意義	17
——の解除	85
——の拘束力	24
——の有効要件	45
契約解除権	148
契約自由の原則	9, 18
契約上の地位の移転	82
契約説	125
契約締結上の過失	20, 28

311

事 項 索 引

契約締結の自由 ……………………… 18
契約不適合 ……………………… 165
契約不適合責任 ……………………… 153
現実贈与 ……………………… 136
現実売買 ……………………… 141
原始的不能 ……………………… 20, 28, 29
原 状 ……………………… 113
原状回復義務 ……………… 85, 110, 113
懸賞広告 ……………………… 39
権利金 ……………………… 201
権利失効の原則 ……………………… 119
権利能力 ……………………… 5
合意解除 ……………………… 86, 122
更改契約 ……………………… 89
交 換 ……………………… 177
広 告 ……………………… 39
　――の撤回 ……………………… 41
交叉申込 ……………………… 26
更新請求 ……………………… 229
合同行為 ……………………… 7
後発的不能 ……………………… 46, 58
合 有 ……………………… 286
個 人 ……………………… 303
雇 傭 ……………………… 235
雇傭期間 ……………………… 239
混合寄託 ……………………… 275
混合契約 ……………………… 22

さ 行

債権者主義 ……………………… 59
債権者遅滞 ……………………… 106
催 告 ……………………… 93
　――によらない解除 ……………… 97
　――による解除 ……………………… 97
再売買の予約 ……………………… 172
裁 判 ……………………… 3
債務者主義 ……………………… 59, 65
債務不履行責任説 ……………………… 162
詐 欺 ……………………… 7
錯 誤 ……………………… 7
死因贈与 ……………………… 140

敷 金 ……………………… 200, 233
　――の機能 ……………………… 233
敷金契約 ……………………… 49
事 業 ……………………… 277, 304
事業者 ……………………… 304
　――の義務 ……………………… 304
事業用定期借地権 ……………………… 205
資金関係 ……………………… 71
時効の完成猶予 ……………………… 232
仕 事 ……………………… 245
事実的契約 ……………………… 27
事実を知った時 ……………………… 148
事情変更の原則 ……………………… 20, 104
事情変更の原則による解除権 ……… 86
失権約款 ……………………… 86
実質的意味での民法 ……………………… 5
指定役務 ……………………… 170
指定権利 ……………………… 170
指定商品 ……………………… 170
私的自治意思の原則 ……………………… 6
支分権（たる債権） ……………………… 298
試味売買 ……………………… 171
仕向銀行 ……………………… 75
社会的所有権 ……………………… 9
借地権者 ……………………… 205
借地権の存続期間 ……………………… 205
借家権 ……………………… 206
終身定期金契約 ……………………… 297
重要事項 ……………………… 305
受益者 ……………………… 71
受益の意思表示 ……………………… 78
受寄者の義務 ……………………… 267
出捐関係 ……………………… 71
出 資 ……………………… 277
受任者の義務 ……………………… 255
受領遅滞 ……………………… 67, 106, 157
準委任 ……………………… 255
準消費貸借 ……………………… 183
使用者の義務 ……………………… 236
使用貸借 ……………………… 191
承 諾 ……………………… 25, 31

312

事 項 索 引

承諾義務‥‥‥‥‥‥‥‥‥‥‥‥ 18	損害賠償請求権‥‥‥‥‥‥‥‥ 148
承諾適格‥‥‥‥‥‥‥‥‥‥‥‥ 31	損害賠償の範囲‥‥‥‥‥‥‥‥ 116
消費寄託‥‥‥‥‥‥‥‥‥‥‥‥ 273	存続(消滅)上の牽連関係‥‥‥‥‥ 47
消費者‥‥‥‥‥‥‥‥‥‥‥‥ 303	

た 行

消費者の義務‥‥‥‥‥‥‥‥ 305	対価関係‥‥‥‥‥‥‥‥‥‥‥‥ 71
消費者契約‥‥‥‥‥‥‥‥‥‥ 304	代金減額請求権‥‥‥‥‥‥‥‥ 148
——の取消‥‥‥‥‥‥‥‥ 305	第三者のためにする契約‥‥‥‥ 70
——の無効‥‥‥‥‥‥‥‥ 307	代償請求権‥‥‥‥‥‥‥‥‥‥ 70
消費者契約法‥‥‥‥‥‥‥‥‥ 303	諾成契約‥‥‥‥‥‥‥‥‥‥‥ 23
消費者団体訴訟‥‥‥‥‥‥‥‥ 309	諾成的消費貸借‥‥‥‥‥‥‥‥ 180
消費貸借‥‥‥‥‥‥‥‥‥‥‥ 179	諾約者‥‥‥‥‥‥‥‥‥‥‥‥ 71
——の予約‥‥‥‥‥‥‥‥ 185	——の権利‥‥‥‥‥‥‥‥ 81
証約手付‥‥‥‥‥‥‥‥‥‥‥ 144	建物買取請求権‥‥‥‥‥ 50, 225, 229
書面でする消費貸借‥‥‥‥‥‥ 181	建物譲渡特約付借地権‥‥‥‥‥ 206
書面によらない贈与‥‥‥‥‥‥ 136	他人物賃貸借‥‥‥‥‥‥‥‥‥ 210
書面による寄託‥‥‥‥‥‥‥‥ 267	他人物売買‥‥‥‥‥‥‥‥‥ 63, 142
書面による使用貸借‥‥‥‥‥‥ 192	単独行為‥‥‥‥‥‥‥‥‥‥‥ 6
所有権移転請求権保全の仮登記‥‥ 143	注文者の義務‥‥‥‥‥‥‥‥‥ 252
所有権絶対の原則‥‥‥‥‥‥‥ 8	重畳的債務引受契約‥‥‥‥‥‥ 74
所有権留保売買‥‥‥‥‥‥‥‥ 62	直接効果説‥‥‥‥‥‥‥‥‥‥ 111
白地商慣習説‥‥‥‥‥‥‥‥‥ 125	賃借権の譲渡・転貸‥‥‥‥‥‥ 223
信義誠実の原則‥‥‥‥‥‥‥‥ 19	賃借権の対抗‥‥‥‥‥‥‥‥‥ 212
信頼関係‥‥‥‥‥‥‥‥‥‥‥ 20	賃借人の義務‥‥‥‥‥‥‥‥‥ 218
信頼利益‥‥‥‥‥‥‥‥‥‥‥ 29	賃借人の権利‥‥‥‥‥‥‥‥‥ 211
心裡留保‥‥‥‥‥‥‥‥‥‥‥ 7	賃貸借‥‥‥‥‥‥‥‥‥‥‥‥ 199
数量指示売買‥‥‥‥‥‥‥‥‥ 149	賃貸人の義務‥‥‥‥‥‥‥‥‥ 207
成果完成型‥‥‥‥‥‥‥‥‥‥ 259	賃料の増・減額請求‥‥‥‥‥‥ 218
成立上の牽連関係‥‥‥‥‥‥‥ 47	追 完‥‥‥‥‥‥‥‥‥‥‥‥ 103
絶対的定期行為‥‥‥‥‥‥‥‥ 98	追完請求権‥‥‥‥‥‥‥‥‥‥ 151
絶対的無効‥‥‥‥‥‥‥‥‥‥ 46	追奪担保責任‥‥‥‥‥‥‥‥‥ 158
折衷説‥‥‥‥‥‥‥‥‥‥‥‥ 112	定期行為‥‥‥‥‥‥‥‥‥‥‥ 98
せり上げ競売‥‥‥‥‥‥‥‥‥ 38	定期借家権‥‥‥‥‥‥‥‥‥‥ 206
せり下げ競売‥‥‥‥‥‥‥‥‥ 38	定期贈与‥‥‥‥‥‥‥‥‥‥‥ 139
先履行義務‥‥‥‥‥‥‥‥‥‥ 51	定型取引‥‥‥‥‥‥‥‥‥ 126, 127
造作買取請求権‥‥‥‥‥‥‥ 50, 230	定型取引合意‥‥‥‥‥‥‥‥‥ 126
相対的定期行為‥‥‥‥‥‥‥‥ 98	定型約款‥‥‥‥‥‥‥‥ 11, 125, 127
双方の予約‥‥‥‥‥‥‥‥‥ 23, 143	——の変更‥‥‥‥‥‥‥‥ 131
双務契約‥‥‥‥‥‥‥‥‥‥ 22, 46	定型約款準備者‥‥‥‥‥‥‥‥ 126
双務予約‥‥‥‥‥‥‥‥‥‥‥ 143	適格消費者団体‥‥‥‥‥‥‥‥ 304
贈 与‥‥‥‥‥‥‥‥‥‥‥‥ 135	撤 回‥‥‥‥‥‥‥‥‥‥‥‥ 87
損益相殺‥‥‥‥‥‥‥‥‥‥‥ 116	

313

事項索引

手 付	144
手付流し	144
手付倍返し	144
典型契約	12, 21
電信送金契約	74
登記請求権	214
同時履行の抗弁権	48
取 消	87

な 行

内容決定の自由	19
二重売買	63
入 札	38
任意脱退	290

は 行

売 買	141
——の一方の予約	143
——の予約	143
——は賃貸借を破る	213
反正義的行為	46
反倫理的行為	46
引換給付判決	55
非継続的契約	24
被仕向銀行	75
非典型契約	21
非任意脱退	291
不安の抗弁権	51
不完全履行	102
復委任	256
附合契約	10
付随的義務	91
負担付使用貸借	193
負担付贈与	137, 139
不動産賃借権の物権化	200
弁済の提供	52
片務契約	22
片務予約	143
ボアソナード民法	4
忘恩行為	137
法規説	125

方式決定の自由	19
法定解除	86
法定解除権	86, 90
法定責任説	161
放任関係	5
暴利行為	46
法律行為	6
——自由の原則	6
法律効果	6
保 管	265, 276
補償関係	71
本契約	23

ま 行

前 払	224
見本売買	171
身元保証	243
民 法	3
民法典	4
民法典論争	4
無過失責任	11
無償契約	22
無断譲渡・転貸	223
無名契約	21
免除契約	90
免責的債務引受契約	74
申 込	25, 30
——の拘束力	32
——の撤回	32
——の誘引	30
黙示の更新	203, 227, 239

や 行

約定解除	86, 120
約定解除権	86, 120
約 款	125
——の法的拘束力	125
有償契約	22
優等懸賞広告	42
有名契約	12, 21
要物契約	23, 180

事 項 索 引

要約者……………………………… 71
　——の権利………………………… 81
予　約……………………………… 23
予約完結権………………………… 143

ら 行

履行拒絶権………………………… 68
履行上の牽連関係………………… 47
履行遅滞…………………………… 90
履行の着手………………………… 145
履行の提供…………………… 52, 96
履行の引受………………………… 74
履行不能…………………………… 99
履行補助者………………………… 93
履行利益…………………………… 29
履行割合型………………………… 259

利息付消費貸借契約……………… 22
立証責任の転換…………………… 11
両分説……………………………… 164
利用利益…………………………… 114
労働契約…………………… 235, 236
労働者の義務……………………… 238
労務供給契約……………………… 235

わ 行

和　解……………………………… 299
和解の確定効……………………… 300

欧 文

culpa in contrahendo…………… 28
Institutionensystem………………… 4
Pandektensystem…………………… 4

315

判 例 索 引

[大審院・最高裁判所判例]

大判明治33・4・18民録6輯87頁……… *96*
大判明治36・3・10民録9輯299頁……… *77*
大判明治36・4・23民録9輯484頁……… *115*
大判明治37・2・17民録10輯153頁…… *114, 119*
大判明治37・9・15民録10輯1115頁…… *118*
大判明治38・12・6民録11輯653頁…… *181*
大判明治39・10・29民録12輯1358頁…… *100*
大判明治39・11・17民録12輯1479頁…… *91*
大判明治40・6・13民録13輯648頁…… *285*
大判明治40・7・9民録13輯811頁…… *221*
大判明治41・1・20民録14輯9頁…… *299*
大判明治41・5・11民録14輯558頁…… *245*
大判明治41・9・22民録14輯907頁…… *76*
大判明治43・12・9民録16輯910頁…… *108*
大判明治44・10・10民録17輯563頁…… *111*
大判明治44・12・11民録17輯772頁…… *49, 53, 56*
大判明治45・1・25民録18輯25頁…… *114*
大判明治45・2・9民録18輯83頁…… *120*
大判明治45・3・16民録18輯255頁…… *245*
大判明治45・5・29民録18輯539頁…… *123*
大判大正元・8・5民録18輯726頁…… *107*
大判大正元・12・20民録18輯1066頁…… *67*
大判大正2・1・24民録19輯11頁…… *184*
大判大正2・5・12民録19輯327頁…… *99*
大判大正2・6・19民録19輯458頁…… *185*
大判大正2・6・28民録19輯573頁…… *287*
大判大正3・4・22民録20輯313頁…… *81, 82*
大判大正3・10・27民録20輯818頁…… *221*
大判大正3・12・1民録20輯999頁…… *55*
大判大正3・12・8民録20輯1058頁…… *144*
大判大正3・12・25民録20輯1178頁…… *136*
大判大正3・12・26民録20輯1208頁…… *246*
大判大正4・5・24民録21輯803頁…… *246*
大判大正4・7・31民録21輯1356頁…… *67*
大判大正4・12・24民録21輯2182頁…… *126*
大判大正5・5・10民録22輯936頁…… *118*
大判大正5・5・22民録22輯1011頁…… *54*
大判大正5・6・26民録22輯1268頁…… *73*
大判大正5・7・5民録22輯1336頁…… *79*
大判大正5・7・18民録22輯1553頁…… *115*
大判大正5・9・22民録22輯1732頁…… *137*
大判大正6・2・14民録23輯152頁…… *79*
大判大正6・4・16民録23輯638頁…… *122*

大判大正6・7・10民録23輯1128頁…… *95, 118*
大判大正6・9・18民録23輯1342頁…… *299, 300*
大判大正6・11・14民録23輯1965頁…… *118*
大判大正6・12・27民録23輯2262頁…… *112*
大正大判7・4・13民録24輯669頁…… *118*
大判大正7・5・2民録24輯949頁…… *55*
大判大正7・8・9民録24輯1576頁…… *145*
大判大正7・11・5民録24輯2131頁…… *77, 78*
大判大正8・2・1民録25輯246頁…… *77*
大判大正8・3・12民録25輯481頁…… *78*
大判大正8・5・3民録25輯827頁…… *142*
大判大正8・9・15民録25輯1633頁…… *122*
大判大正8・10・9民録25輯1761頁…… *122*
大判大正8・11・24民録25輯2096頁…… *107*
大判大正8・11・27民録25輯2133頁…… *96*
大判大正9・4・24民録26輯562頁…… *260*
大判大正9・12・17新聞1825号22頁…… *74*
大判大正9・12・18民録26輯1974頁…… *174*
大判大正10・2・19民録27輯340頁…… *145*
大判大正10・3・2民録27輯389頁…… *99*
大判大正10・3・11民録27輯514頁…… *142*
大判大正10・3・30民録27輯603頁…… *117*
大判大正10・3・31民録27輯677頁…… *172*
大判大正10・5・17民録27輯929頁…… *111, 113*
大判大正10・5・27民録27輯963頁…… *93, 117*
大判大正10・5・30民録27輯1013頁…… *215*
大判大正10・6・2民録27輯1048頁…… *50*
大判大正10・6・13民録27輯1155頁…… *90*
大判大正10・6・30民録27輯1287頁…… *96*
大判大正10・7・11民録27輯1378頁…… *214*
大判大正10・9・21民録27輯1539頁…… *172*
大判大正10・9・24民録27輯1548頁…… *116*
大判大正10・10・6民録27輯1736頁…… *93*
大判大正10・11・9民録27輯1907頁…… *97*
大判大正10・12・15民録27輯2160頁…… *164*
大判大正11・5・5民集1巻240頁…… *172*
大判大正11・9・29民集1巻557頁…… *76*
大判大正11・10・25民集1巻621頁…… *180*
大判大正11・11・25民集1巻684頁…… *96*
大判大正12・5・28民集2巻9号413頁…… *54*
大判大正12・6・1民集2巻417頁…… *109*
大判大正13・7・15民集3巻362頁…… *95*
大連判大正13・9・24民集3巻440頁…… *147*
大判大正14・2・19民集4巻64頁…… *91*

317

判 例 索 引

大判大正14・7・10民集 4 巻623頁……………… *77*
大判大正14・10・29民集 4 巻11号522頁…… *50*
大判大正14・12・3 民集 4 巻685頁……………… *94*
大判大正14・12・15民集 4 巻710頁……………… *108*
大判大正15・4 ・7 民集 5 巻251頁……………… *136*
大判大正15・5 ・24民集 5 巻433頁……………… *160*
大判大正15・7 ・12民集 5 巻616頁……………… *201*
大判大正15・11・25民集 5 巻763頁……………… *100*
大判昭和 2 ・2 ・25民集 6 巻236頁……………… *61*
大判昭和 2 ・7 ・4 民集 6 巻436頁……………… *244*
大判昭和 2 ・12・21新聞2818号15頁…………… *142*
大判昭和 3 ・2 ・15民集 7 巻255頁……………… *123*
大判昭和 3 ・2 ・28民集 7 巻107頁……………… *108*
大判昭和 3 ・3 ・10新聞2847号15頁…………… *90*
大判昭和 3 ・5 ・31民集 7 巻393頁……………… *97*
大判昭和 3 ・10・30民集 7 巻871頁……………… *97*
大判昭和 3 ・12・12民集 7 巻1071頁…………… *161*
大判昭和 3 ・12・12民集 7 巻1085頁…………… *96*
大判昭和 3 ・12・19民集 7 巻1119頁…… *112, 123*
大判昭和 4 ・3 ・26新聞2976号11頁…………… *123*
大判昭和 4 ・4 ・5 民集 8 巻373頁……………… *117*
大判昭和 5 ・4 ・16民集 9 巻376頁…… *161, 166*
大判昭和 5 ・10・2 民集 9 巻930頁……………… *76*
大判昭和 7 ・1 ・26民集11巻169頁……………… *50*
大判昭和 7 ・2 ・29民集11巻397頁……………… *108*
大判昭和 7 ・5 ・9 民集11巻824頁……………… *246*
大判昭和 7 ・10・8 民集11巻1901頁…………… *224*
大判昭和 8 ・2 ・24民集12巻265頁…… *116, 185*
大判昭和 8 ・4 ・8 民集12巻561頁……………… *89*
大判昭和 8 ・4 ・12民集12巻1461頁…………… *27*
大判昭和 9 ・3 ・7 民集13巻278頁…………… *123,*
224, 225
大判昭和 9 ・5 ・25民集13巻829頁……………… *74*
大判昭和 9 ・6 ・15民集13巻13号1000頁…… *56*
大判昭和 9 ・10・31新聞3771号11頁…………… *95*
大判昭和10・11・18民集14巻1845頁………… *225*
大判昭和11・2 ・25民集15巻281頁…………… *288*
大判昭和11・5 ・11民集15巻808頁…………… *114*
大判昭和11・6 ・16民集15巻1125頁………… *181*
大判昭和11・8 ・10民集15巻1673頁………… *121*
大決昭和12・7 ・10民集16巻1188頁………… *87*
大判昭和12・12・24新聞4237号 7 頁………… *93*
大判昭和13・2 ・12民集17巻132頁…………… *287*
大判昭和14・7 ・7 民集18巻11号748頁…… *113*
大判昭和16・9 ・30民集20巻1233頁…… *73, 78*
大判昭和17・10・22新聞4808号 8 頁………… *105*
大判昭和18・4 ・16民集22巻271頁…………… *79*
大判昭和18・5 ・17民集22巻373頁…………… *214*

大判昭和19・12・6 民集23巻613頁…………… *86,*
104, 105
最判昭和24・10・4 民集 3 巻10号437頁…… *144*
最判昭和24・11・8 民集 3 巻11号485頁…… *142*
最判昭和25・10・26民集 4 巻10号497頁 *142, 147*
最判昭和25・11・26民集 4 巻11号567頁…… *136*
最判昭和26・2 ・6 民集 5 巻 3 号36頁……… *105*
最判昭和26・4 ・27民集 5 巻 5 号325頁…… *224*
最判昭和27・4 ・25民集 6 巻 4 号451頁…… *21*
最判昭和28・6 ・16民集 7 巻 6 号629頁…… *58*
最判昭和28・9 ・25民集 7 巻 9 号979頁…… *223,*
228
最判昭和28・12・18民集 7 巻12号1515頁… *116,*
215, 218
最判昭和29・1 ・14民集 8 巻 1 号16頁……… *50*
最判昭和29・1 ・28民集 8 巻 1 号234頁…… *105*
最判昭和29・2 ・5 民集 8 巻 2 号390頁…… *211*
最判昭和29・3 ・11民集 8 巻 3 号672頁…… *201*
最判昭和29・7 ・22民集 8 巻 7 号1425頁… *50*
最判昭和29・7 ・27民集 8 巻 7 号1455頁… *56,*
96
最判昭和29・12・21民集 8 巻12号2211頁… *95*
最判昭和30・1 ・26民集 9 巻14号2140頁… *145*
最判昭和30・4 ・5 民集 9 巻 4 号431頁…… *218*
最判昭和30・11・22民集 9 巻12号1781頁… *119*
最判昭和31・1 ・27民集10巻 1 号 1 頁…… *137*
最判昭和31・5 ・25民集10巻 5 号566頁…… *106*
最判昭和32・5 ・21民集11巻 5 号732頁…… *140*
最判昭和32・7 ・5 民集11巻 7 号1193頁… *20*
最判昭和32・9 ・19民集11巻 9 号1565頁… *100*
最判昭和32・12・3 民集11巻13号2018頁… *229*
最判昭和32・12・24民集11巻14号2322頁… *122*
最判昭和33・6 ・3 民集12巻 9 号1287頁… *58*
最判昭和33・6 ・6 民集12巻 9 号1373頁… *188*
最判昭和33・6 ・14民集12巻 9 号1449頁… *113,*
123, 164, 299, 300
最判昭和33・7 ・22民集12巻12号1805頁… *287*
最判昭和34・5 ・14民集13巻 5 号609頁…… *97*
最判昭和34・9 ・22民集13巻11号1451頁… *94,*
112, 114
最判昭和35・4 ・21民集14巻 6 号930頁…… *99*
最判昭和35・7 ・8 民集14巻 9 号1720頁… *58*
最判昭和35・10・27民集14巻12号2733頁… *107*
最判昭和35・11・1 民集14巻13号2781頁… *118*
最判昭和35・12・9 民集14巻13号2994頁… *285*
最判昭和36・5 ・30民集15巻 5 号1459頁… *173*
最判昭和36・6 ・22民集15巻 6 号1651頁… *97*
最判昭和36・7 ・31民集15巻 7 号1982頁… *285*

判 例 索 引

最判昭和36・9・29民集15巻8号2228頁 ····· *218*
最判昭和36・11・9民集15巻10号2444頁 ····· *107*
最判昭和36・11・21民集15巻10号2507頁 · *92, 98*
最判昭和36・12・15民集15巻11号2852頁 ····· *162*
最判昭和36・12・22民集15巻12号2893頁 ····· *109*
最判昭和37・2・15民集16巻2号265頁 ····· *95*
最判昭和37・3・9民集16巻3号14頁 ····· *94*
最判昭和37・6・26民集16巻7号1397頁 ····· *77*
最判昭和37・7・20民集16巻8号1656頁 ····· *68*
最判昭和37・12・18民集16巻12号2422頁 ····· *286*
最判昭和38・2・21民集17巻1号219頁 ····· *123,*
225
最判昭和38・4・12民集17巻3号460頁 ····· *123*
最判昭和38・5・31民集17巻4号600頁 ····· *283,*
285
最判昭和39・2・25民集18巻2号329頁 ····· *109*
最判昭和39・6・26民集18巻5号968頁 ····· *94*
最判昭和39・7・7民集18巻6号1049頁 ····· *180*
最判昭和39・7・28民集18巻6号1220頁 ····· *228*
最判昭和39・8・28民集18巻7号1354頁 ····· *215*
最判昭和40・3・9民集19巻2号372頁 ····· *94*
最大判昭和40・6・30民集19巻4号1143頁
····· *115*
最大判昭和40・11・24民集19巻8号2019頁
····· *145, 146*
最判昭和40・12・3民集19巻9号2090頁 ····· *106,*
253
最判昭和40・12・17集民81号561頁 ············ *262*
最判昭和41・1・21民集20巻1号65頁 ············ *145*
最判昭和41・1・27民集20巻1号136頁 ····· *223*
最判昭和41・3・22民集20巻3号468頁 ····· *55*
最判昭和41・4・14民集20巻4号649頁 ····· *159*
最判昭和41・4・21民集20巻4号720頁 ····· *96*
最大判昭和41・4・27集民20巻4号870頁 ····· *214*
最判昭和41・10・27民集20巻8号1649頁 ····· *191*
最判昭和41・12・23民集20巻10号2211頁 ····· *70*
最判昭和42・6・22民集21巻6号1468頁 ····· *228,*
229
最判昭和42・11・24民集21巻9号2460頁 ····· *197*
最判昭和42・12・14民集21巻10号2586頁 ····· *93*
最判昭和43・2・23民集22巻2号281頁 ····· *92*
最判昭和43・3・15民集22巻3号587頁 ····· *300*
最判昭和43・8・20民集22巻8号1692頁 ····· *149*
最判昭和43・9・20判時536号51頁 ····· *261, 262*
最判昭和43・10・8民集22巻10号2145頁 ····· *200*
最判昭和43・12・5民集22巻13号2876頁 ····· *76*
最判昭和44・1・31判時552号50頁 ····· *135*
最判昭和44・4・15判時560号49頁 ············ *95*

最判昭和44・7・17民集23巻8号1610頁 ····· *217*
最判昭和44・9・12判時572号25頁 ····· *246*
最判昭和45・8・20民集24巻9号1243頁 ····· *107*
最判昭和46・3・5判時628号48頁 ····· *247*
最判昭和46・3・25民集25巻2号208頁 ····· *58*
最判昭和46・4・9民集25巻3号264頁 ····· *300*
最判昭和46・4・23民集25巻3号388頁 ····· *215,*
217
最判昭和46・12・16民集25巻9号1472頁 ····· *169*
最判昭和46・12・16民集25巻9号1516頁 ····· *99*
最判昭和47・4・20民集26巻3号520頁 ····· *117*
最判昭和47・9・7民集26巻7号1327頁 ····· *58*
最判昭和48・2・2民集27巻1号80頁 · *201, 233*
最判昭和48・3・16金法683号25頁 ····· *181*
最判昭和49・3・19民集28巻2号325頁 ····· *215*
最判昭和49・9・2民集28巻6号1152頁 ····· *49,*
201
最判昭和49・12・20判時768号101頁 ····· *211*
最判昭和50・3・6民集29巻3号203頁 ····· *54*
最判昭和50・4・25民集29巻4号481頁 ····· *67*
最判昭和50・4・25民集29巻4号556頁 ····· *211*
最判昭和50・7・17金法768号28頁 ····· *119*
最判昭和50・7・17民集29巻6号1119頁 ····· *185*
最判昭和51・2・13民集30巻1号1頁 ····· *114,*
148
最判昭和52・2・22民集31巻1号79頁 · *67, 247*
最判昭和52・12・23判時879号73頁 ····· *91*
最判昭和53・2・17判タ360号143頁 ····· *137*
最判昭53・12・22民集32巻9号1768頁 ····· *201,*
233
最判昭和54・3・20判時927号184頁 ····· *248*
最判昭和56・1・19民集35巻1号1頁 ····· *261,*
262
最判昭和56・6・16判時1010号43頁 ····· *106*
最判昭和57・1・21民集36巻1号71頁 ····· *149*
最判昭和57・7・15判時1053号93頁 ····· *106*
最判昭和57・10・15判時1060号76頁 ····· *106*
最判昭和58・9・20判時1100号55頁 ····· *262*
最判昭和59・9・18判時1137号51頁 ····· *30*
最判昭和60・11・29判時1180号55頁 ····· *137*
最判昭和62・2・13判時1228号84頁 ····· *185*
最判昭和62・3・24判時1258号61頁 ····· *224, 225*
最判平成元・2・9民集43巻2号1頁 ····· *90*
最判平成3・4・2民集45巻4号349頁 ····· *160*
最判平成4・9・22金法1358号55頁 ····· *263*
最判平成4・10・20民集46巻7号1129頁
····· *150, 155*
最判平成5・10・19民集47巻8号5061頁 ····· *247*

319

判例索引

最判平成 6 ・ 3 ・22民集48巻 3 号859頁 ……… *144,*
145
最判平成 8 ・11・12民集50巻10号2673頁 ……… *92*
最判平成 9 ・ 2 ・14民集51巻 2 号337頁 ……… *53,*
248
最判平成 9 ・ 2 ・25民集51巻 2 号398頁 ……… *224*
最判平成 9 ・ 7 ・ 1 民集51巻 6 号2452頁 …… *106*
最判平成 9 ・ 7 ・15民集51巻 6 号2581頁 …… *57*
最判平成10・ 4 ・ 9 判時1639号130頁………… *238*
最判平成11・ 2 ・23民集53巻 2 号193頁 ……… *277*
最判平成11・ 2 ・23判時1671号71頁………… *291*
最判平成11・ 3 ・25判時1674号61頁………… *83*
最判平成13・ 2 ・22判時1745号85頁………… *148*
最判平成13・11・27民集55巻 6 号1311頁 … *149,*
156, 159
最判平成15・10・21民集57巻 9 号1213頁 …… *222*
最判平成17・12・16判タ1200号127頁… *126, 231*
最判平成17・12・16判時1921号61頁………… *231*

最判平成22・ 6 ・ 1 民集64巻 4 号953頁 ……… *160*
最判平成23・ 7 ・15民集65巻 5 号2269頁 …… *309*

[高等裁判所判例]
大阪高判昭和37・ 6 ・21判時309号15頁 ……… *161*
東京高判平成13・ 4 ・18判時1754号79頁 …… *196*
東京高判平成20・ 1 ・31金商1287号28頁 ……… *30*
東京高判平成21・12・21判時2073号32頁 …… *263*

[地方裁判所判例]
東京地判大正 2 ・ 4 ・11新聞875号22頁 ……… *203*
神戸地裁伊丹支判昭和63・12・26判時
　　1319号139頁………………………………… *104*
名古屋地判平成元・ 2 ・17判タ703号204頁 … *76*
東京地判平成元・ 6 ・26判時1340号106頁… *196*
東京地判平成 2 ・12・20判時1389号79頁 ……… *52*
東京地判平成18・ 7 ・ 7 金商1248号6頁 … *30, 199*

〈著者紹介〉

藤村和夫（ふじむら かずお）

　　日本大学法学部教授　博士（法学）

〈主な著書〉

『新訂プラクティス民法』（日本評論社，1992 年）
『交通事故損害賠償の判例と考え方』（全 4 冊，内 1 冊は共著，保険毎日新聞社，
　　1988 年～1994 年）
『現代語訳民法　総則編』（住宅新報社，1996 年）
『詳解　後遺障害逸失利益』（共著，ぎょうせい，1996 年）
『交通事故賠償理論の新展開』（日本評論社，1998 年）
『検証　むち打ち損傷　医・工・法学の総合研究』（共著，ぎょうせい，1999 年）
『民法を学ぼう』（法学書院，2008 年）
『実務家のための交通事故の責任と損害賠償』（共編，三協法規，2011 年）
『演習ノート　債権総論・各論（第 5 版）』（共編，法学書院，2012 年）
『判例総合解説　交通事故 I　責任論』（信山社，2012 年）
『使用者責任の法理と実務』（編書，三協法規，2013 年）
『概説　交通事故賠償法（第 3 版）』（共著，日本評論社，2014 年）
『民法総則講義（第 3 版）』（成文堂，2014 年）
『契約法講義（第 2 版）』（成文堂，2015 年）
『事業用自動車の事故と責任』（編書，三協法規，2017 年）
『交通事故過失割合の研究』（編書，日本評論社，2017 年）
『実務　交通事故訴訟大系』（全 3 巻）（共編，ぎょうせい，2017 年）
『判例総合解説　交通事故 II　損害論（第 2 版）』（信山社，2017 年）

新民法基本講義

契　約　法

2018（平成30）年 3 月20日　第 1 版第 1 刷発行

5955-1 : P344 ¥3800　012-060-020

著　者　藤　村　和　夫
発行者　今井　貴 稲葉文子
発行所　株式会社　信山社

〒113-0033　東京都文京区本郷 6-2-9-102
Tel 03-3818-1019　Fax 03-3818-0344
info@shinzansha.co.jp
笠間才木支店　〒309-1611 茨城県笠間市笠間 515-3
Tel 0296-71-9081　Fax 0296-71-9082
笠間来栖支店　〒309-1625 茨城県笠間市来栖 2345-1
Tel 0296-71-0215　Fax 0296-72-5410
出版契約 2018-5955-1-01011　Printed in Japan

ⓒ藤村和夫，2018　印刷・製本／ワイズ書籍（M）・牧製本
ISBN978-4-7972-5955-1 C3332　分類324.510-c001 民法

JCOPY 〈(社)出版者著作権管理機構　委託出版物〉
本書の無断複写は著作権法上での例外を除き禁じられています。複写される場合は，
そのつど事前に，(社)出版者著作権管理機構（電話03-3513-6969，FAX03-3513-6979，
e-mail: info@jcopy.or.jp）の許諾を得てください。

◆ 学術世界の未来を拓く研究雑誌 ◆

民法研究　広中俊雄 責任編集

民法研究 第2集　大村敦志 責任編集

消費者法研究　河上正二 責任編集

憲法研究　辻村みよ子 責任編集
〔編集委員〕山元一／只野雅人／愛敬浩二／毛利透

行政法研究　宇賀克也 責任編集

環境法研究　大塚 直 責任編集

社会保障法研究　岩村正彦・菊池馨実 責任編集

医事法研究　甲斐克則 責任編集　（近刊）

法と哲学　井上達夫 責任編集

法と社会研究　太田勝造・佐藤岩夫 責任編集

国際法研究　岩沢雄司・中谷和弘 責任編集

ジェンダー法研究　浅倉むつ子 責任編集

EU法研究　中西優美子 責任編集

法と経営研究　加賀山茂・金城亜紀 責任編集

信山社

法律学の森シリーズ
変化の激しい時代に向けた独創的体系書

戒能通厚	イギリス憲法
新　正幸	憲法訴訟論〔第2版〕
大村敦志	フランス民法
潮見佳男	新債権総論 I　民法改正対応
潮見佳男	新債権総論 II　民法改正対応
小野秀誠	債権総論
潮見佳男	契約各論 I
潮見佳男	契約各論 II　(続刊)
潮見佳男	不法行為法 I〔第2版〕
潮見佳男	不法行為法 II〔第2版〕
藤原正則	不当利得法
青竹正一	新会社法〔第4版〕
泉田栄一	会社法論
小宮文人	イギリス労働法
高　翔龍	韓国法〔第3版〕
豊永晋輔	原子力損害賠償法

信山社

藤村和夫 著

新民法基本講義
判例を中心としたスタンダードな解釈を学ぶ

民法総則
契約法

判例総合解説
裁判の実際と民法学の理論を繋ぐ

交通事故 Ⅰ 責任論
交通事故 Ⅱ 損害論〔第2版〕

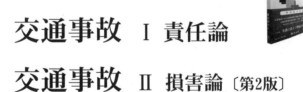

信山社